ISO 국제표준 & ESG 활용전략

ESG 경영실천
지속가능경영보고서

박경록·서수진·박영주

박영사

프롤로그
prologue

왜 ESG 경영을 해야 하는가?

지구촌 곳곳에서 심각한 기후위기를 나타내는 지표들이 속속 관측이 되고 있다. 해수면의 온도와 지구의 평균 기온, 대기 중 이산화탄소의 농도 등이 역대 최고치를 기록하면서 열사병 사망자가 속출하고 생태계 교란이 이어지는 등 이상 현상도 잇따르고 있다. 이러한 기후위기를 대응하기 위한 기업경영의 뉴노멀(New Normal, 시대 변화에 따라 새롭게 떠오르는 표준)이 된 ESG 경영! 이제는 선택이 아닌 필수 생존전략이 되면서 기업경영의 핵심으로 자리 잡고 있다. 2022년 12월에 공개된 오픈형 AI ChatGPT는 2023년 ESG 키워드를 묻는 질문에 탈탄소, 순환경제, 기후변화 대응, 사회정의 확립, 투명성 확보 등 5개 키워드를 꼽았다. 전국경제인연합회는 매출액 500대 기업을 대상으로 2023년 ESG 경영트렌드를 조사했다. 2023년 ESG 경영규모는 작년보다 더욱더 확대될 전망이고, 전체 응답자 중 57%는 올해 ESG 사업규모를 지난해 수준과 유사하게 유지하겠다고 응답했으며, 지난해보다 늘릴 것이란 응답도 36%로 나타났다. 전경련은 2023년 기업의 ESG 사업규모 확장의 배경을 기후위기 극복을 위한 글로벌 공감대의 확산과 사업구조 전환을 통한 ESG 경영환경의 정착으로 분석했다. 기업들은 ESG 중 가장 중요한 이슈로 환경을 꼽고 있다. 2023년 환경분야 주요 이슈로는 탄소배출량 감축이 47%로 가장 높았으며, 신재생 에너지 전환 친환경 기술개발, 대기 수질오염 관리가 뒤를 이었다. 또 기업들은 2030 온실가스 감축 목표 달성을 위한 기후변화 대응전략과 구체적 감축 목표도 수립한 것으로 나타났다. 기업의 약 48%는 기후변화 대응전략을 수립했고, 58%는 구체적인 탄소 감축 목표를 설정했다. 사회분야 주요 이슈로는 사업장 안전보건관리가 31%로 가장 높았다. 노사관계 안전, 공급망 ESG 리스크 관리가 그 뒤를 이었다. 지난 2022년 중대재해처벌법이 본격적으로 시행되고 ESG 해외 공급망관리 움직임도 활성화될 것으로 예상되면서 사회 이슈 관리는 점점 더 중요해질 것으로 예상된다.

ESG 경영은 기업에 있어 더 이상 선택이 아닌 필수가 되었다. 날이 갈수록 심각해지는 기후위기로 인해 국내외 많은 기업들이 ESG 경영을 도입하고 있다. 지구가 뜨거워지고 있으며, 지구환경의 위기는 모두의 죽음을 경고하고 있다. 온실가스의 주요 원인이 되는 탄소배출과 무분별한 플라스틱 사용 등으로 심각해진 지구온난화에 지구환경 위기에 놓여있다. 이렇게 심각한 지구온난화로 아프리카의 토양이 침식되고 중동지방은 메말라가고 있으며, 북극의 빙하는 빠른 속도로 사라지면서 태평양의 섬나라들은 해수면 상승과 기후위기로 사라질 위기에 처해 있다. 이에 대응하기 위해 전 세계 195개국이 파리기후변화협정을 채택하여 탄소중립 달성을 위한 노력을 하고 있다. 우리나라는 2021년 기후위기 대응과 '2050 탄소중립' 달성을 위한 법적기반으로서 「기후위기 대응을 위한 탄소중립·녹색성장 기본법」을 제정하였으며, 세계에서 14번째로 '2050 탄소중립' 비전과 이행을 법제화하였다. 이러한 국제사회의 움직임에 따라 기업의 사회적 책임이 강조되면서 'ESG 경영'이 기업의 생존과 성장의 핵심적인 요소로 부상하게 되었다. 기업의 비재무적 요소인 ESG 경영은 기업의 경영활동을 환경경영, 사회적 책임, 건전하고 투명한 지배구조에 초점을 둔 지속가능성(Sustainability)을 달성하기 위한 기업경영의 3가지 핵심요소이다. ESG 경영은 기업경영의 의사결정(Governance)에서 재무적 이익만을 우선하는 것이 아니라 사회(Social)와 환경(Environment)에 기업경영이 미치는 영향도 중요하게 생각하는 경영이다. UN의 사회책임투자 시행과 지속가능한 경영이 대두되면서 기업들의 ESG에 대한 관심이 뜨겁다. 이러한 기업의 ESG에 관한 관심은 사회적 경제의 생태계를 확장하는 기회일까, 위기일까? ESG가 기업평가의 새로운 기준으로 회자되고, 국내 기업들도 ESG 원년 선포, 전담조직 신설 등 ESG 경영에 적극적으로 나서고 있다.

ESG 경영은 결코 일시적인 유행이 아니다. 전통적으로 기업의 책임은 이윤창출이었다. 하지만 그 과정에서 다양한 사회문제가 야기되면서 기업은 사회적 책임(CSR) 이행에 대한 요구를 받게 되었고, 사회문제를 비즈니스 모델에 포함해 경제적 가치와 사회적 가치를 동시에 창출하는 공유가치창출(CSV)도 등장하게 되었다. 점점 다양하고 심각해지는 사회문제 속에서 지속가능경영을 위한 기업의 사회책임(CSR)이 계속해서 부각되고 있으며, 이를 점검하고 개선할 수 있도록 지원하는 ESG 경영평가도 주목받게 되었다. 이러한 기업의 사회적 책임 이행은 기업을 둘러싼 환경 속에서 지속가능성을 위해 리스크를 관리하는 측면도 포함하고 있어 기업운영을 위해 필수적인 것으로 받아들여지고 있다. 또한, 최근 주요 자산운용사와 연기금, 투자자들이 ESG 경영요소 도입 여부를 자산운용에 반영해 지속가능투자를 우선순위로 추진하고 있는 것은 이러한 경제환경 분위기에 불을 지피고 있다. 기업은 국민경제 순환의 세 측면인 생산, 분배 및 지출에서 중추적인 위치를 차지하고 있으며, 고용과 투자 및 기술혁신을 통해 국민경제의 안정적 성장을 위한 동력을 제공한다. 따라서 기업이 추구하는 목적이 무엇인가에 따라 기업의 이해관계자(stakeholder)는 물론, 국민경제 전체가 영향을 받게 된다.

따라서 21세기의 글로벌 경영트렌드는 **'ESG 경영의 시대'**라고 할 수 있다. 지구온난화와 대기오염, 전 세계적인 빈부격차와 양극화는 기업의 사회적 책임을 강조하고 있다. '**UN에서 처음 도입한 ESG 경영의 개념**'은 2000년대 이후 영국, 독일, 캐나다, 프랑스 등 유럽과 북미권의 국가들 중심으로 ESG 정보공시 의무제도가 도입되면서 사회적 책임 투자라는 개념이 본격적으로 등장하기 시작했다. 기업들이 ESG 경영에 적극적으로 나서게 된 이유는 ESG 경영이 기업의 가치를 높이고 지속가능발전을 결정하는 투자지표가 되었기 때문이다. 전 세계의 윤리적 가치를 중시하는 소비자와 투자자들로 인해 국내 기업들은 기술경쟁력뿐 아니라 ESG 경영을 국제기준으로 향상해야 하는 상황이 되었다. "**ESG 경영은 기업의 지속가능경영 가능성**"에 대해 평가하는 핵심지표로서 글로벌 투자자들이 기업을 평가할 때 중요하게 고려하는 요소이기도 하다. 국제공인 재무분석사 협회에서 글로벌 투자전문가들을 대상으로 한 설문조사의 결과에 따르면 전체 응답자의 73%가 기업에 투자를 할 때, ESG를 중요한 지표로 활용하고 있다고 답했다. '**ESG 경영**'은 급변하는 경영환경 속에서도 미리 준비해 놓은 기업들은 환경변화 속에서 생존·발전하고 지속적인 성장과 이익을 창출할 수 있을 것이다.

이 책은 경영자(CEO), 직장인, 대학생, ESG 경영과 지속가능경영보고서에 관심 있는 일반인에게까지 도움이 될 것이라 기대한다. 책이 출판되기까지 많은 도움을 주신 (주)박영사 안상준 대표님과 ESG 경영실천에 앞장서고 있는 관계자 분들께 감사의 말을 전한다. 마지막으로 이 책을 펼치는 모든 분들께 '기후위기 대응을 위한 ESG 경영실천'에 도움이 되었으면 하는 바람이다.

2024년 1월

박경록·서수진·박영주

목차

03 ISO 국제표준과 ESG 실전 가이드

CHAPTER

비즈니스 생태계를
흔들고 있는 ESG

기업경영 최대 화두 ESG 경영

'ESG는 Environmental(환경), Social(사회), Governance(지배구조)'의 약어로, 기업이 사회적 책임과 지속가능한 경영에 대한 접근 방식을 의미한다. ESG는 기업이 사회와 환경에 대한 책임감을 갖고, 지속가능한 비즈니스 모델을 추구함으로써 긍정적인 사회적 영향을 창출하고, 장기적인 성장과 지속가능성을 보장하는 데 기여한다. ESG 경영은 기업의 재무제표에는 나타나지 않지만, 중장기적인 기업가치에 막대한 영향을 미치는 지속가능경영의 평가지표이다. 막연히 환경(E)과 사회(S), 지배구조(G)의 기준에 부합하는 경영을 해야 한다는 당위성이 아니라 기업의 지속가능성을 개선할 수 있는 기준으로 볼 수 있다. 과거에는 기업의 이익 중 일부를 사회공헌과 기부활동 등 사회적 책임을 감당하는 것이 최선이었다면, 지금은 올바르게 이익을 내는 과정을 투명하게 공개하고 준수하는 시대가 된 것이다. 이것이 ESG와 기존의 사회공헌활동과의 차이라고 볼 수 있다. 즉, '사회공헌활동(CSR)'은 기업의 관점에서 사회적 책임을 완수하기 위한 활동을 경영에 통합시키는 것이라면, ESG 경영은 투자자의 관점에서 사회적 책임을 다하는 기업에 투자하기 위한 정보를 제공하는 것이다. '사회공헌활동(CSR)'은 기부나 후원 등의 자발적으로 돕는 활동과 기업경영을 책임감 있게 실천하는 것을 목표로 하지만, ESG 경영은 기업의 행동이 미치는 영향 등을 구체화하고 그 노력들을 측정 가능하도록 지표화하여 투자를 이끌어내는 것이다. 결론적으로 ESG 평가가 높을수록 단순히 사회적 평판이 좋은 기업이라기보다 리스크에 강한 기업이라 할 수 있다. 기업이 직원과 고객, 환경, 사회단체 등 모든 이해관계자들을 위한 가치를 만들어냄으로써 기업의 가치를 높이고, 이를 통해 위기상황에서도 충분히 대처할 수 있는 경쟁력을 갖추게 되는 것이다.

표 1-1   CSR & CSV & ESG 활동 비교

CSR(기업의 사회적 책임) **(Corporate Social Responsibility)**	기업이 영리활동을 하며 발생시키는 사회적 불평등, 환경오염 등에 대한 책임감을 갖고 사회적 의무를 수행하는 활동
CSV(공유가치 창출) **(Creating Shared Value)**	사회적 가치를 창출하면서 동시에 경제적 수익을 추구하는 기업경영 활동
ESG(환경, 사회, 지배구조) **(Environment, Social,** **Governance)**	비재무적 성과를 판단하는 기준으로 투자자 관점에서 지속가능경영 수준을 평가한 것

출처: CSR & CSV & ESG 내용 정리, 2023

ESG는 환경(Environment), 사회(Social), 지배구조(Governance)의 앞 글자를 딴 용어로 기업의 비재무적 성과를 판단하는 기준을 의미한다. 같은 돈을 벌어도 해당 기업의 생산과 투자가 얼마나 친환경적인지, 직원과 주주와 고객의 만족도를 얼마나 높이는지, 공동체의 지속가능성에 얼마나 기여하는지 등을 감안해 다른 평가를 하겠다는 의미가 담겨 있다. 과거 기업의 가치평가는 재무제표와 같은 정량적·단기적 지표에 의해 주로 평가되어 왔으나 전 세계적 지구온난화와 빙하 위기로 보는 기후변화 심각성으로 최근에는 ESG와 같은 비재무적 가치의 중요성이 더욱 증가하고 있다. ESG와 밀접한 연관을 맺고 있는 용어인 **'지속가능성'**에서 나타나듯이 ESG는 기업가치와 발전에 중·장기적인 영향을 미친다. 그러나 그 중요성이 단기적인 재무적 성과보다 덜하다고 볼 수는 없다. 환경과 사회적 가치를 중시하는 방향으로 변화될 전 세계적인 패러다임 전환 환경에서, ESG는 기업의 장기적인 생존과 번영에 직결되는 핵심가치로 평가받고 있다. 따라서 기업의 입장에서는 ESG 평가에서 높은 점수를 받을수록 투자유치나 기업가치 평가에 유리할 수밖에 없다. ESG의 각 항목에 대해 좀 더 자세히 살펴보면 다음과 같다.

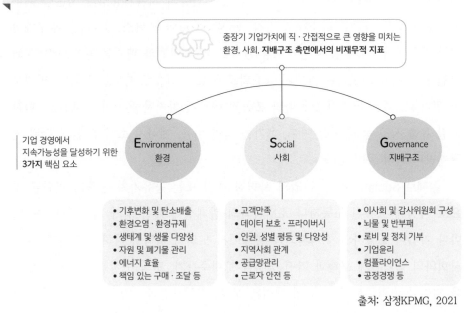

그림 1-1 ESG 구성요소와 개념

중장기 기업가치에 직·간접적으로 큰 영향을 미치는
환경, 사회, 지배구조 측면에서의 비재무적 지표

기업 경영에서
지속가능성을 달성하기 위한
3가지 핵심 요소

Environmental
환경
• 기후변화 및 탄소배출
• 환경오염·환경규제
• 생태계 및 생물 다양성
• 자원 및 폐기물 관리
• 에너지 효율
• 책임 있는 구매·조달 등

Social
사회
• 고객만족
• 데이터 보호·프라이버시
• 인권, 성별 평등 및 다양성
• 지역사회 관계
• 공급망관리
• 근로자 안전 등

Governance
지배구조
• 이사회 및 감사위원회 구성
• 뇌물 및 반부패
• 로비 및 정치 기부
• 기업윤리
• 컴플라이언스
• 공정경쟁 등

출처: 삼정KPMG, 2021

첫째 Environment(환경)는, 전 세계 인류의 지속가능성과 생존을 위해 기업은 과감한 탄소배출 절감, 탄소 제로화를 추구해야만 하는 상황에 직면해 있으며, 환경오염 완화를 위한 자원 및 폐기물 관리, 더 적은 에너지와 자원을 소모하는 에너지 효율화는 세계적으로 가장 큰 이슈가 되고 있는 친환경 관련 요소이다. 지구온난화와 이상기후로 전 세계적인 재난이 빈번하게 발생하는 가운데 기후위기를 막기 위해서는 개인·기업·정부 등 모두가 친환경적 혁신을 이루어야 한다. 그동안 기업에 대해 재무적이고 경제적 성과만을 평가했던 것에서 벗어나 기업이 얼마나 비재무적 관점에서 친환경적인지 평가하기 시작한 것이다.

세계 최대 자산운용회사(25조 달러)인 블랙록(BlackRock)은 전 세계의 고객들을 대상으로 설문조사를 진행하여 지속가능성을 향한 구조적 변화를 가속화시키고 있다. 래리 핑크(Laurence Fink) 회장은 석탄 생산 기업을 포함해 환경에 부담을 주는 기업에는 투자하지 않겠다는 선언을 했을 정도로 오늘날 기업의 친환경 정책은 선택 사항이 아닌 필수가 되었다. 환경에서 가장 핵심적인 사안은 기후변화와 이에 따른 탄소배출 관련 이슈이다. 전 세계 인류의 지속가능성과 생존을 위해 앞으로 기업은 과감한 탄소배출 절감, 한 발 더 나아가 탄소 제로화를 추구해야 하는 상황이다. 이와 함께 환경오염 완화를 위해 자원과 폐기물 관리, 에너지와 자원을 더 적게 소모하는 에너지 효율화도 중요한 이슈로 떠오르고 있다. 환경분야 평가요소로는 평가지표에 따라 조금씩 다르긴 하지만 온실가스 배출량, 화학물질 유출 사고 등의 이슈 여부, 폐기물 처리 비용, 에너지 소비량, 환경 관련 연구개발비 책정 등이 있다.

둘째로 Social(사회)은, 기업의 사회적 책임 또는 공유가치 창출과 연관된 것으로 기업에 고용된 노동자나 소비자와의 관계성에 대한 평가 기준이다. 즉, 얼마나 기업이 노동자와 소비자와의 관계에서 도의적 책임을 다하고 있는가, 지역사회와의 협력관계 구축과 어떤 상생을 보여주는가, 조직 구성원의 건강과 안전을 얼마나 고려하는지, 기업의 데이터 보호, 인권보장과 성별 및 다양성의 고려 등에 대해 평가한다. 최근 대한상공회의소에서 실시한 **'ESG 경영과 기업의 역할'** 관련 설문조사에서 많은 소비자들은 사회 이슈들에 대해 기업이 어느 정도 책임을 져야 한다는 시각을 보여주었다고 한다. 기업은 소비자가 물건을 구매해 주지 않으면 존재할 수 없기 때문에 최근의 사회적 분위기 변화에 따라 기업 역시 사회적 책임에 대한 태도를 달리할 수밖에 없다. 사회분야 평가 요소는 임직원 및 이사회에 여성의 비율이 얼마나 되는지, 조직 구성원이 얼마나 다양한지, 산업재해 발생 빈도는 어떠한지, 개인정보 유출 사례 등은 없었는지 등이 해당된다.

셋째 Governance(지배구조)는, 기업의 지배구조를 의미한다. 지배구조 측면에서는 환경과 사회 가치를 기업이 실현할 수 있도록 뒷받침하는 투명하고 신뢰도 높은 이사회 구성과 감사위원회 구축이 필요하다. 또한, 뇌물이나 부패를 방지하고, 로비 및 정치 기부금 활동에서 기업윤리를 준수함으로써 높은 지배구조 가치를 확보할 수 있다. 경영자와 근로자의 관계, 조직문화가 상식적이고 합리적인지 등이 평가기준이다. 앞에서 살펴 본 두 가지 항목과 달리 Governance(지배구조)는 한국에서 가장 취약한 분야로 알려져 있다. 그동안 경제성장만을 목표로 국가정책이 집중되면서 적절하지 못한 경영권 승계 이슈나 회사 자산의 사적 운용, 계열사 일감 몰아주기 등의 관행이 있었기 때문이다. 그러나 당장 현실적 한계로 인해 친환경 제품으로 전환하기 어려운 기업이라면 지배구조부터 혁신하는 것이 오히려 더 효과적인 ESG 경영 전환 방법일 수도 있다. CEO의 결단과 노력만으로도 어느 정도 성과를 낼 수 있는 분야이기 때문이다. 해당 분야의 평가요소로는 이사회 구성원이 다양한지, 횡령 등의 부정부패 이슈가 없는지, 기업 내 감사위원회가 존재하는지 등이 있다.

2022년 대한상공회의소의 'ESG 확산 및 정착을 위한 기업 설문조사'에 따르면, 기업이 가장 중요하게 생각하는 ESG 분야는 **'환경(E)'(60.0%)** 〉 **'사회(S)'(23.3%)** 〉 **'지배구조(G)'(16.7%)** 순으로 나타났다. 각 분야별로 가장 중요하게 생각하는 활동을 묻는 질문에는,

첫째, 환경(E) 분야의 경우 '에너지 효율 개선 및 탄소배출량 감축'(49.7%)을 지목하는 응답이 가장 많았다. 이어 '친환경 제품·서비스 개발'(22.0%), '환경오염물질 저감'(19.0%), '자원순환 체계 구축'(8.7%) 등이 뒤를 이었다.

둘째, 사회(S) 분야의 경우 '사업장 안전보건 개선'(43.0%)을 1순위로 꼽는 기업이 가장 많았고 '제품·서비스 안전·품질 개선'(23.3%), '지역사회 기여'(19.0%), '공급망 및 사업장 노동·인권 개선'(14.7%) 순이었다.

셋째, 지배구조(G) 분야의 경우 기업들은 '주주권리 보호'(44.0%)를 가장 중요하게 생각하고 있었으며, '이사회 구성·운영 선진화'(26.3%), '감사제도 투명성 강화'(26.0%) 등도 중요한 활동으로 꼽았다. 또한 대한상공회의소에서 2022년 ESG 확산 및 정착을 위한 기업 설문조사 《ESG 개념에 대해 어느 정도 알고 있습니까?》 보고서에 의하면 다음 표와 같다.

표 1-2 ESG 개념에 대해 어느 정도 알고 계십니까?

보기	백분율	응답
매우 잘 알고 있다 (Ex. ESG 업무를 직접 담당 또는 총괄)	10.70%	32
잘 알고 있다 (Ex. 업무 연관성이 높음)	21.00%	63
어느 정도 알고 있다 (Ex. ESG의 기본 개념 및 내용에 대해 알고 있음)	50.00%	150
알지 못한다 (Ex. ESG의 기본 개념을 알고 있음)	10.70%	32
전혀 알지 못한다.	7.70%	23
합계	100.00%	300
평균	3.16	
표준편차	1.01	

출처: ESG 확산 및 정착을 위한 기업 설문조사 분석, 대한상공회의소, 2022

ESG의 등장 배경과 발전과정

요즘 기업경영에서 ESG(환경·사회·지배구조)가 크게 조명받고 있지만, 사실 ESG는 어느 날 갑자기 등장한 이슈가 아니라, 우리에게 친숙한 '지속가능발전'에서부터 시작한 기업의 사회적 책임과 지속가능한 경영을 평가하는 지표가 되었다. **'다음세대(Next Generation)에게 필요한 자원과 잠재력을 훼손하지 않으면서, 현세대의 수요를 충족하기 위해 지속적으로 유지될 수 있는 발전'**으로 정의되었다. 그리고 인류가 빈곤과 인구 증가, 지구온난화와 기후변화, 환경파괴 등의 위기에 직면해 앞으로 대재앙이나 파국을 맞이하지 않고도 경제발전을 위해서는 지속가능발전으로의 패러다임 전환이 필요하다고 주장한 것이다. 또한 위 3가지 요소는 기업경영에서 지속가능성을 달성하기 위한 핵심요소로 기업의 지속적인 성장 및 생존과도 직결된다.

ESG를 정확히 이해하기 위해서는 보다 근원적인 개념인 지속가능발전에서 출발해, 기업가치에 영향을 주는 지표로 ESG가 부상하게 된 역사적인 흐름을 함께 살펴볼 필요가 있다. 글로벌 차원에서 지속가능발전이 의제로 등장한 것은 1987년에 유엔환경계획(UNEP)과 세계환경개발위원회(WCED)가 공동으로 채택한 **《우리 공동의 미래(Our Common Future)》**라는 보고서이다. 일명 브룬트란트 보고서로 유엔(UN)이 1983년에 설립한 WCED에서 노르웨이 수상 브룬트란트(Brundtland, G. H.)가 주도하여 1987년에 제출한 보고서로 **'지속가능한 발전'**이라는 개념이 처음으로 정의되었다. 그리고 이후 유엔환경계획은 1992년 브라질 리우 회의에서 '리우선언'을 채택하게 되는데, 이 리우회의에서 ESG의 환경영역의 기반이 되는 세계 3대 환경협약인 '기후변화협약, 생물다양성협약, 사막화방지협약'을 신설하게 되었다.

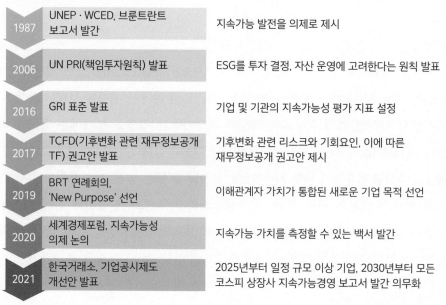

그림 1-2 ESG 관련 주요 이벤트

1987	UNEP · WCED, 브룬트란트 보고서 발간	지속가능 발전을 의제로 제시
2006	UN PRI(책임투자원칙) 발표	ESG를 투자 결정, 자산 운영에 고려한다는 원칙 발표
2016	GRI 표준 발표	기업 및 기관의 지속가능성 평가 지표 설정
2017	TCFD(기후변화 관련 재무정보공개 TF) 권고안 발표	기후변화 관련 리스크와 기회요인, 이에 따른 재무정보공개 권고안 제시
2019	BRT 연례회의, 'New Purpose' 선언	이해관계자 가치가 통합된 새로운 기업 목적 선언
2020	세계경제포럼, 지속가능성 의제 논의	지속가능 가치를 측정할 수 있는 백서 발간
2021	한국거래소, 기업공시제도 개선안 발표	2025년부터 일정 규모 이상 기업, 2030년부터 모든 코스피 상장사 지속가능경영 보고서 발간 의무화

출처: 대한상공회의소, 삼정KPMG, 2021

1997년에는 기업이나 기관이 발간하는 지속가능경영보고서에 대한 가이드라인을 제시하기 위해 비영리단체인 GRI(Global Reporting Initiative)가 설립되었다. GRI는 2000년에 첫 번째 가이드라인을 발표한 데 이어 수차례의 개정을 거쳐 2016년에는 GRI 표준(GRI Standards)을 정립했다. GRI 표준은 경제, 환경, 사회 부문으로 나누어 기업이나 기관의 지속가능성을 평가하기 위한 지표를 제시하고 있다. 2006년에는 현재 ESG 투자의 출발점이 되는 UN PRI(Principles for Responsible Investment, 책임투자원칙)가 결성되었다. UN PRI는 환경(Environment), 사회(Social), 지배구조(Governance)와 관련된 이슈를 투자정책수립 및 의사결정, 자산운용 등에 고려한다는 원칙을 발표했다. UN PRI에는 우리나라 국민연금을 포함해 2020년 3월 말 기준으로 전 세계 3,038개의 투자사 및 투자기관이 가입되어 있다. UN PRI는 금융투자원칙으로 ESG를 강조했다는 점에서 현재 기업경영에서 강조되는 ESG 경영 프레임워크의 모델을 제시한 것으로 볼 수 있다.

ESG 관련 또 다른 중요 이벤트는 2017년 기후변화 관련 재무정보공개 태스크포스(TCFD, Task Force on Climate-related Financial Disclosures)에서 발표한 재무정보공개 권고안이다. TCFD는 세계금융시장을 모니터링하는 국제기구인 금융안정위원회가 설립한 협의체로서 기후변화와 관련된 리스크와 기회요인을 분석하고, '거버넌스, 전략, 리스크 관리, 지표 및 목표'의 4가지 측면에서 재무정보공개 권고안을 제시했다. 그리고 최근 기업의 ESG 경영 논의에 불을 지피게 된 본격적인 계기로 볼 수 있는 이벤트는 바로 2019년에 있었던 BRT(Business Roundtable) 선언이다. BRT는 애플, 아마존, 월마트, 블랙록과 같이 미국에서 가장 영향력이 있는 기업 CEO가 참여하는 연례회의로서 2019년 진행된 회의에서 글로벌 비즈니스 리더들은 기업의 전통적 목적인 '주주 이익극대화 원칙'을 폐지하고 모든 이해관계자의 가치가 통합된 새로운 기업의 목적(Purpose of a Corporation)을 선언하게 되었다.

글로벌 기업의 181명 CEO가 서명한 이 선언에는 과거에 주주(Shareholder)를 최우선시했던 기업들이 이제는 주주를 포함해서 고객, 직원, 협력사, 지역사회 등 모든 이해관계자(Stakeholder)의 가치를 고려해야 한다는 내용이 담겨져 있다. 실제 BRT 선언에 참여하기도 했던 세계 최대 자산운용사 블랙록(BlackRock)의 창업자 래리핑크(Larry Fink) CEO는 2020년 1월 전 세계 최고경영자들에게 보내는 연례서한을 통해 "기후변화 리스크와 ESG를 투자 결정에서 핵심요소로 반영"할 것이라고 밝혔다. 2020년 1월 스위스 다보스에서 개최된 세계경제포럼(WEF,

World Economic Forum)에서는 지속가능성과 이해관계자가 핵심주제로 다뤄졌으며, 이어 9월에는 '이해관계자 자본주의 측정(Measuring Stakeholder Capitalism)'이라는 제목의 지속가능한 가치측정 가이드라인 백서가 발간되었다. 이 보고서는 삼정KPMG 등 글로벌 빅4 회계법인이 참여해 작성되었으며 거버넌스, 지구, 사람, 번영을 4대 축으로 하여 지속가능성을 측정하기 위한 지표가 제시되었다. 종합해 보면, ESG는 1987년 발간한 브룬트란트 보고서에 언급된 지속가능발전에서 시작해 2006년 UN PRI를 통해 구체화되었으며, 2019년 BRT 선언과 2020년 세계경제포럼에서 이해관계자 자본주의가 강조되면서 ESG가 기업경영의 핵심 화두로 떠오르게 된 것이다.

그림 1-3 **국내 ESG 키워드 검색량 추이**

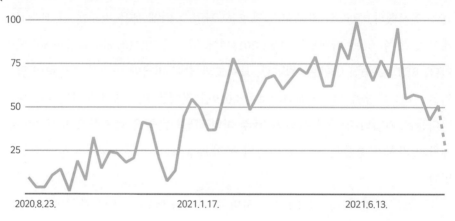

출처: 구글 트렌드, 2020.8~2021.8

ESG 경영이 기업에 왜 중요한가?

ESG 경영은 기업이 환경 및 사회적 영향을 고려하고 지속가능한 전략경영을 통해 선택과 집중할 수 있는 요소를 채택하는 것을 의미한다. 비즈니스 성과 향상, 투자 유치, 이해관계자 신뢰 증대, 법규준수와 규제준수, 기업 리스크 관리, 지속가능한 미래 등 지구 환경, 사회 및 경제의 지속 가능성을 증진시키는 데 기여할 수 있다. ESG 관련 노력은 단순히 비즈니스 성과만을 넘어서 사회적 가치 및 환경 보호에 기여함으로써 보다 긍정적인 영향을 미칠 수 있다.

1) 고객의 ESG 요구 증대

고객들의 인식도 많이 달라졌다. 환경과 사회를 생각하는 기업의 제품과 서비스를 구매하려는 경향이 뚜렷해지고 있다. 제품과 서비스에 ESG의 가치를 담고 있다면 가격이 비싸더라도 주저하지 않고 구매 의향이 있다며 구매의사를 밝히고 있다. 한국경제 신문(2021.4.)이 시장조사업체 입소스코리아와 함께 진행한 소비자 조사 결과이다. 전체 소비자의 83%가 **"제품을 구매할 때 사회적 평판에 영향을 받는다"**라고 응답했고, 신뢰하는 기업의 제품을 구매할 때 반응을 묻는 질문에는 **"다소 비싸더라도 제품을 구매할 의향이 있다"(66%)**라고 응답했다.

국내 인구의 34%(약 1,700만)를 차지하는 MZ세대는 구매하려는 제품이나 브랜드가 환경보호에 기여하는지, 윤리경영을 실천하는지를 살피고 있다. MZ세대는 가성비보다 '가심비', 즉 비싸도 착한제품을 고른다는 것이다. 대한상공회의소 (2022.4.)가 MZ세대 380명을 대상으로 실시한 **'MZ세대가 바라보는 ESG경영과 기업의 역할'** 조사 결과, 64.5%가 '더 비싸도 ESG 실천기업 제품을 구매하겠다'고 응답했다. 응답자의 10명 중 6명은 ESG를 실천하는 착한기업의 제품이 더 비싸더라도 구매할 의사가 있는 것으로 나타난 것이다.

MZ세대의 대표적 소비신념은, 가격 대비 심리적 만족도(가심비)(46.6%) > 미닝아웃(28.7%) > 돈쭐(10.3%) 순으로 나타났다. MZ세대는 **'가치소비를 반영하는 신조어 중 가장 중요하다고 생각하는 개념이 무엇이냐'**는 질문에 '가심비'(46.6%)를 가장 많이 꼽아 제품 구매 시 성능보다 심리적 만족을 더욱 중요시하는 것으로 분석되었다.

이밖에 '미닝아웃'(28.7%), '돈쭐'(10.3%), '플렉스'(7.9%) 등의 순으로 조사되었다. **'취업을 고려할 때 ESG 경영을 실천하는 기업인지 관심을 갖는 이유'**에 대해서 MZ세대는 '환경·사회문제 등 시대흐름에 부합'(50.3%), '향후 성장발전가능성 높아'(29.5%), '기업문화·근무환경 좋을 것으로 판단'(18.7%) 등의 순서로 응답했다.

그림 1-4 **MZ세대가 바라보는 ESG 경영과 기업의 역할**

ESG 기업제품 구매 의향 단위: %

64.5 비싸도 구매

32.1 비쌀 경우 구매의사 없음

* 대한상공회의소가 최근 MZ세대 380명을 대상으로 실시한
'MZ세대가 바라보는 ESG경영과 기업의 역할' 조사 결과

자료=대한상공회의소 제공

출처: 대한상공회의소, 2022

글로벌 기업들은 ESG 경영이 미흡한 공급사와는 거래를 하지 않겠다는 움직임을 보이고 있다. 분업화된 공급망 구조에서 자칫 ESG에 소극적인 기업은 향후 고객 기반을 상실할 수도 있다. ESG 경영에 반하는 공급망관리가 사회적인 논쟁으로 부상하기도 했는데, 대표적으로 배터리의 핵심원료인 코발트 광물 사례를 들 수 있다. 애플, 구글, 마이크로소프트, 테슬라는 4차 산업혁명시대에 세계에서 가장 유망한 기업으로 조명받고 있다. 이 기업들과 함께 컴퓨터 제조사 델까지 총 5개 기업이 2019년 코발트 문제로 국제권리변호사회로부터 피소되는 사건이 발생한 것이다. 코발트는 전기차 배터리에 사용될 뿐만 아니라 스마트폰 배터리와 각종 전자기기에 매우 광범위하게 쓰이고 있다. 그런데 이 배터리의 핵심원료인 코발트의 상당량이 콩고에서 생산되고 있고, 콩고의 많은 어린아이들이 코발트 생산을 위해 어려서부터 노동현장에 내몰리고 있다. ESG 경영이 부상하면서 이러한 공급망 구조에 제동이 걸리기 시작한 것이다. 이로 인해 테슬라는 코발트를 사용하지 않겠다는 '코발트 프리' 계획을 발표했다. 이를 위해 100% 니켈 함유 배터리를 개발 중이며, 또 공급망에 있는 '근로자 인권과 근로환경개선'에서도 노력하겠다는 입장을 밝혔다. 애플의 경우도 본격적으로 ESG 경영 기반의 공급망관리에 돌입했다. '협력업체 청정에너지 프로그램'에 따라 2030년까지 애플의 협력사는 100% 재생에너지로 생산한 제품을 공급해야 한다. 또한 애플은 공급망 내 모든 단계의 협력업체에 대한 **'노동권, 인권, 건강, 환경보호 등에 행동수칙(Apple Supplier Code of Conduct)'**을 마련하고, 이를 평가하여 협력업체의 ESG 경영성과 개선을 유도하고 있다. 세계 1위 화학기업 바스프 같은 경우도 자사뿐만 아니라 ESG 행동강령을 12개 언어로 번역해서 협력사에 제공하고 있으며, 협력사에게 국제적인 노동기준이나 안전기준의 표준 준수를 의무화하고 있다.

ESG 경영을 반영한 공급망관리는 유럽을 중심으로 법제화의 움직임도 보이고 있다. EU는 최근 산업 전반에 걸쳐 기업의 공급망에 대한 인권, 환경 실사를 의무화하는 방안 도입을 검토하고 있고, EU에 소재하고 있는 기업뿐만 아니라 EU 시장에서 거래하는 기업들까지 대상에 포함해서 사실상 새로운 무역장벽이 생기는 것이 아닌가 하는 우려도 있다. 한편 소비자들의 ESG 경영 친화적인 기업제품에 대한 요구가 증가하고 있다.

그림 1-5 글로벌 기업의 ESG 기반 공급망관리 사례

애플	테슬라	바스프
• '협력사 청정에너지 프로그램' 발표(2030년까지 협력사는 100% 재생에너지로 생산한 제품을 공급) • 공급망 내 모든 단계의 협력사에 대한 노동권, 인권, 건강, 환경보호 등 행동수칙(Apple Supplier Code of Conduct) 마련 및 평가	• 테슬라는 배터리 공급망 내 인권을 보호하기 위해 콩고에서 생산되는 코발트를 사용하지 않는 '코발트 프리(Cobalt Free)' 배터리 개발 계획 발표	• 글로벌 1위 화학기업 바스프는 ESG 관련 공급업체 행동강령(Supplier Code of Conduct) 제정하고 협력사에 12개 언어로 제공 • 국제노동기구 등의 원칙 및 글로벌 화학산업 책임관리 프로그램 기반 협력사의 ESG 표준 준수 의무화

출처: 삼정KPMG, 대한상공회의소, 2021

2) 투자자의 ESG 요구 증대

ESG 경영에 신경을 쓰지 않으면 감내해야 할 불이익이 상당하다. 일단 주가관리가 힘들어 진다. ESG 투자를 표방하는 연기금과 자산운용사들이 해당 기업의 주식을 사지 않기 때문이다. 국내에서도 국민연금이 ESG 경영을 투자의 기본원칙으로 밝히는 등 ESG를 기반으로 한 투자가 늘고 있는 추세이다. 과거 투자자들에게 최고의 기업은 방법이야 어떻든 많은 돈을 벌고 높은 투자 수익을 창출하는 기업이었다. 그런데 2008년 9월 15일 미국의 거대 투자은행이었던 리먼 쇼크(리먼 브라더스 사태) 이후 일어난 세계적인 금융 경제위기로 기업을 바라보는 시각이 조금씩 변하기 시작했다. 여기에 지구온난화, 대기오염 등의 기후 이슈와 인종차별, 인권보호 등의 사회적 이슈까지 대두되면서 기업의 사회적 책임이 점차 강조되고 있다. 실적을 최우선으로 해왔던 기업경영 환경은 주주의 이익, 직원복지에 대한 책임, 인간의 존엄성과 삶의 영위에 대한 기여까지 고려해야 하는 상황으로 변화했고, 소비자는 사회적 공헌도가 높은 기업의 제품을 우선적으로 찾기 시작했다.

또한 투자자들도 많은 변화를 가져왔다. 2020년 1월 초 세계 최대 규모의 자산운용사 블랙록의 최고경영자 래리 핑크는 **"ESG 성과가 나쁜 기업에는 투자하지 않겠다"**라고 폭탄 선언했다. 자사의 상장지수펀드에 대한 투자는 가치평가 방식에 ESG를 접목시켜 결정하겠다는 것이다. 그는 공개 서신을 통해 **"앞으로 투자결정 시 지속가능성을 기준으로 삼겠다"**라고 밝히면서 ESG 투자는 급물살을 타게 된다. 투자자들의 기준이 바뀌면서 기업들에게 ESG 경영은 선택이 아닌 필수가 된 것이다. 따라서 제조업 기반 기업들은 친환경 에너지 정책을 내세웠고, ICT 기업들은 인권을 비롯해 사회적 책임에 대한 논의를 본격화하면서 ESG 경영 아젠다로 끌고 가겠다는 의지를 드러내고 있다. 기업들은 사업실적뿐만 아니라 환경, 사회, 지배구조의 비재무적 요소를 사용해 환경에 미치는 영향, 노동자의 건강, 안전경영, 다양성을 비롯한 사회적 임팩트, 기업윤리, 주주의 권리, 임원 성과보상 정책과 같은 지배구조 특성 등에 변화를 가져오고 있다.

ESG 경영활동은 국내외 기업뿐만 아니라 기업을 둘러싼 다양한 이해관계자가 얽혀 있는 이슈이다. 기후변화 위기와 코로나19 팬데믹을 거치면서 기업의 핵심 이해관계자인 투자자, 고객, 신용평가사, 정부는 기업에게 높은 수준의 ESG 경영체계를 갖추도록 강력하게 요구하는 실정이다. ESG에 대한 투자자의 요구로 가장 대표적인 제도는 바로 '스튜어드십 코드(Stewardship Code)'이다. 스튜어드십 코드는 **"기관투자자가 의결권 행사 등으로 기업경영에 관여하는 것"**을 의미한다. 과거 기관투자자들은 비용 부담이나 피투자기업과 운용사 간 이해상충문제 등으로 인해 적극적으로 기업경영에 관여하지 않았다. 그러나 2008년 글로벌 금융위기 이후 기관투자자들이 주주로서 기업 지배구조를 견제하지 못했다는 자성의 목소리가 나오면서 2010년에 영국에서 최초로 스튜어드십 코드가 도입된 것이다. 우리나라에서는 2016년 이런 제도가 갖춰지고, 2018년 국민연금을 시작으로 도입하기 시작했다.

실제로 해외에서는 ESG 경영이 미흡한 기업들에게 기관투자자들이 직접 의결권을 행사하는 사례가 늘고 있는 추세이다. 예를 들어 블랙록은 2020년 엑슨모빌 주주총회에서 기후변화 대응전략 수립과 기후변화의 재무적 영향에 대한 공시가 미비했다는 이유로 이사 2인 연임에 반대표를 던진 사건이 있다. 더불어 이러한 ESG 리스크 관리 미비가 이사회 독립성 결여에 따른 것으로 판단하고, CEO와 이사회 의장을 분리하는 안에 찬성표를 던진 것이다. 블랙록은 엑슨모빌 외에도 환경오염개선 미비를 이유로 볼보 등 35개 기업에게 의결권을 행사한 바 있다. 한편 투자자들은 투자기업에 대한 의결권 행사뿐만 아니라 투자 대상을 정할 때도 ESG 경영을 적극적으로 활용하고 있다. 매년 기관투자자들이 ESG 경영을 고려해서 진행하는 투자액은 지속적으로 증가하고 있으며, 2020년 6월 기준으로 40조 5천억 달러에 이르는 것으로 파악되고 있다.

그중 기관투자자들이 ESG 투자를 할 때 고려하는 사항 중 가장 비중이 큰 전략은 '**네거티브 스크리닝(Negative Screening)**'이다. 네거티브 스크리닝은 특정의 E(환경), S(사회), G(지배구조) 기준을 토대로 부정적으로 평가되는 산업·기업을 포트폴리오나 펀드 구성에서 배제하는 투자전략을 말한다. 이는 가장 오래된 책임투자전략으로 ESG 경영을 기준으로 부정적으로 평가되는 기업·섹터·산업을 투자에서 배제해 ESG 관련 위험을 관리하는 방식을 뜻한다. 배제 여부 기준으로 ESG 경영이나 국제규범 등을 사용할 수 있고, 투자 대상 기업의 총매출이나 총수익에서 배제 대상 품목이 차지하는 비중 등을 고려하는 것이 일반적인 방법이다. 배제 대상의 예로 무기와 담배, 핵에너지, 외설물, 도박, 주류 등이 있고, 노사관계나 환경보호 등에 소홀한 기업을 배제하기도 한다. 구체적인 네거티브 스크리닝 방법으로 사회적·윤리적 기준에 어긋나는 매출액 비중이 특정 비율을 넘어서는 기업을 투자 대상에서 배제하거나 공급업체 등 관련 회사들도 추가로 배제하기도 한다.

그림 1-6 기업 투자자의 투자배제 사례

네덜란드연기금(APG)
- 에어버스 필립모리스 등 159개 기업
- 무기제조등의 이유로 투자배제

NORGES BANK
INVESTMENT MANAGEMENT
노르웨이은행 투자운영회
(NBIM)
- 아보이티즈 파워, 듀크에너지, 콜인디아(Coal India) 등
- 환경파괴 이유로 투자배제

Vanguard®
뱅가드(Vanguard)
- 차이나모바일, 차이나유니콤, 차이나텔레콤
- 중국 군수 관련 기업 투자 금지로 주식매각

출처: 삼정KPMG, 2021

　반대로 **'포지티브 스크리닝(Positive Screening)'**은 동종업종 비교집단과 비교하면 상대적으로 우수한 E(환경), S(사회), G(지배구조) 성과를 보이는 기업 혹은 프로젝트를 선별해 투자하는 방식이다. 어떤 특정한 섹터의 기업군에서 ESG 경영성과가 가장 좋은 기업들을 선택해 투자하는 전략으로, 비슷한 유형으로 볼 수 있는 **'베스트 인 유니버스(Best-in-Universe) 전략'**은 전체 기업군에서 ESG 경영의 고려가 가장 우수한 기업을 선정해 특정 섹터나 산업에 편중될 우려가 있지만, '베스트 인 클래스 전략'은 모든 섹터·산업과 다양한 종류의 자산들에 투자할 수 있다는 장점이 있다. 예로 석유산업 기업군에 대한 투자가 가능하며, 다만 해당 기업 중 ESG 경영성과가 가장 좋은 기업들만을 선점해 투자한다. 그리고 최근에는 투자 시 ESG 통합 전략의 비중이 커지고 있는데, ESG 통합 전략은 투자 의사결정을 위한 재무분석 프로세스 자체에 ESG 요소를 체계적·명시적으로 융합시키는 방식이다. ESG 요소를 투자 의사결정에 적용한 사례를 살펴보면, 네덜란드연기금(APG)은 에어버스, 필립모리스 등 159개 기업을 무기제조, 담배판매 등의 이

유로 투자를 배제시켰고, 노르웨이은행 투자운영회(NBIM)의 경우 환경파괴 이유로 듀크에너지, 콜인디아(Coal India)에 대해 투자를 배제했다. 세계3대 자산운용사인 뱅가드도 중국 군수관련기업 투자금지 목적으로 차이나모바일, 차이나유니콤, 차이나텔레콤의 주식을 매각하기도 했다. 투자자뿐만 아니라 유럽을 중심으로 금융권에도 최근 ESG 경영이 기업대출의 평가요소로 사용되고 있으며, 기업의 신규 대출이나 대출 갱신 시에 금리조건을 산정할 때 다양한 ESG 경영평가 기준을 사용하고 있다. 투자자들의 투자배제와 금융권의 대출 규제는 해당 기업의 자본조달과 직결되기 때문에 ESG 경영이 기업의 생존과 비즈니스 전략에 상당한 영향을 미칠 수 있는 것이다.

3) 기업평가와 신용등급에 ESG 반영

신용등급에 비재무적 성과를 포함하는 글로벌 사례는 국내 신용평가기관에게도 영향을 주고 있다. 2020년 10월 한국신용평가는 ESG 채권 인증 평가사업을 최초로 선보였다. 자체 내 ESG 금융 평가방법론을 기준으로 한국중부발전이 발행한 제59회 공모사채(지속가능채권)를 평가했는데, 발행기업의 지속가능경영, 기후변화 완화 및 대응에 대한 회사의 의지 등이 반영되었다. 이러한 사회적 흐름은 기업들의 ESG 경영이 재무적 위험을 넘어 신용위험까지도 영향을 줄 수 있음을 시사하고 있는 것이다.

그림 1-7 ESG를 신용등급에 반영하는 글로벌 신용평가사

As-was

재무성과

As-is

비재무성과
(ESG)포함

신용 등급 평가

MOODY'S	ESG 기반으로 전체 기업 33% 신용등급 조정('19년)
Fitch Ratings	신용등급 평가 시, ESG Risk 수준이 높은 경우 반영
S&P Global	개별 기업신용등급 상/하한 사유에 대한 ESG 영향 공시

출처: 삼정KPMG, 2021

글로벌 신용평가기관인 무디스(Moody's), 피치(Fitch Ratings), S&P(Standard & Poor's) 등에서는 ESG 평가결과를 신용등급에 반영하고 있다. S&P Global의 경우, 환경오염이나 탄소배출량, 안전보건, 내부통제, 리스크 관리 등으로 분류하여 조정 사유에 해당하는 기업에 대해 신용등급을 조정했다. 예컨대, 듀크에너지(Duke Energy)의 경우 석탄발전소에서 과도하게 석탄재가 배출된다고 보고 신용등급을 'A-Stable'에서 'A-Negative'로 조정하여 ESG에 따른 신용위험을 알리기도 했다. 또한 신용평가기관들은 ESG 전문역량을 강화하기 위해, ESG 전문역량 보유기관 및 ESG 평가기관을 M&A를 통해 확대해 나가고 있다.

4) 강화되는 글로벌 ESG 공시규정

최근 기업의 지속가능한 성장에 관심이 높아지면서 수익성과 같은 전통적인 재무적 지표 이외에 환경, 사회, 지배구조 등 비재무적 지표에 대한 투자자들의 관심이 증가하고 있다. 이에 따라 미국, EU 등 주요 선진국들은 ESG 관련 공시 규제를 대폭 강화하고 있다. 'ESG 금융 추진단'과 '민관합동 ESG' 정책협의회 등을 통해 ESG 공시 관련 정책을 만들고 ESG 관련 금융환경도 대폭 개선하고 있다. EU는 2024년부터 강화된 ESG 공시기준 적용할 예정이고, 글로벌 ESG 공시 강화는 우리 중소벤처기업에도 많은 영향을 미칠 것이다. ESG 논의에서 가장 앞서 있다고 평가받는 EU의 경우, 지난 2021년 4월에 기업의 ESG 공시의무를 강화하기 위해 기존의 '비재무정보 공개지침(NFRD; Non-Financial Reporting Directive)'을 개정한 **'기업 지속가능성 보고 지침(CSRD; Corporate Sustainability Reporting Directive)'**을 발표한 바 있다. 이 지침에 따르면 ESG 공시의무 대상기업을 기존 EU 역내 대형 상장·금융·공익 기업 중심에서 상장·비상장 대기업, 상장 중소기업뿐만 아니라 EU 역내에서 활동하는 글로벌 기업까지 확대할 예정이다.

공시기준에서도 기존에는 GRI(Global Reporting Initiative)와 같은 다양한 글로벌 이니셔티브 중에서 기업이 선택해 공시하도록 했던 것을 유럽재무보고자문그룹(EFRAG)에서 제정한 공시기준으로 단일화하는 등 규제를 대폭 강화했다. 또한 기업의 ESG 공시채널을 기존에 사업보고서 이외의 별도 보고서도 인정했던 것에서 사업보고서로 일원화하고, 제3의 독립기관으로부터 ESG 공시 내용을 의무적으로 검증(assurance)받도록 했다. 2022년 11월 EU 의회가 CSRD(기업 지속가능성 보고지침)를 최종 승인함에 따라 2024년부터 강화된 ESG 공시기준이 적용될 예정이다. 그동안 기업의 자율적인 ESG 공시 규제체제를 유지해 왔던 미국의 경우에도 최근 관련 규제를 강화하고 있다. 지난해 3월 미국의 증권거래위원회(SEC)는 기후변화에 대응하기 위해 미국 상장기업을 주요 대상으로 하는 **'기후 분야 공시 의무화 방안'**을 발표했다. 이 방안에서는 상장기업이 증권신고서와 사업보고서를 제출할 때 온실가스 배출량과 같은 정량적 지표뿐만 아니라 기업이 직면하고 있는 기후변화 리스크 관련 정보 등도 공시하도록 하고 있다. 또한 온실가스 배출량의 경우 2024년부터 2026년까지 기업 규모와 상장 여부에 따라 공시의 범위와 내용에 대한 검증 수준을 단계적으로 강화하는 방안을 포함하고 있다. 그 외 영국, 홍콩, 일본 등 주요국도 상장기업을 중심으로 ESG 공시를 강화하고 있는 추세이다. 한편 국제회계기준(IFRS) 재단을 중심으로 진행되고 있는 글로벌 ESG 공시 표준화 논의에도 주목할 필요가 있다. 지난 2021년 11월 IFRS 재단은 G20, 국제증권관리위원회기구(IOSCO) 등의 지지 속에서 글로벌 ESG 공시기준 표준(baseline) 제정을 위해 국제지속가능성기준위원회(ISSB)를 설립했다. 2022년 3월에는 일반 분야와 기후 분야 등 2개 분야에 대한 ESG 공시표준(안)을 발표하고, 전 세계를 상대로 공개 의견수렴을 진행한 바 있다. 미국, EU 등 주요국의 ESG 강화 움직임은 우리 기업에도 큰 영향을 미칠 것으로 전망된다. 수출 대기업이 EU 등의 강화된 ESG 공시규제에 직접적인 영향을 받을 것으로 예상되는 것은 물론 글로벌 가치사슬에 편입된 국내 중소벤처기업도 간접적인 영향을 받을 것으로 보인다.

표 1-3   EU의 ESG 공시 관련 규정 변화

	비재무정보 공개지침(NFRD) (2018년~)	기업 지속가능성 보고지침(CSRD) (2024년~)
대상	EU 역내 대형 상장·금융·공익 기업	EU 상장·비상장 대기업, EU 상장중소 기업, 일부 비EU 기업
채널	사업보고서 또는 별도 보고서	사업보고서(별도 보고서 불허)
기준	글로벌 표준 중 선택 (GRI, SASB 등)	유럽재무보고자문그룹(EFRAG)이제정하는 표준(ESRS)
검증	회원국 자율에 위임	제3자 검증 의무화

출처: 금융위원회, 2023

우리나라 금융위원회의 경우에도 기업, 관계부처, 민간 전문가 등 국내 이해관계자들을 대상으로 폭넓은 의견을 수렴해 ISSB 측에 한국의 검토의견을 제출

했다. 국내 기업들은 글로벌 ESG 공시표준을 제정할 필요성에 공감하면서도 기업에 과도한 부담이 될 수 있는 일부 내용에는 우려를 표명하기도 했다.

'**기타 간접배출**'(Scope 3, 직접적인 제품 생산 외에도 물류, 제품 사용·폐기 등 과정에서 발생하는 탄소배출량) 기준의 탄소배출량 공시, 재무제표와 ESG 정보의 동시 보고, ESG 요소가 재무제표에 미치는 영향을 정량적 정보로 공시하도록 의무화한 내용 등이 대표적이다. 현재 ISSB(국제지속가능성기준위원회)는 세계 각국의 의견을 분석해 주요 쟁점과 관련한 수정안을 마련하고 있으며, 일반 및 기후 분야에 대한 최종기준을 확정해 공개할 예정이다. 또한 2025년부터 일정규모 이상(자산 2조원 이상) 코스피 상장사에 대해 '지속가능경영보고서' 공시가 의무화되며, 이러한 의무 공시제도는 2030년부터 전체 코스피 상장사로 확대된다. 해외에서는 우리나라보다 한 발 빨리 ESG 공시 의무화가 진행 중이다. 영국에서는 모든 상장기업이, 유럽연합에서는 유럽 내 종업원 500명 이상인 기업과 그 모기업이 사업보고서 또는 별도 보고서를 통해 ESG 관련 정보를 공시해야 하며, 인도에서는 시가총액 기준 상위 500위 기업, 싱가포르에서는 모든 상장기업이 '지속가능경영보고서'를 발간 및 공시해야 하는 등 세계 각국에서는 이미 ESG 경영의 중요성이 강조되고 있다.

표 1-4 국제 및 국내 ESG 주요 공시 표준

국제 ESG 주요 공시 표준	◈ GRI(Global Reporting Initiative) GRI는 기업의 지속가능경영보고서에 대한 가이드라인을 제시하는 국제기구이다. 2000년에 지속가능경영보고서 작성을 위한 최초의 프레임워크 G1을 발표한 이후 확대 및 개선을 거쳐 현재는 G4가 표준으로 자리 잡았다. 이 가이드라인에 따라 공시해야 하는 의무나 강제성은 없지만, ESG 경영에 대한 관심이 증가하면서 지속가능경영보고서를 발간하는 기업이 크게 늘어났고, 현재 GRI 가이드라인에 따라 보고서를 발간하는 기업은 15,000여 개에 달해 세계에서 가장 널리 채택된 글로벌 지속가능경영보고서 표준이 되고 있다.
	◈ ISO(International Organization for Standardization) 국제표준화기구 ISO는 지난 2010년 기업의 사회적 책임에 대한 국제 표준인 ISO26000을 발표했다. ISO26000은 지배구조, 인권, 노동관행, 환경, 공정거래, 소비자 이슈, 지역사회 참여 및 발전을 기업의 사회적 책임과 관련된 7대 핵심

국제 ESG 주요 공시 표준	주제로 규정하고 있다. ◈ SASB(Sustainability Accounting Standards Board) 지속가능성 회계기준위원회(SASB)는 ESG 요소를 재무적 성과와 연계하여 보고할 수 있도록 기업의 공시기준을 마련하기 위해 설립되었다. SASB는 현재 지속가능경영보고서 작성에 있어서 GRI와 함께 가장 널리 채택되는 기준이며, 2020년에는 세계 최대 자산운용사인 블랙록에서 SASB와 TCFD(기후 관련 재무정보공개 태스크포스) 기준 보고서 공시를 요구해 앞으로 더욱 널리 쓰일 것으로 예상되는 기준이다.
국내 ESG 주요 공시 표준	◈ 한국거래소 ESG 정보공개 가이던스 한국거래소는 ESG 정보공개 방법과 방향을 담은 'ESG 정보공개 가이던스'를 2021년 1월 발표했다. 한국거래소는 가이던스 제정을 위해 상장법인과 증권사, 자산운용사, ESG 평가·자문사 등을 중심으로 워킹그룹을 구성하여 5개월간 해외 가이던스 조사, 세부 문안 작업 등을 거쳐 가이던스 내용을 확정했다. 가이던스에는 정보공개의 필요성, 보고서 작성과 공개 절차, 준수해야 할 원칙 및 글로벌 표준 등으로 구성되어 있다. 또한, 상장사에 실질적인 도움이 되도록 사례와 함께 12개 항목의 21개 세부지표로 구성된 정보공개 지표를 담았다.

출처: 사회적가치연구원, 2021

ESG 평가와 가이던스, 평가기관, 평가 프로세스

ESG 평가는 기업이 환경, 사회, 지배구조 관련 요소를 얼마나 잘 관리하고 지속가능한 경영을 실천하는지를 평가하는 프로세스이며, 기업의 지속가능성을 객관적으로 측정하고 평가하는 도구로 투자 및 비즈니스 의사결정에 영향을 미친다. 기업의 퍼포먼스(performance) 측면의 문제만이 아니라, 세계적인 투자시장의 흐름 역시 ESG 평가를 기반으로 돌아가고 있기 때문이다. 기업의 생존과 연관된 중요한 전략이 된 것이다. 2020년 기준으로 ESG 투자시장 규모는 40조 달러에 이를 정도로 성장했다. 특히 전 세계적인 팬데믹을 경험하면서 ICT 융합과 생명공학 및 기후변화 등에 관심이 한층 더 높아졌고, ESG 경영은 환경과 공존에 대한 많은 고민을 하게끔 만들었다. 금융 부문에 있어서 ESG 투자에 많은 자금이 이미 유입되고 있는 실정이다. 기관 투자자를 중심으로 책임투자가 더욱 확대되고 있으며, 2030년까지 글로벌 ESG 투자 규모는 120조 달러를 넘어설 것으로 예상되고 있다. 따라서 기업의 ESG 평가와 정보공개에 대해 투자자의 요구는 더욱 거세지는 상황이다. 세계 최대의 국부펀드로 알려져 있는 노르웨이국부펀드(GPFG)는 이미 ESG 기업평가를 투자 기준으로 삼은 지 오래되었다. 다른 나라들보다 훨씬 앞서 ESG 투자원칙을 수립하고 ESG 투자에 나서고 있다. 특히 ESG 공시기준 확립, 경영진 유인 구조개선, 세금 투명성 영역을 집중적으로 보고 있으며, ESG 기준을 위반한 기업은 철저히 투자에서 배제하는 등 엄격한 스크리닝 원칙을 고수하고 있다.

우리나라의 경우도 2015년에 개정한 국민연금법에 따라 투자 대상과 관련된 기금을 관리하고 운용함에 있어서 ESG 요소를 자율적으로 고려할 수 있도록 법제화하였다. 국민연금은 이에 따라 ESG 분야 52개 평가지표를 선정하고, 800여 개 기업에 대한 평가를 연 2회 진행하고 있다. 향후 ESG 기업에 대한 투자 비중을 50%로 확대할 계획이라고 밝혔다. 이처럼 친환경 정책을 기조로 윤리적이면서 지배구조가 바람직한 기업을 사람들이 우량기업이라고 인식하고, 투자자들에게는 ESG 경영을 하는 기업에 투자하는 것이 환경을 생각하는 정의로운 투자라는 인식이 강하다. 또한 지구온난화와 기상이변으로 친환경 제품을 개발하는지 여부는 국제교역에서 중요성이 대두되고 있으며, 최근 소비 트렌드 변화에 민감한 MZ세대(MZ세대란, 1980~1990년대에 태어난 밀레니얼 세대와 1990년대 중반~2000년대 초반에 태어난 Z세대를 통칭하는 말이다. MZ세대는 집단보다는 개인의 행복을, 소유보다는 공유(렌털이나 중고시장 이용)를, 상품보다는 경험을 중시하는 소비 특징을 보이며, 단순히 물건을 구매하는 데에서 그치지 않고 사회적 가치나 특별한 메시지를 담은 물건을 구매함으로써 자신의 신념을 표출하는 '미닝아웃(Meaning Out)' 소비를 하기도 한다.)의 공감을 이끌어 내기 위해서는 사회(S) 항목을 결코 소홀히 할 수 없을 것이다. 따라서 ESG 경영은 더 이상 기업의 선택이 아닌 필수가 되었다고 볼 수 있다.

1) ESG 평가

'ESG 평가(Ratings)'란 기업의 ESG 활동의 성과를 평가하는 것으로, 투자 의사결정에 필요한 정보를 제공하는 역할을 한다. 마치 신용평가가 주로 기업의 재무적 위험을 평가하여 기업의 가치 산정에 반영하는 것처럼, ESG 평가는 환경(E), 사회(S), 지배구조(G)와 같은 비재무적 요인들을 기업의 가치평가에 고려한다. 최근 ESG 투자가 활성화되고, 금융시장에서 ESG 평가등급의 활용도가 증가함에 따라 ESG 평가기관의 역할과 중요성도 점차 증가하고 있다. 그러나 많은 전문가들은 ESG 평가결과의 신뢰성과 평가 프로세스의 투명성 등에 대해 우려를 제기하고 있는 상황이다.

그림 1-8 한국ESG기준원의 ESG 평가

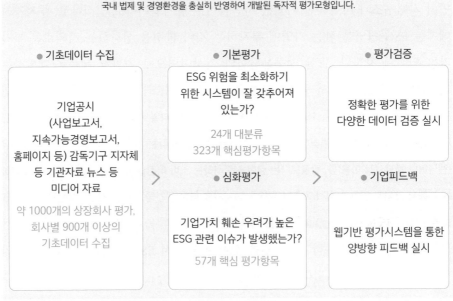

한국ESG기준원은 높은 투명성과 전문성을 토대로 2003년부터 기업지배구조 평가를 실시해왔으며,
2011년부터는 사회책임과 환경경영이 포함된 ESG 평가를 통해 매년 국내 상장회사의 지속가능경영 수준을 평가하고 있습니다.
원의 ESG 평가는 상장회사가 현재 지속가능경영 수준을 점검하고 개선에 활용할 수 있도록 지원하는 것을 목적으로 합니다.
한국ESG기준원의 ESG 평가모형은 OECD 기업지배구조원칙, ISO26000 등 국제기준에 부합할 뿐만 아니라
국내 법제 및 경영환경을 충실히 반영하여 개발된 독자적 평가모형입니다.

● 기초데이터 수집

기업공시
(사업보고서,
지속가능경영보고서,
홈페이지 등) 감독기구 지자체
등 기관자료 뉴스 등
미디어 자료

약 1000개의 상장회사 평가,
회사별 900개 이상의
기초데이터 수집

● 기본평가

ESG 위험을 최소화하기
위한 시스템이 잘 갖추어져
있는가?

24개 대분류
323개 핵심평가항목

● 심화평가

기업가치 훼손 우려가 높은
ESG 관련 이슈가 발생했는가?

57개 핵심 평가항목

● 평가검증

정확한 평가를 위한
다양한 데이터 검증 실시

● 기업피드백

웹기반 평가시스템을 통한
양방향 피드백 실시

출처: 한국ESG기준원, ESG 평가, 2023

금융위원회(2023.5.24.)는 ESG 평가시장의 투명성·신뢰성 제고방안을 발표하였다. 이번 방안의 주요 내용은 정부, 한국거래소, 자본시장연구원의 지원하에 국내 주요 ESG 평가기관 3개사(한국ESG기준원, 한국ESG연구소, 서스틴베스트)가 '자율규제'로서 'ESG 평가기관 가이던스'를 마련하여 운영한다는 것이다. 우선 ESG 평가기관별로 평가결과가 상이하여 그 결과를 신뢰하기 어렵다는 의견이 있다. 물론, ESG 자체가 가치판단적 요소를 지니고 있고, 평가기관별로 평가지표, 가중치 등 평가모델이 다르기 때문에 평가결과의 차이가 불가피하다는 의견도 존

재한다. 그러나 ESG 평가 등급의 과도한 차이(divergence)는 기업의 ESG 경영활동에 대한 엇갈린 신호(mixed signal)로 작용하여, 결과적으로 기업의 ESG 성과 개선의 동기를 약화시킬 우려가 있다. 또한, 평가결과의 차이가 ESG 평가기관과 기업 간 이해상충 가능성, ESG 평가체계에 대한 정보공개 부족 등의 문제와 결합될 경우 ESG 평가시장의 투명성과 신뢰성을 약화시키고 평가시장의 발전을 저해할 수 있다는 우려가 제기되고 있다. 이와 같은 우려를 감안하여, IOSCO(국제증권감독기구), OECD(경제협력개발기구)와 같은 국제기구들은 ESG 평가기관에 대해 투명성 강화 및 이해상충 방지 장치를 마련할 것을 요구하는 한편, 각국 정부에 대해서도 주의를 기울일 것을 권고하고 있는 상황이다.

구체적인 평가방법을 규율하는 것이 아닌, 평가업무 수행 시 필요한 절차·기준 등에 대한 모범규준(Best Practice)을 제시하고자 하는 목적이다. 각 ESG 평가기관은 가이던스 참여 여부를 자율적으로 천명하고, 원칙준수·예외 설명(Comply or Explain) 방식으로 참여한다. 국내시장이 아직 발전 초기단계라는 점 등을 감안하여 신용평가 규제 등에 비해서는 낮은 수준의 규율방식을 택하였다. 가이던스는 총 6개의 장(총칙/내부통제체제의 구축/원천데이터의 수집 및 비공개정보의 관리/평가체계의 공개/이해상충의 관리/평가대상기업과의 관계), 21개의 조문으로 구성되어 있다.

제1장은, 총칙으로 동 가이던스의 목적과 적용 방식 등을 규율한다.

제2장은, 준법감시인의 지정 등 준법감시체제를 구축하고 이해상충방지 등 내용을 담은 내부통제체제를 마련할 것을 요구하고 있다.

제3장은, 평가기관은 객관적이고 검증 가능한 데이터에 근거하여 평가하도록 하며, 평가과정에서 취득한 비공개정보를 대외비로 관리하고 임직원이 남용하지 않도록 하고 있다.

제4장은, ESG 평가방법론 및 기업별 ESG 평가등급, 평가점수 등 평가결과를 공개하도록 하며, 정보공개시 인터넷 홈페이지 등 정보접근성이 높은 방식을 이용할 것을 요구한다.

제5장은, 기관 내 이해상충 가능성이 있는 업무·인력을 분리하고, 계열회사의 업무와 이해상충 문제가 발생하지 않도록 내부정책을 수립·운영하며, 이해관계가 있는 회사와 관련된 잠재적인 이해상충의 관리의무도 부여한다.

제6장은, 평가대상기업에 대한 불공정행위 및 금품수수 등을 금지하며, 평가등급 확정 전 평가대상기업에 수집데이터 내용 등을 통보하고 사실오류가 있는 경우 설명 기회를 부여하는 등 평가대상 기업과의 관계를 규율한다.

ESG 평가시장의 신뢰성과 투명성을 제고하기 위해 우선적으로 가이던스를 도입·운영한다. ESG 평가기관뿐만 아니라 금융위, 한국거래소, 자본시장연구원이 관찰자(observer)로 참여하는 'ESG 평가기관협의체'를 구성하여 자율규제로서 운영될 예정이다. 이번 발표한 가이던스는 각 평가기관의 동 가이던스 준수를 위한 준비절차 등을 감안하여, 약 3개월간의 유예기간을 거쳐 23.9.1.부터 시행하여 2023~2024년까지 가이던스를 운영한 이후, 2025년부터는 가이던스의 역할·활용도, 국제 동향 등을 참고하여 진입규제, 행위규제 등 법제화도 검토할 예정이다. 또한 정부는 ESG 평가시장뿐만 아니라, 'ESG 공시-평가-투자'로 이어지는 ESG 생태계 전반에 대한 제도적 기반을 마련해 나갈 계획이며, 향후에도 전문가들의 의견수렴 등을 거쳐 제도개선 방향을 적극 모색해 나갈 예정이다.

2) ESG 평가기관

전 세계에서 기업이 ESG 등급을 평가하는 평가기관은 무려 125개 이상이 되고 있다. 글로벌 ESG 표준, 프레임워크, 데이터 공급업체까지 포함하면 ESG 관련 기관은 2020년 2월 기준 600개가 넘는다고 한다. 대표적인 글로벌 ESG 평가기관에는 모건스탠리캐피털인터내셔널(MSCI), 레피니티브(Refinitiv), 로베코샘(RobecoSAM), 서스테이널리틱스(Sustainalytics), 블룸버그(Bloomberg) 등이 있다. 국내에서는 한국ESG기준원을 비롯해 서스틴베스트, 대신경제연구소 등이 있고 최근에는 언론기관, 신용평가사들도 ESG 평가에 참여하고 있다. 125개 이상의 기관들이 각각의 데이터와 평가방법으로 기업들을 분석해 등급을 매기는 것이다. ESG 우수한 기업에 대해서는 대체적으로 비슷한 결과치가 나오지만, 기준에 따라서는 다른 등급이 매겨지기도 한다. 수많은 평가기관들에서 발표한 지수들이 있지만, 업계에서는 일반적으로 MSCI와 블룸버그, S&P, 독일계 지수 개발사 솔랙티브(Solective), 영국의 FTSE 그룹에서 발표하는 ESG 지수를 많이 활용한다. 국내에서는 글로벌지수와 함께 한국ESG기준원이나 서스틴베스트의 ESG 등급을 활용하고 있다.

A. 모건스탠리(MSCI: Morgan Stanley Capital International)

모건스탠리는 1999년부터 ESG 평가를 제공해 온 선구자이다. 초기 ESG 분야를 개척한 RiskMetrics, Innovest, KLD 등을 인수합병해서 2011년부터 ESG 리서치를 독자적으로 제공하고 있다. 2019년에는 기후변화 이슈에 대응하기 위해 관련 애널리틱스 기업 카본델타(Carbon Delta)를 인수하기도 하였다. MSCI의 ESG 평가는 공개된 기업정보, 정부DB, 매크로데이터 등을 활용한다. 평가대상이 되는 기업도 정보 검증 과정에 참여할 수 있다. 환경, 사회, 지배구조 각 항목별로 10개 테마, 37개의 핵심 이슈로 분류하여 각 이슈별로 정해진 가중치에 따라 점수를 부여한다.

B. 스탠더드앤드푸어스(S&P)

미국의 금융정보업체 스탠더드앤드푸어스다우존스(S&P Dow Jones)는 스위스 지속가능경영 평가사인 로베코셈(RobecoSam)과 1999년부터 다우존스 지속가능경영지수(DJSI)를 개발해 매년 평가결과를 발표한다. 전 세계 상위 기업을 대상으로 기업의 경제적 성과, 환경 및 사회성과 등을 종합적으로 고려해 기업경영의 지속가능성을 분석한다. 평가대상 기업들이 답변한 설문지 내용을 기반으로 집계를 실시하며, 설문지는 공통 평가항목과 산업별 항목으로 구분되고 80~120개 문항으로 구성된다. 산업별 특성을 반영한 기준을 적용해 가중치를 부여하는 것이 특징이다.

C. 파이낸셜 타임스 익스체인지 러셀(FTSE Russell)

FTSE Russell은 2001년 ESG 평가를 바탕으로 한 지수인 'FTSE4 Good'을 론칭하였다. 이 지수는 DJSI(Dow Jones Sustainability Indices)의 S&P500 ESG 지수, MSCI(모건스탠리캐피털인터내셔널사)의 ESG Leaders 지수와 함께 3대 ESG 지수로 꼽히며, 유럽 시장을 대표하는 지수로 분류된다. 공개된 정보를 기반으로 평가하며, 14개 주제별로 300개 이상의 지표로 구분된다. 사회책임투자(SRI) 지수의 하나로서 담배, 무기, 석탄 등 일부 산업은 평가 기업에서 제외하는 것이 특징이다. 분기별로 지수에 편입된 기업을 발표하고 2020년 기준으로 국내 기업은 약 30개 사가 편입되어 있는 것으로 알려져 있다.

D. CDP(Carbon Disclosure Project, 탄소정보공개프로젝트)

2000년 영국에서 설립된 국제 비영리기구로, 전 세계 9,600여 개 기업의 기후변화 대응 등 환경경영 관련 정보공개를 요구해 공시정보를 분석, 투자자 및 금융기관에 제공하고 있다. 매년 발표되는 CDP 평가결과는 전 세계 금융기관의 ESG 투자 의사결정을 위한 정보원으로 활용되며, 기후변화, 수자원, 산림자원의 3대 영역에 대한 데이터 공개 여부, 리스크 인식 및 관리 이해도, 목표설정 등에 대해 피평가 기업이 응답한 내용을 기반으로 평가한다.

E. 블룸버그(Bloomberg)

블룸버그(Bloomberg)는 2008년 9월 CDP와의 제휴를 통해 블룸버그 터미널(단말기)에서 기업의 탄소발자국, 에너지 사용량 등을 조회할 수 있도록 하였으며, 2009년 7월 ESG 데이터 서비스를 론칭하였다. 블룸버그의 ESG 데이터는 102개국 1만 1,700개 이상의 기업에서 공개한 정보를 수집해 검증한 후 블룸버그 터미널에 공개된다. 현재는 블룸버그 단말기 이용자만 평가결과와 내용에 접근이 가능하다. 10년 이상 전 세계 기업의 ESG 공시 데이터를 제공하면서 쌓은 경험을 바탕으로 블룸버그는 2020년 8월부터 ESG 스코어 서비스를 시작했다. ESG 스코어에는 ESG 데이터를 바탕으로 이사회 구성, 환경 및 사회성과, 성 평등(Gender Equality), 공시 투명성 등에 관한 평가점수가 포함되고 있다.

F. 서스테이널리틱스(Sustainalytics)

서스테이널리틱스는 1992년 설립되어 기업의 ESG 리스크 평가 및 리서치 등의 높은 전문성을 보여준 평가기관이다. 글로벌 펀드 평가회사 모닝스타(Morningstar)가 2020년 인수해 화제가 되기도 하였다. 인수 이후 모닝스타는 서스테이널리틱스와 ESG 평가방법론을 활용하여 모든 펀드, 주식, 자산 분석에 ESG 요소를 통합하는 작업을 진행 중에 있다. 서스테이널리틱스는 전 세계 4만 개 기업의 데이터와 2만 개 기업의 ESG 평가등급을 제공하며 2020년부터 자사 웹사이트에 4000개 이상 기업의 ESG 등급을 공개하고 있다. 서스테이널리틱스의 ESG 리스크 평가방식은 기업의 공개된 정보 기반으로 ESG 리스크가 기업의 재무가치에 미치는 영향을 측정한다. 평가대상 기업이 요청할 경우 보고서 발간 이전 검토와 정보 업데이트가 가능하며 평가결과는 0~50 점수 및 리스크 등급으로 표시된다. 점수가 높을수록 기업의 ESG 리스크가 큰 것으로 평가된다.

G. 한국ESG기준원

한국ESG기준원은 2003년부터 기업지배구조 평가를 실시해 왔으며, 2011년부터는 환경 및 사회 부문을 추가하여 매년 국내 900여 개 상장회사의 지속가능경영 수준을 평가하고 있다. 한국ESG기준원의 ESG 기본평가는 기업 특성별로 분류 후에 가점 방식을, 심화평가는 부정적 ESG 이슈에 대한 감점 방식을 적용한다. 총 18개 대분류와 281개 핵심 평가항목으로 구성되어 있다. 한국ESG기준원의 ESG 평가는 평가준비, 평가수행, 등급부여, 결과분석 및 등급 조정절차로 구성된다. 기업은 평가피드백 기간 내 평가결과에 따른 소명자료를 제출해 답변을 수정할 수 있다. ESG 평가는 각 3, 6월에 시작해 모든 정기 등급은 10월에 부여된다. 평가 후 차년도 1, 4, 7월에 ESG 등급 위원회를 개최해 ESG 이슈를 반영한 등급으로 수시로 조정된다. 참고로 국내 기업의 ESG 등급 조회는 한국ESG기준원 홈페이지에서 조회가 가능하다.

그림 1-9 한국ESG기준원의 ESG 평가항목

유형 분류		환경(E)	사회(S)	지배구조(G)	금융사 지배구조(FG)
기본평가	기업 분류	민감도별 분류	WICS 기준별 분류**	자산규모별 분류	상장여부별 분류
		상	에너지	2조원 이상	상장 금융사
		중	소재	2조원 미만***	비상장 금융사****
		하	…		
	문항 구성	환경경영	근로자	주주권리보호	주주권리보호
		환경성과	협력사 및 경쟁사	이사회	이사회
		이해관계자 대응	소비자	감사기구	최고경영자
			지역사회	정보공개	보수
		3대 대분류	4대 대분류	(일반) 4대 대분류 (금융사) 7대 대분류	위험관리
					감사기구 및 내부통제
					정보공개
심화평가	분석 방법	• 기업 활동에서 발생한 부정적 이슈를 확인하기 위해 공시자료·뉴스·미디어 등 다양한 출처의 정보를 상시 수집 • 기업가치 훼손 우려가 높은 ESG 이슈를 법 위반 여부·중대성·규모·기간 등을 종합적으로 고려하여 감점 수준을 결정			

**WICS(Wise Industry Classification Standard) 28개 중분류 기준적용

*** 이사회 내 위원회 설치여부에 따른 이사회 규모 추가 고려하여 분류 세분화

**** '금융회사의 지배구조에 관한 법률'이 전부 적용되는 기업

참조: 한국ESG기준원, ESG 평가, 2023

3) ESG 평가기관 가이던스

가이던스는 ESG 평가기관과 그 임직원(계약직 및 임시직 등을 포함한다. 이하 이 가이던스에서 같다.)이 ESG 평가업무를 수행함에 있어 준수해야 할 기준과 절차에 관한 사항을 정함으로써 ESG 평가의 신뢰성, 공정성 및 투명성을 제고하고 ESG 경영 확산에 기여하며 정보이용자와 투자자 보호 강화를 목적으로 한다.

ESG 평가(ESG Ratings)란 기업 등의 ESG 위험과 기회에 대한 노출 또는 관리 수준을 평가하는 등급, 점수, 순위(이하 '평가등급'이라고 한다.) 등을 포함하는 상품 및 서비스를 의미한다. 가이던스는 ESG 평가서비스, 평가등급 등을 제공하는 기관(이하 'ESG 평가기관'이라 한다.) 및 그 임직원에 적용한다. 계약에 의하여 ESG 평가기관 업무의 일부를 위탁받은 기관 등의 행위는 그 위임받은 범위 내에서 이를 ESG 평가기관의 행위로 본다. ESG 평가기관은 수탁기관에 가이던스를 준수할 것을 요구할 수 있다. 가이던스는 그 취지와 내용에 동의하여 가이던스의 수용과 이행에 자율적으로 참여할 것을 천명한 ESG 평가기관에 한해 적용된다. 참여 ESG 평가기관은 원칙 준수 및 예외 설명(comply or explain) 방식에 따라 기본적으로 원칙을 준수하되, 예외적으로 원칙을 준수할 수 없는 경우에는 이유를 설명해야 한다. 참여 ESG 평가기관은 사업모델 등을 고려하여 원칙을 준수할 수 없는 세부 사항에 관해서 미이행 사유와 대안을 정보이용자에게 충분히 설명하고 내용을 공개해야 한다.

'내부통제체제 구축'으로, ESG 평가기관은 그 임직원이 직무를 수행함에 있어서 준수해야 할 적절한 기준 및 절차로서 내부통제기준을 마련한다. 내부통제기준은 이해상충 방지, 불공정행위의 금지 등의 업무처리에 관한 내용을 포함해야 한다. 또한, 특히 중요한 이해상충, 불공정행위 등의 우려를 식별하는 경우 이에 관한 내부통제 정책을 별도로 명시하여 공개해야 한다. 내부통제기준의 준수 여부를 점검하고 평가과정에서 이해상충을 관리하는 등의 업무 수행을 위해 준법감시인을 두어야 한다. 준법감시인을 두는 경우 준법감시체제를 구축·운영하고 준법감시 프로그램을 마련하는 등 준법감시업무의 효율적 수행을 지원해야 한다. 평가과정 전반에 대한 문서화된 내부 운영지침을 마련하여 평가의 독립성, 객관성, 전문성 및 일관성을 최대한 담보해야 한다.

'데이터 수집 및 관리'로, ESG 평가기관은 객관적이고 검증 가능한 데이터에 근거하여 평가등급을 결정하도록 노력해야 한다. 특히, 추정 데이터가 사용되는 경우, 해당 사실과 추정의 기본 방법론을 공개한다. ESG 평가기관은 원천데이터의 범위, 수집 방법 등을 공개하기 위해 노력해야 한다. 임직원은 ESG 평가를 목적으로 비공개로 제공받은 정보를 업무 수행과 관련된 목적으로만 이용해야 한다. 임직원은 평가대상기업의 비공개정보를 취득한 경우 이를 이용하여 해당 기업 등의 증권 또는 파생상품 등 금융투자 상품을 매수 또는 매도하거나 기타 거래를 하여서는 아니 된다. ESG 평가와 관련하여 취득한 비공개정보의 사용, 보관, 폐기 등 전 과정에 관한 관리체계를 수립하여 문서화하고 공개해야 한다.

'평가체계 공개'로, ESG 평가기관은 정보이용자 등이 평가등급 혹은 평가 관련 데이터의 유용성을 비교·판단할 수 있도록 ESG 평가방법론을 최대한 투명하게 공개해야 한다. 평가방법론은 원천데이터의 수집, 평가지표, 가중치 설정 등의 내용을 포함해야 한다. 평가방법론과 관련된 주요 관행, 절차 및 평가 프로세스에 중대한 변경이 있는 경우 내부 절차에 따라 사전에 의견을 수렴하거나 변경사항을 공개하도록 노력해야 한다. 기업별 평가등급 등을 포함한 평가결과를 아래 사항에 따른 범위 내에서 공개해야 한다. 평가결과 공개 시 정보이용자의 편의를 고려하여 평가등급별 정의 등 상세 내용을 포함할 수 있으며 정보이용자를 오도할 수 있는 내용이 포함되지 않도록 해야 한다. 정보이용자들에게 충분하고 정확한 정보를 공개하도록 노력해야 한다. ESG 평가기관은 정보공개 시 인터넷 홈페이지 등 정보접근성이 높은 방식을 이용하여 공개해야 한다. ESG 평가기관의 평가체계, 평가결과 등 가공 데이터와 자료 등은 재산적 가치가 있는 것으로서 지식재산기본법, 저작권법 등 관련 법령에 따라 보호를 받을 수 있으며, 평가기관은 이를 고려하여 평가방법론, 평가결과 등을 공개한다.

'이해상충 관리'로 ESG 평가기관 및 그 임직원은 ESG 평가에 관한 업무를 함에 있어 독립적인 입장에서 공정하고 충실하게 그 업무를 수행해야 한다. 업무 수행의 독립성과 공정성을 저해할 수 있는 관계, 절차 등을 회피하고 관련 사실을 적절히 공개하도록 노력해야 한다. 이해상충 문제를 확인하고 제거·관리하는 업무와 관련된 내부절차를 마련해야 한다. 컨설팅, 자문 등 해당 기관이 제공하는 다른 서비스로 인해 ESG 평가에 이해상충 가능성이 있다고 판단하는 경우 해당 업무와 인력으로부터 ESG 평가업무 및 ESG 평가 전문인력을 분리시켜야 한다. ESG 평가기관은 이해상충과 관련한 제보가 있는 경우 이를 심사한 후 이해상충을 완화시키는 데 필요한 조치를 즉시 취해야 한다. ESG 평가업무와 관련하여 계열회사(그 임직원을 포함한다) 업무 간에 이해상충의 문제가 발생하지 않도록 내부정책을 수립하고 운영해야 한다. 해당 기관과 일정한 비율 이상의 출자관계에 있는 등 이해관계가 있는 회사와 관련된 ESG 평가에 있어 잠재적인 이해상충을 관리해야 한다.

'평가대상기업과의 관계'로 ESG 평가기관과 그 임직원은 ESG 평가업무를 수행함에 있어 평가대상기업에 대하여 불공정행위를 하여서는 아니 된다. 불공정행위는 특정 등급의 부여를 조건으로 평가대상 기업에 ESG 평가기관 및 계열사의 서비스나 상품을 이용하도록 강요하거나 권유하는 행위, 해당 기관이 제공하는 서비스 상품의 이용 여부에 따라 평가등급을 조정하는 행위 등을 포함해야 한다. 평가등급을 확정하기 전에 평가를 위해 수집한 데이터의 범위, 내용 등을 평가대상 기업에 통보하여 평가와 관련한 사실에 오류가 있는 경우 추가로 자료를 제출하거나 이에 대하여 설명할 기회를 부여하도록 노력해야 한다. ESG 평가기관과 그 임직원은 ESG 평가업무와 관련하여 평가대상 기업 등에 일반적인 거래 관행 또는 사회통념에 비추어 통상적인 수준을 현저히 벗어나는 금전·물품·편익 등의 재산상 이익을 제공하거나 제공받아서는 아니 된다.

4) ESG 평가 프로세스

평가지표는 기관마다 다르지만 평가절차의 큰 흐름은 대부분 비슷하다. 기업 공시 및 감독기구, 지자체 등의 공시자료와 뉴스, 각종 언론 등의 미디어 자료 등을 수합해 사전조사를 실시한다. 기초 데이터가 확보되면 이를 토대로 평가가 이루어지는데 이 부분에서는 평가기관마다 독자적인 모델을 활용하는 경우가 많다. 그리고 최종적으로 기업 인터뷰 등의 정성평가를 거쳐 등급 부여 및 조정을 하게 된다. ESG 평가 프로세스는 비슷해도 평가기관별 ESG 점수 차가 발생하는 것은 정보수집 능력과 기업마다 제공하는 정보의 차이에서 발생한다. 확보하는 자료의 종류를 비롯해 평가모델, 등급 체계 등이 평가기관마다 다르기 때문에 ESG 등급은 절대적일 수 없다.

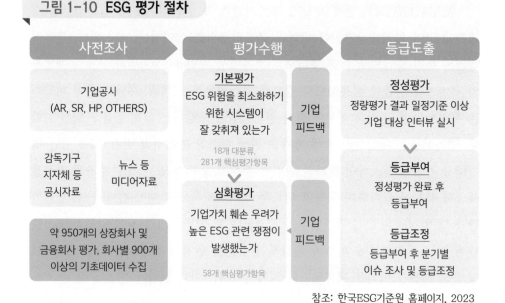

그림 1-10 ESG 평가 절차

참조: 한국ESG기준원 홈페이지, 2023

MSCI(모건스탠리캐피털인터내셔널)는 가장 대표적인 평가기관으로 많은 ETF(Exchange Traded Fund, 인덱스펀드)를 거래소에 상장시켜 투자자들이 주식처럼 편리하게 거래할 수 있도록 만든 상품)들이 MSCI의 지수를 추종할 만큼 평가체계가 잘 이루어져 있다. MSCI는 ESG와 관련해 가장 많은 인덱스를 보유하고 있으며 또한 오랜 기간 별도의 ESG 부서를 창설해 연구를 진행하고 있다. MSCI는 매년 전 세계 8,500여 개 상장기업들을 업종별로 나눠 환경, 사회적 책임, 기업지배구조와 관련한 경영 현황을 평가해 AAA에서 CCC까지 등급을 부여한다.

표 1-5 MSCI의 ESG 평가 프로세스 항목

ESG 구분	10 테마	37 ESG 키 이슈	
환경(E)	기후변화	탄소배출 탄소발자국	친환경 파이낸싱 직접투자 기후변화 취약성
	천연자원	물 부족 생물 다양성&부지 사용	원자재 조달
	오염&낭비	유독성 물질 배출 패키징 원자재	전략 낭비
	친환경 기회	클린테크 기회 그린빌딩 기회	신재생에너지 기회
사회(S)	인적자본	노무관리 건강&안전	인적자본 개발 공급망 노동자 표준
	제조물 책임법	제품 안전성&퀄리티 화학제품 안정성 금융상품 안전성	개인정보&데이터 보안성 책임투자 건강&인구구조 위험
	주주 항의	논쟁의 원천	
	사회적 기회	커뮤니케이션 접근성 금융에 대한 접근성	헬스케어 접근 영양 및 건강 기회
지배구조(G)	기업지배구조	이사회 지불	오너십 회계
	기업 행태	기업윤리 비경쟁 요소 세금 투명성	부정부패&불안정성 금융시스템 불안정

참조: MSCI, 신한금융투자, 2021

5) 검증(Assurance)

지속가능보고서의 검증(Assurance)을 위한 기준이 새롭게 바뀌고, 검증기관 자격기준이 지금보다 훨씬 까다로워지고 있다. 영국 어카운트빌리티(AccountAbility)는 2021년 1월 초, 새롭게 적용될 검증기준인 'AA1000AS(Assurance Standard) v3'를 출시했다고 밝혔다. AA1000 시리즈는 글로벌 지속가능보고서를 검증하는 대표적인 표준으로, 국제회계사연맹(IFAC)에서 발행하는 'ISAE3000'과 함께 전 세계에서 가장 많이 쓰인다. AA1000 시리즈의 경우 지금까지 국내에서 발행된 지속가능보고서 가운데 검증을 실시한 보고서 중 77%가 넘는 보고서가 사후검증 표준으로 사용할 만큼, 폭넓게 사용되어 왔다. '**검증**'이란 보고하는 조직의 특정 사안인 보고서, 조직의 기본을 형성하는 시스템, 성과를 거양하는 과정과 능력에 관한 수준을 평가하기 위하여 정해진 원칙과 기준을 활용하는 평가방법을 말한다. 검증에는 이를 이용하는 사람들에게 해당 사안에 대한 신뢰성을 제공하기 위하여 평가결과를 전달하는 절차도 포함된다.

A. 검증의 필요성

최근 들어 지속경영이 기업에 대한 투자의 기준으로 자리 잡고 있는 상황에서 기업들의 지속경영보고서 및 CSR 보고서 발간이 증가되고 있는 추세이다. 이에 따라 기업들이 통상적으로 자사의 영업보고서를 회계감사기준에 맞추어 감사를 하는 것과 같이 지속경영보고서도 그 내용의 충실성 및 신뢰성에 대한 검증의 필요성이 제기되고 있다. 특히 검증을 통하여 이해관계자의 신뢰성을 획득하고, 현재의 수준을 파악하여 개선점을 도출할 수 있다는 점에서 그 중요성이 더욱 강조되고 있다.

• 지속경영보고서 증가에 따른 검증의 중요성 증가

점차 증가하는 지속가능경영보고서 가운데 보고서 내용의 충실성 및 데이터의 객관적 검증의 필요성이 제기되어 공신력 있는 제3자 기관에 검증을 의뢰하는 경우가 늘어나고 있다.

• 이해관계자의 신뢰성 획득

기업의 이해관계자는 해당 기업의 지속가능경영보고서에 대하여 공인된 기관의 검증을 통하여 보고 내용에 대한 신뢰를 형성할 수 있다.

• 현황 진단 및 개선사항 파악

기업은 검증기관의 검증을 받음으로써 보고서의 내용 및 자사의 현재 수준에 관한 개선사항을 파악하는 기회를 마련할 수 있다.

• 선진 기업들의 지속가능경영보고서 외부 검증 증가

포춘 250개 기업 중 30%, 16개국의 TOP 100 기업 중 33%가 지속가능경영보고서를 외부 검증받은 것으로 밝혀졌다. 이 기업들은 검증과정을 통하여 정보의 신뢰성 향상은 물론 경영시스템, 보고시스템 등 보고서 작성을 위한 전 프로세스 향상에 도움을 받았다고 밝혔다.

B. 지속가능 검증 기준

- AA1000 Series
- Amnesty International's Human Rights Guidelines for Companies
- Association of British Insurers Guidelines
- BS 8900
- CERES Principles
- DJSI
- Eco-Management and Audit Scheme(EMAS)
- EU Eco-label
- Ethos Reporting Guidelines
- European Foundation for Quality management
- Fair Trade Labelling Standards
- Forest Stewardship Council
- Marine Stewardship Council

- FTSE4Good Criteria

- IFOAM Organic Standards

- Investors in People

- ISO 9000 / ISO 14000 / ISO 26000 ISAE 3000

- London Benchmarking Group

- The Natural Step

- OECD Guidelines

- Responsible Care

- SA8000

- SIGMA

- Sullivan Principles

- UN Global compact

- UN PRI

C. 어카운트빌리티(AccountAbililty)사의 AA1000

'어카운트빌리티(AccountAbility)'는, 지속가능경영보고서 검증을 위한 표준 개발을 목적으로 설립된 비영리기관으로, 전 세계 10여 개국의 전문가들이 참여해 지속가능보고서 검증 국제표준인 AA1000AS와 이해관계자 참여 표준인 AA1000SES를 개발한다. 이번에 개편된 검증기준은 2018년 새롭게 바뀐 AA1000AP(Assurance Principle, 검증 원칙)를 적용, 각 보고서 검증기관들이 이를 이용해 사후검증을 할 수 있도록 만든 검증기준(표준)이다.

'AA1000 검증기준'은 통상조직의 지속가능성 보고와 기본 프로세스, 시스템 및 능력에 대한 신뢰성과 수준을 평가하고 검증하며 강화하는 데 적용되는 기준이다. 아울러 보증 과정의 제반 핵심요소에 대한 지침을 제공한다. 핵심 특성으로는,

- 조직의 전반적인 성과(즉, 지속가능성)를 대상으로 하고 있다.
- 이해집단과 관련된 특정 사안의 구체성과 정확성에 주안점을 두고 있다.

- 조직이 자체 성과와 영향 및 관련된 이해집단의 견해를 완벽하게 이해하고 있는지 여부를 조사한다.
- 이해집단에 대한 보고서 작성 회사의 책임을 평가하고 그 과정에서 보고 행위를 조직이 이해집단과 맺은 약속의 일환으로 간주한다.
- 조직이 정해진 정책과 목표를 수행하고 장해의 기준과 기대까지 만족시킬 수 있는 방향이 무엇인지를 제시하는 미래 지향적 접근법을 제공한다.
- 공적으로 지속가능성 보고서의 신뢰도를 결정하는 공적 보증 서류의 근간을 마련한다.
- 글로벌 보고 프로그램인 지속가능성 보고 지침과의 적합성을 비롯한 여러 보증기관의 접근법과 기준을 활용하여 각종 검증활동을 지원하고 통합한다.
- 다양한 지리적, 문화적, 사회적 배경을 가진 여러 유형과 규모의 회사나 검증기관에 이를 적용한다.
- 검증기관은 자신들의 검증 능력과 보고서 작성회사와의 관련성을 공개할 필요가 있다.

'AA1000의 제반원칙'으로는,

• 구체성

구체성 원칙은 보고서 작성회사가 이해집단들이 정보를 바탕으로 결정하며 행동하는 데 필요로 하는 지속가능성 성과에 관한 정보를 보고서에 포함시켰는지 여부를 보증기관이 확인하여 명기할 것을 요구하고 있다.

• 완전성

완전성 원칙은 보고서 작성회사가 지속가능성 성과를 확인하고 이해한 범위를 보증기관이 평가할 것을 요구하고 있다.

• 책임성

책임성 원칙은 보고서 작성 회사가 이해집단의 관심 사항과 정책 및 해당 정책을 고려하고 그 내용을 보고서에 적절히 반영했는지 여부를 검증기관이 평가하도록 요구하고 있다.

• 증빙자료

보증기관은 보고서 작성 회사가 보고서에 포함한 사실을 입증할 만큼 충분한 증빙자료를 제공했는지 여부를 평가해야 한다. 즉, 지나간 성과에 대한 정량적 정보와 생산 기반 시스템, 이해관계자 집단의 견해 같은 지나간 성과에 대한 정성적 정보, 목표의 타당성과 보고서 작성 회사가 이해집단의 견해와 정책과 해당 기준에 부응하기 위해 과거에 했던 약속을 위한 정량적, 정성적 정보 등을 평가해야 한다.

• 보증서

보증서에는 보고서의 신뢰성과 해당 정보를 생성하고 회사의 성과를 입증하는 기본시스템과 절차 및 능력에 관한 내용이 기술되어야 한다. AA 검증기준을 이용한 보증서 → 검증기관이 AA1000 검증기준을 활용하였으며 검증과정에서 AA1000 원칙들이 어떻게 적용되었는지에 대한 언급, 기본 설명 → 수행된 작업 포함, 검증의 목표 수준과 검증과정 중에 다른 기준이 적용된 곳에 관한 내용 기술, 검증과정 중에 적용키로 합의한 기준에 대한 설명, 검증사항 → 보고서의 질과 조직의 업무처리 절차, 시스템과 전반적인 능력이 언급되어야 하고 AA1000의 제반원칙인 구체성, 완전성, 책임성을 만족시켜야 한다.

D. 검증기관의 기준

가장 중요한 것은 '검증의견서'를 작성할 조직(assurance provider)의 자격요건이다. 이는 지금까지 지속적으로 제기되어온 보고서 사후검증을 둘러싼 신뢰와 품질(quality) 문제를 해결하기 위한 방안으로 여겨진다. 검증기관의 검증기준으로는 검증의 신뢰성, 검증기관의 독립성, 검증기관의 공정성, 개인의 능력, 검증기관의 능력이 있어야 한다. 2025년부터 자산 2조원 이상인 코스피 상장사들을 대상으로 지속가능경영보고서 공시가 의무화되는 가운데 2022년도에는 128개사가 해당 보고서를 공개한 것으로 나타났다. 1년 전보다 50곳 더 많은 상장사들이 보고서 공시에 참여했다. 한국거래소는 코스피 상장법인의 지속가능경영보고서 공시를 분석한 결과 공시 기업 수가 지난해 78개사에서 올해 128개사로 64% 증가했다고 밝혔다. 이 중 자산 2조원 이상은 기업은 113개사로 88%에 이르고 있다. 시가총액 10조원 이상 기업의 72%가 지속가능경영보고서를 공시한 데 비해 1조원 미만 기업은 6%만 공시했다. 대기업 집단에 속한 기업 95개사는 전년 대비 32곳 증가하면서 전체 공시 기업 가운데 74%의 비중을 차지하는 것으로 파악되었다. 그룹별로 살펴보면 현대차(10개사), 롯데(9개사), SK(9개사) 순으로 공시 기업 수가 많았다. 업종별로는 금융업(25개사)과 화학(20개사) 순이었고, 구성 기업 수 대비 공시 기업이 많은 업종은 통신업(60%), 전기가스업(30%) 등으로 확인되었다. 2020년부터 2022년까지 3년 연속 지속가능경영보고서를 공시한 기업은 35개사였다.

모두 GRI 기준으로 공시를 작성한 것으로 나타났다. GRI 기준이란 글로벌 비영리기구인 GRI가 발표한 기준으로 최초의 지속가능경영보고서 글로벌 프레임워크이다. 상장사들은 이와 병행해 SASB, TCFD 등을 사용하고 있는 것으로 나타났다. SASB는 2018년 발표된 77개 산업별 지속가능성 보고 표준이며, TCFD는 2015년 주요 20개국(G20) 재무장관과 중앙은행 총재가 설립한 금융안정위원회(FSB)에서 발족한 TF에서 제시한 프레임워크이다. 35개사 중 34개사가 공시대상에 주주를 포함했다. 투자자, 임직원, 고객, 정부, 지역사회, 협력사를 공통적으로 인식해 포괄적으로 정보를 공개한 덕분이다. 또한 중대성 평가를 실시해 지속가능성 성과에 미치는 주요 이슈를 결정한 곳도 34개사에 달했다. 환경 관련 지표를 공개한 곳은 70%에 이르렀다. 글로벌 공개 표준의 온실가스 배출량 보고 의무화가 확대됨에 따라 35개사 중 24개사는 Scope3 온실가스 배출량을 공개했다. Scope3 온실가스는 기업이 관리하는 사업장 외의 가치사슬에서 발생하는 간접적인 온실가스를 포함하는 개념으로 사업장 내 배출되는 온실가스를 칭하는 Scope1, 2보다 넓은 범위를 지칭한다. 아울러 26개사는 2050 탄소중립 달성을 목표로 단기, 중기 온실가스 배출목표를 제시했다. 이외에도 ESG 성과지표관리와 중대성 평가를 성실하게 진행하고, ESG 데이터를 구체적으로 공개한 회사들도 있다.

이뿐 아니라 AA1000AS에 지금까지 이어져 왔던 3대 원칙 중 '임팩트(Impact)'가 추가되면서 4가지 원칙으로 바뀌었다는 점도 큰 변화 중 하나이다. 3대 원칙은 '포괄성(Inclusivity)', '중대성(Materiality)', '대응성(Responsiveness)' 등이다. 포괄성은 영향을 미치는 이해관계자들을 포함하는지, 중대성은 해당 기업의 중요 이슈를 포함하는지, 대응성은 이해관계자의 요구와 관심에 적절하게 대응하는지 등을 본다. 여기에 추가된 임팩트는 기업의 활동으로 인한 영향을 모니터링하고 측정할 수 있어야 한다는 원칙이다. 예를 들면, 온실가스를 2010년 대비 50% 감축하겠다고 밝힌 기업이 사후 지속적으로 감축 노력을 하는지, 중요정보를 누락하거나 왜곡시키지는 않는지 사후 검증의견서에서 의견을 표명해야 한다. 이를 통해 투자자 관점에서 검증의견서가 긍정적인지, 부정적인지를 확인할 수 있다는 점도 새롭게 바뀐 부분이다. AA1000AS v3는 지금까지 이어져 왔던 3대 원칙(포괄성, 중대성, 대응성)에 임팩트(Impact)가 추가되면서 4가지 원칙으로 바뀌었다는 점도 큰 변화이다.

특히 GRI나 TCFD(기후변화재무정보공개 태스크포스), SASB(지속가능성회계기준위원회) 등 다양한 기업 지속가능경영보고서 표준 프레임워크에 적용할 수 있도록 보편적인 검증기준을 마련한 것 또한 주요한 변화이다. 에이미 스프링스틸(Amy Springsteel) 어카운트빌리티 표준위원회 의장은 "CSR(기업의 사회적책임)과 ESG(환경·사회·지배구조) 보고서가 늘어나면서, 비재무정보에 대한 외부 검증이 매우 중요하고 책임감 있는 역할로 변화하고 있다"며 "AA1000AS v3는 지속가능성 검증 프로세스를 진행하는 모든 기관 및 기업에게 총체적이고 보편적으로 적용 가능한 솔루션이 될 것"이라고 말했다.

K-ESG 가이드라인 주요 내용

글로벌하게 활용되고 있는 주요 ESG 이니셔티브나 비재무적 보고 기준들 외에 우리나라에서는 어떤 평가지표나 평가체계가 있을까? 2021년 12월 정부관계부처 합동으로 'ESG 인프라 확충방안'의 중점 과제로 'K-ESG 가이드라인 v1.0'을 발표했다. ESG 경영과 지속가능경영보고서 요구가 날로 확대되고 있는 가운데, 실제로 기업들은 목표설정이나 실행에 있어서 경험과 정보 부족 등으로 인하여 즉각적인 대응이 어렵고 국내외 평가지표가 600여 개 이상으로 난립되어 있는 혼란으로 기업들의 부담은 가중되고 있다. 기업맞춤의 평가기준과 평가방식 파악이 어려워 정부에서는 글로벌지표와의 정합성, 한국의 특수성, 법과 제도적 정합성을 고려하여 'K-ESG 가이드라인'을 추진하게 된 것이다. 크게는 국내외 주요 13개 평가지표와 공시기준을 분석하여, 공통 핵심사항 61개가 도출되었다. 향후 정부는 글로벌 동향을 반영하여 1~2년 주기로 업데이트될 예정이며, 앞으로 업종별 및 기업 규모별 가이드라인도 마련할 계획이라고 한다.

1) K-ESG 가이드라인 추진 배경

ESG는 전 세계적인 트렌드로 확산되고 있으며, 이에 따른 소비자, 투자자, 정부 등 모든 사회구성원의 관심이 고조되면서 선택이 아닌 기업의 생존과 성장의 핵심요소로 부상하고 있다. 특히나 기업목적, 자본조달, 지속가능 측면에서

살펴보면,

> ▶ 기업목적 측면: ESG는 미래사회에서 기업가치를 제고하기 위한 사회적 가치로 기업의 목적에 내재화되어야 하는 필수적 요소이다.
> ▶ 자본조달 측면: ESG가 다양한 분야의 투자자들의 핵심가치로 부각되는 시점에서 기업의 자본조달 측면에서 ESG는 필수적 관리요소이다.
> ▶ 지속가능 측면: 지속가능성의 포괄적인 개념하에서 발전한 ESG 요소들은 기업의 지속가능한 성장을 위한 리스크 관리 수단으로 필수적이다.

A. 기업의 ESG 경영 필요성 증가

기업에 대한 평가기준이 재무적 요소에서 비재무 요소인 ESG로 빠르게 변화하고 있으며, 투자의 기준으로 ESG를 활용하는 금융·자산운용사, 연기금 등 기관이 점차 확대되는 추세이다. 또한 공급망 실사 등 협력사에 대한 ESG 준수 요구와 주요 선진국을 중심으로 한 ESG 공시에 대한 규범화 확대(EU, 영국 등)가 증가하고 있다.

B. 기업의 ESG 경영 추진과 평가대응 애로 증가

기업의 ESG 경영 추진 필요성에 대한 인식은 높아지고 있으나, 어디서부터 시작해야 하는지, 목표는 어떻게 설정해야 하는지, 구체적인 실천은 어떻게 해야 하는지에 대한 경험과 정보가 부족한 실정이다. 특히, 중소·중견기업은 비용, 시간 등 현실적 어려움으로 ESG 경영 도입에 더 많은 어려움을 겪고 있는 상황이다. 국내·외 600여 개 이상의 평가지표가 운영되고 있으나 개별 기업에서 각각의 평가기준, 평가방식을 파악하기는 쉽지 않은 상황이다. 그리고 글로벌 ESG 평가기관들은 기관마다 고유한 평가 프로세스, 지표, 측정산식 등을 기반으로 평가를 진행하여 기업 입장에서는 일관된 평가대응 체계를 수립하기가 쉽지 않다.

2) 산업 전반의 ESG 수준 제고를 위한 범용적 가이드라인 제시

국내 상황을 고려한 ESG 요소를 제시하고, 각 분야별 전문가, 전문기관, 관계부처 의견 등을 반영하여 글로벌 기준에 부합하면서도 우리 기업이 활용 가능한 문항으로 구성한다. 그리고 글로벌 기준 중심의 기본 진단항목, 글로벌 기준에서도 일부 사용되고 있거나 국내 제도에서 중요시하는 ESG 경영요소를 추가 진단항목으로 구분하여 제시한다. 기업의 ESG 추진 속도, 업종, 규모 등에 따라 글로벌 기준부터 국내 제도를 고려한 ESG 경영을 추진할 수 있는 유연성을 제고한다. 주요 해외 ESG 평가지표에 대한 대응을 공통적으로 고려하되, 해외와 국내의 사회문화적·법제도적 환경의 차이를 고려하여 설계한다. 국내 특성이 고려된 진단항목 개발 시, 해외 지표와의 연계성 해설을 통해 실제 경영환경에서 선택적으로 고려할 수 있도록 지원한다.

▶ 기업일반: ESG 경영 수준 향상을 위한 방향성 제시에 초점을 두고 기업 스스로 ESG 경영목표 수립이 용이하도록 활용가이드라인을 제시한다. 또한, 국내외 평가지표의 공통적이고 핵심적인 항목의 제시를 통해 평가에 대한 이해 제고 및 평가대응 역량을 확보토록 한다.

▶ 중소·중견기업: ESG 경영전략 수립을 희망하는 중소·중견기업이 우선적으로 활용할 수 있는 항목을 선별 제시(27개 항목)한다.

▶ 평가·검증기관: ESG 평가 시 K-ESG 가이드라인을 자율적으로 활용할 수 있도록 설계하고, 평가·검증기관의 니즈를 고려하여 기본 진단항목 외 대체·추가 항목을 제시한다.

3) K-ESG 평가지표

2021년 말 정부부처합동으로 발표한 K-ESG 평가지표를 참고할 수 있다. K-ESG 평가지표는 국내외 ESG 평가지표에서 공통적이고 핵심적인 항목을 추출하였으며, 기업의 ESG 속도와 업종, 규모를 고려하여 개발된 지표이다.

그림 1-11 K-ESG 평가지표 가이드라인

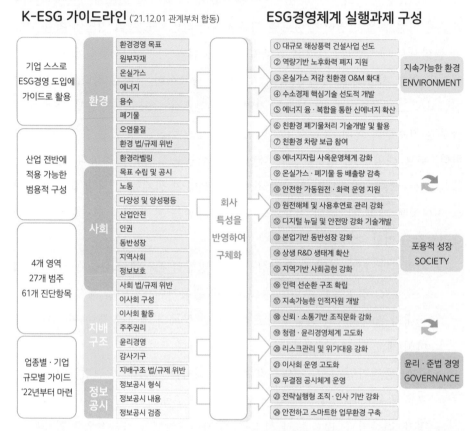

참조: 관계부처합동 K-ESG 가이드라인, 2021

4) K-ESG 가이드라인 활용

ESG 투자열기가 이어지는 가운데 현재 국내외에 600개 이상의 ESG 평가지표가 난립하고 있다. 여기에 정부가 'K-ESG 가이드라인'이라는 또 하나의 평가지표를 내놓았다. 정부가 가이드라인을 내놓겠다고 밝힐 때부터 논란이 일었다. 특히 정부가 기업의 ESG 실적을 평가하려는 것이 아니냐는 업계의 반발이 있었으나, 정부는 직접 ESG 평가에 나서지 않겠다고 일찌감치 선을 그었다. 산업통상부를 주축으로 관계부처가 2021년 12월 합동으로 발표한 K-ESG 가이드라인은 몇 가지 측면에서 기존 지표와 차별화된다.

A. K-ESG 가이드라인, 기존 평가지표와 다른 점

첫째, 이 지표는 정부가 평가에 나서지 않겠다고 밝힌 만큼 기존 평가지표와 다른 가이드라인이다. 무엇보다 이 지표는 평가기관을 위한 지표라기보다 ESG 평가를 받는 기업이 좋은 평가를 받기 위해 무엇을 어떻게 준비해야 할지 알려 주는 지침서의 성격이 강하다. 특히 다수의 국내외 ESG 평가지표가 ESG 성과를 측정하는 기준을 제시하지 않아 기업의 자가진단이 불가능한 경우가 비일비재한데, 이 가이드라인은 평가항목마다 상세한 평가기준을 제시해 기업이 스스로 ESG 성과를 진단하고 목표를 수립할 수 있도록 도움을 준다고 정부는 설명했다.

둘째, 이 지표는 MSCI와 서스테이널리틱스, GRI 등 국내외 주요 13개 ESG 평가기관이 사용하는 3,000개 이상의 평가지표와 측정항목을 분석해 정보공시와 환경, 사회, 지배구조의 4개 영역에서 61개의 핵심적이고 공통적인 ESG 이행과 평가항목을 추출해 냈다. 항목표는 다음 표와 같다.

'K-ESG 가이드라인'을 살펴보면, 기업의 ESG 평가 대응 지침서 성격이 강하다는 느낌이 든다. 항목별로 평가기준 세부 내용을 제시하여 기업 스스로 ESG 성과와 현황을 자가진단하고 목표 수립과 효율적 이행에 도움을 줄 수 있을 것이다. 다만 산업의 특수성을 고려한 것이 아닌 산업 전반에 적용하는 범용적 가이드라인이라는 한계가 있다. 또한 ESG 평가에 잘 대응하고 평가점수를 얼마나 잘 올릴 수 있는가에 초점이 맞춰져 있어서 '평가를 위한 평가'로 인식될 수 있다는 지적도 있다. 글로벌 ESG 평가 이니셔티브가 이미 많이 나와 있는 상황에서 'K-ESG 가이드라인'이 제대로 실행되고 정착되려면, 글로벌 표준으로 인정받을 수 있도록 한국의 특수성과 산업별 및 업종별 특성이 고려되어야 할 것이다.

표 1-6 K-ESG 가이드라인

구분	주요 항목			
정보공시 (5개 문항)	• ESG 정보공시 방식 • ESG 정보공시 주기 • ESG 정보공시 범위 • ESG 정보공시 검증 • ESG 핵심이슈 및 KPI			
환경 (17개 문항)	• 환경경영 목표 수립 • 환경경영 추진체계 • 원부자재 사용량 • 온실가스 배출량 (Scope1 + Scope2) • 온실가스 배출량 (Scope3) • 온실가스 배출량 검증	• 재생에너지 사용비율 • 용수 사용량 • 재사용 용수 비율 • 폐기물 배출량 • 폐기물 재활용 비율 • 대기오염물질 배출량	• 수질오염물질 배출량 • 환경 법/규제 위반 • 친환경 인증 제품 및 서비스 • 재생 원부자재 비율 • 에너지 사용량	
사회 (22개 문항)	• 목표 수립 및 공시 • 신규 채용 • 정규직 비율 • 자발적 이직률 • 교육훈련비 • 복리후생비	• 결사의 자유 보장 • 여성 구성원 비율 • 여성 급여 비율 (평균급여액 대비) • 장애인 고용률 • 안전보건 추진체계 • 산업재해율	• 인권정책 수립 • 인권 리스크 평가 • 협력사 ESG 경영 • 협력사 ESG 지원 • 협력사 ESG 협약사항 • 전략적 사회공헌	• 구성원 봉사 참여 • 정보보호 시스템 구축 • 개인정보 침해 및 구제 • 사회 법/규제 위반
지배구조 (17개 문항)	• 이사회 내 ESG 안건 상정 • 사외이사 비율 • 대표이사와 이사회 의장 분리 • 이사회 성별 다양성 • 사외이사 전문성	• 사내 이사 출석률 • 이사회 산하 위원회 • 이사회 안건 처리 • 주주총회 소집 공고 • 주주총회 집중일 2회 개최 • 집중/전자/서면 투표제	• 배당정책 및 이익 • 윤리규범 위반사항 공시 • 내부 감사부서 설치 • 감사기구 전문성 (감사기구 내 회계/재무 전문가) • 지배구조 법/규제 위반	

참조: 관계부처합동 K-ESG 가이드라인, 2021

셋째, 이 지표는 글로벌 기준에 부합하면서도 국내 상황을 고려한 ESG 요소를 제시하고 있다. "주요 해외 ESG 평가지표에 대한 대응을 공통적으로 고려하되, 해외와 국내의 사회문화적, 법제도적 환경의 차이를 고려해 설계"했다는 것이 정부의 설명이다. 국내 특성이 고려된 평가항목을 개발할 때 해외 지표와의 연계성을 설명해 기업이 실제 경영에서 선택적으로 이런 항목을 고려할 수 있도록 했고, 기업의 ESG 추진 속도와 업종, 규모를 고려해 유연하게 지표를 개발했다.

넷째, 이 지표는 특정 산업이 아닌 산업 전반에 적용될 수 있는 '범용적 가이드라인'이다. 국내외 평가지표에서 공통적이고 핵심적인 항목을 선택 제시하고 있다.

다섯째, 중소기업과 중견기업을 위해 이들 기업이 ESG 경영을 추진할 때 우선적으로 선택할 수 있는 37개 항목의 가이드라인을 별도로 마련했다. 중소기업과 중견기업에게 ESG 경영은 상당한 부담이 될 수 있고, 비용과 인력을 감당하기 어려워 ESG 경영 정보와 노하우를 확보하기 어렵다. 이 가이드라인은 과도한 투자비용이 발생하지 않는 범위 내에서 ESG 경영을 추진하거나 ESG 성과를 개선할 수 있도록 기본 진단항목을 제시하고 있다.

여섯째, 이 지표는 기업을 위한 가이드라인의 성격이 강하지만 ESG 평가나 검증기관도 원하면 자율적으로 활용할 수 있도록 이들 기관이 필요로 하는 기본 평가항목을 제시하고 있다. 또 기본 대신 선택할 수 있는 대체 항목이나 추가 항목도 제시하고 있다.

일곱째, 이 가이드라인은 항목별 가중치를 설정하지 않고 개별 평가항목별 배점을 100점으로 설정하고 있다.

정부는 기업이 가이드라인을 활용할 때 중점적인 ESG 추진전략에 해당하거나 산업적으로 기회요인이 되는 항목에 높은 가중치를 적용하고, 상시적 리스크에 노출되는 항목에는 낮은 가중치를 둘 수도 있다고 설명했다. 다만 이때 가중치의 합산은 100%가 되어야 한다고 정부는 덧붙였다. 정부는 앞으로 1~2년 단위로 K-ESG 가이드라인을 업데이트할 계획이다. 업데이트나 업종 또는 기업 규모별 ESG 가이드라인을 새로 만들 때 이해관계자의 의견 수렴과 전문가의 자문을 거쳐 항목별 가중치를 설정하는 방안을 검토할 예정이다.

ESG 정보 수요자가 조직의 ESG 정보를 효과적으로 활용하기 위해서는, 조직이 ESG 정보를 주기적으로 공시하는 것이 중요하다. ESG 정보가 적시성을 확보하기 위해서는 ESG 정보공시 주기를 재무정보 공시주기와 동일하게 하거나, 재무정보 공시 이후 최대한 빠른 시기에 ESG 정보를 공시할 필요가 있다. 또한, ESG 정보 수요자에 상당한 영향력을 미칠 수 있는 정보는 이를 확인한 즉시 대외공시할 것을 권장한다. 조직은 ESG 정보공시 주기를 자율적으로 정할 수 있다. 일부 조직은 주요한 ESG 성과가 창출되는 시점마다 공시하기도 하며, 어떠한 조직은 ESG 정보공시에 따른 업무·비용 부담을 고려하여 격년 주기로 공시하기도 한다. 반면 ESG 정보공시 규제 및 표준을 제정하는 국내외 기관은 ESG 정보공시 주기를 1년 단위로 제시하고 있으며, 이는 이해관계자가 재무정보와 ESG 정보를 종합적으로 고려할 수 있도록 '정보의 적시성'을 향상시키기 위함이다.

5) K-ESG 자가진단 체크리스트

K-ESG 가이드라인(관계부처합동, 2021)을 반영하여 중소벤처기업이 간략하게 자가진단을 할 수 있도록 '자가진단표'를 제시한다. 본 '자가진단표'는 귀사의 ESG 경영을 간략하게 점검하고 방향을 설정하는 데 목표를 둔 '간이진단표'이다.

상=2점	중=1점	하=0점
동일업종, 유사 규모 회사보다 강하게 실행하고 있다	평균적으로 실행하고 있다	동일업종, 유사 규모 회사보다 부족하게 실행하고 있다

▶ 환경(Environment)/10개 항목

	항목	점수		
		상	중	하
1	귀사는 환경경영에 관심을 갖고 있습니까?			
2	귀사는 환경담당 부서가 있습니까?			
3	귀사는 환경목표가 있습니까?			
4	귀사는 환경목표를 달성하기 위한 세부 추진계획을 세웁니까?			
5	귀사는 매년 원단위로 에너지를 점차 줄이고 있습니까?			
6	귀사는 재생에너지 비중을 점차 높여가고 있습니까?			
7	귀사는 환경재난 비상시에 위기대응 매뉴얼이 있습니까?			
8	귀사는 환경경영 성과를 CEO에게 보고합니까?			
9	귀사는 환경경영 정보를 이해관계자에게 공개하고 있습니까?			
10	귀사는 정부의 환경 법규를 잘 준수하고 있습니까?			
점수 총계				

▶ 사회(Social)/22개 항목

	항목	점수		
		상	중	하
1	귀사는 협력사 선정을 투명하게 하고 있습니까?			
2	귀사는 협력사와 안정적인 협력관계를 구축하고 있습니까?			
3	귀사는 협력사와 공정하게 거래를 하고 있습니까?			
4	귀사는 협력사의 발전과 육성에 기여하고 있습니까?			
5	귀사는 협력사의 지적재산권을 보호하거나 지원합니까?			
6	귀사는 소비자의 안전과 권리를 위하여 제품 안전에 대한 별도의 조치를 취하고 있습니까?			

7	귀사는 고객의 개인정보보호를 위해 별도의 조치를 하고 있습니까?			
8	귀사는 유통채널을 다원화하고 확장하고 있습니까?			
9	귀사는 직원의 채용, 배치, 근무 등에서 차별이 없도록 별도의 조치를 규정하고 정기적으로 교육을 시행합니까?			
10	귀사는 직원을 위한 고충처리 담당 부서가 있습니까?			
11	귀사는 직장과 안전과 보건을 위해 별도의 조치를 규정하고 정기적으로 교육을 시행합니까?			
12	귀사는 직원들의 법정 근무시간을 준수하고 있습니까?			
13	귀사의 산업재해율은 매년 감소하고 있습니까?			
14	귀사는 안전관리 담당자가 겸직 없이 별도로 있습니까?			
15	귀사는 도급업체 관리자를 통해 하도급 직원들의 안전보건관리를 귀사와 동등한 수준으로 시행하고 있습니까?			
16	귀사는 임직원의 개인정보보호를 위해 별도의 조치를 규정하고 정기적으로 교육을 시행합니까?			
17	귀사는 직원들의 복지를 향상시키고 있습니까?			
18	귀사는 직원들의 자기계발을 위한 교육프로그램이 있습니까?			
19	귀사는 공정한 보상과 승진을 보장하고 있습니까?			
20	귀사는 직원들의 자발적인 사회봉사를 독려합니까?			
21	귀사는 세금을 모범적으로 납부하고 있습니까?			
22	귀사는 귀사가 속해있는 지역사회를 위해 경제적 기여를 하고 있습니까?			
점수 총계				

▶ 지배구조(Governance)/13개 항목

항목		점수		
		상	중	하
1	귀사는 회사 홈페이지가 상세하게 되어 있습니까?			
2	귀사는 기업의 목적이나 강령에 기업의 수익과 사회적 이익을 모두 달성할 것을 명시하고 있습니까?			
3	귀사는 경영진 회의에서 공평하고 공정하게 논의합니까?			
4	귀사는 사외이사 및 감사와 대표이사의 관계가 독립적입니까?			
5	귀사는 IR 등을 통해 주주와 소통을 자주 합니까?			
6	귀사는 투자자를 위해 신성장동력을 계속 개발합니까?			
7	귀사는 경영진의 주요 회의록을 작성 및 보관합니까?			
8	귀사는 윤리강령이 있고 강령대로 실행합니까?			
9	귀사는 유무형의 자산을 취득할 때 정확한 보상을 합니까?			
10	귀사는 대표이사가 투명하게 회사 비용을 집행합니까?			
11	귀사는 대표이사와 직원들 간에 정기적인 간담회가 있습니까?			
12	귀사는 ESG에 대해 주기적으로 경영진 보고회를 가집니까?			
13	귀사는 ESG에 관해 임직원을 대상으로 정기적인 교육을 시행합니까?			
점수 총계				

E ( )점 + S ( )점 + G ( )점 + 10점 = 총점 ( )점

▶ 총점 100점~75점 범위: ESG 경영을 충실히 실행하고 있음

▶ 총점 74점~50점 범위: ESG 경영에 장기적으로 대비할 필요가 있음

▶ 총점 50점 이하: 점수가 낮은 항목을 중심으로 ESG 경영을 즉각 실행해야 함

K-ESG 진단에서 중요한 것은 총점이 높으면 좋은 것이 아니고, ESG 항목 골고루 점수가 높은 것이 중요하다. ESG는 퍼즐과 같아서 한 개라도 0점이 되면, 전체가 불량품이 되어 버린다. 상향평준화를 지향하는 가이드라인의 적절한 사용법이다. ESG 경영을 잘하는 방법은 **'통합과 균형'**이다.

6) 국민연금 ESG 평가기준

국민연금의 운용 목적은 책임투자 및 수탁자 책임원칙을 바탕으로 장기적으로 안정적 수익을 증대하기 위함이다. 2006년 9월 책임투자형(SRI) 펀드 운용을 시작으로 하여, 2009년 UN PRI 가입, 스튜어드십 코드 제정 및 도입 등을 계기로 ESG 책임투자 논의가 본격화되었다. 그리고 2019년 말 지속가능성 요소를 고려하는 방향으로 기금운용원칙을 개정하였다.

표 1-7 국민연금 ESG 평가기준

	이슈	평가지표
환경 (E)	기후변화	온실가스관리시스템, 온실가스배출량, 에너지소비량
	청정생산	청정생산관리시스템, 용수사용량, 화학물질사용량, 대기오염물질 배출량, 폐기물배출량
	친환경 제품개발	친환경 제품개발 활동, 친환경 특허, 친환경제품 인증, 제품환경성 개선
사회 (S)	인적자원관리 및 인권	급여, 복리후생비, 고용증감, 조직문화, 근속연수, 인권, 노동관행
	산업안전	보건안전시스템, 보건안전시스템 인증, 산재다발사업장 지정
	하도급거래	거래대상선정 프로세스, 공정거래자율준수 프로그램, 협력업체 지원활동, 하도급법 위반
	제품안전	제품안전시스템, 제품안전시스템 인증, 제품관련 안전사고 발생
	공정경쟁 및 사회발전	내부거래위원회 설치, 공정경쟁 저해행위, 정보보호시스템, 기부금

지배 구조 (G)	주주의 권리	경영권보호장치, 주주의견 수렴장치, 주주총회 공시시기
	이사회 구성과 활동	대표이사와 이사회의장 분리, 이사회 구조의 독립성, 이사회의 사외 이사 구성현황, 이사회 활동, 보상위원회 설치 및 구성, 이사보수 정 책 적정성
	감사제도	감사위원회 사외이사 비율, 장기재직 감사(위원) 비중, 감사용역비 용 대비 비감사용역비용 비중
	관계사위험	순자산 대비 관계사 우발채무 비중, 관계사 매출거래 비중, 관계사 매입거래 비중
	배당	중가/분기배당 근거, 총주주수익률, 최근 3년 내 배당지급, 과소배당

참조: NPS 국민연금기금운영본부, 2022

국민연금에서는 ESG 평가를 종목에 대한 투자 의사결정과정에 반영하거나 투자제한전략(Negative screening)을 통해 ESG 관점에서 긍·부정적으로 평가되는 특정 기업을 투자후보군에 포함시키거나 제외시키기도 한다. 책임투자 운용을 위한 평가체계가 2021년 5월에 개선되었는데 평가지표가 좀 더 확대되었고, 기존 지배구조 중심에서 환경과 사회요인의 가중치 반영이 커졌다. 또한 평가대상 기업체도 늘어났다. 한편 투자기업과 관련한 중점관리 사안에 대해 주주 관여활동을 시행함으로써 주주가치 제고와 기금의 장기 수익성을 제고하고자 노력 중이다. 또한 기후변화 및 탄소중립과 산업안전을 추가하여 이 부분을 집중적으로 반영하고 개선할 계획이다. 2022년 상반기 국민연금의 전체 운용자산은 약 900조원 정도이다. 세계 5대 연기금에 속할 정도로 거대한 운용규모를 보유한 만큼, 국내 여타 다수의 연기금과 기관투자자들에 벤치마크 역할을 해줄 수 있다. 다만 폐쇄적 평가체계로 평가모형이나 결과를 공개하지 않고 있으며, 다소 보수·방어적 위험관리 차원의 운용을 유지하고 있어서 ESG 투자의 표준자 역할에 대한 시장의 기대에 미치지 못한다는 아쉬움도 있다. 국민연금은 투자대상의 E(환경)·S(사회)·G(지배구조) 등 비재무적 요소를 체계적으로 분석하기 위해 기금의 특성이 반영된 고유의 ESG 평가체계를 마련하여 국내 상장주식(KOSPI+KOSDAQ150) 및 그 외 기금이 5% 이상 지분을 보유 중인 KOSDAQ 상장기업회사, 회사채 발행 비상장회사에 대해 매년 2회의 ESG 평가를 실시하고 있다.

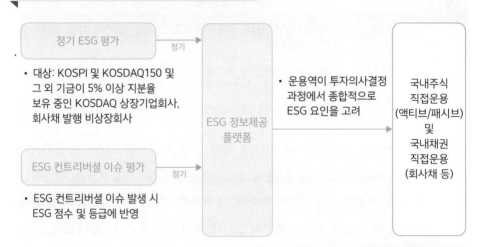

그림 1-12 국민연금 책임투자 평가체계

정기 ESG 평가

• 대상: KOSPI 및 KOSDAQ150 및 그 외 기금이 5% 이상 지분율 보유 중인 KOSDAQ 상장기업회사, 회사채 발행 비상장회사

정기 →

ESG 컨트리버셜 이슈 평가

• ESG 컨트리버셜 이슈 발생 시 ESG 점수 및 등급에 반영

정기 →

ESG 정보제공 플랫폼

→

• 운용역이 투자의사결정 과정에서 종합적으로 ESG 요인을 고려

→

국내주식 직접운용 (액티브/패시브) 및 국내채권 직접운용 (회사채 등)

참조: NPS 국민연금기금운영본부, 2022

ESG 경영체계 수립과 기업의 대응 방안

1) ESG 경영체계 수립 방안

기업이 효과적인 ESG 경영체계를 수립하기 위해서는 지속가능한 비전과 목표설정, 이해관계자 분석 및 참여, 전략 및 정책 개발, 조직 내 ESG 책임과 리더십, ESG 데이터 수집 및 보고체계, 리스크 관리와 기회 식별, 교육과 훈련, 지속적인 개선과 감시, 보고 및 투명성 강화, 이해관계자들과의 협력 등을 통하여 효과적인 ESG 경영체계를 구축하고 지속가능한 경영을 실현할 수 있다. ESG 경영체계 수립을 위해서는 먼저 기업이 시장에서 어떤 수준의 ESG 평가를 받고 있는지 분석해야 한다. 또한 왜 이와 같은 평가를 받고 있는지, 이를 통해 어디에 중점을 두고 ESG 경영을 전개해야 하는지 판단해야 한다. 이를 위해서는 ESG 진단이 선행되어야 할 것이다. ESG 진단을 위해서는 국내외 기업들의 ESG 데이터가 필요하며, 세계적으로 공신력 있는 ESG 평가기관의 ESG 평가지표 및 등급을 활용하는 방법이 있다. 가령 MSCI(Morgan Stanley Capital International)는 30여 개 세부 ESG 항목을 기반으로 기업의 ESG 성과를 평가하고 있다. 실제로 글로벌 주요 투자기관이나 핵심 이해관계자들은 기업의 ESG 수준을 판단할 때 MSCI ESG 평가와 같은 글로벌 ESG 평가기관의 결과에 대한 활용도가 높다. 현재 국내에는 500여 개 기업들이 MSCI로부터 ESG 평가를 받고 있다. 국내 기업들의 ESG 평가 테이블을 보면 최상위 ESG 등급을 받고 있는 기업의 수는 아직 미미하다. 이에 대한 근본 원인으로 국내 기업들은 글로벌 유수 기업 대비 ESG 경영에 대한 준비가 다소 늦었던 측면을 들 수 있다. ESG 평가기관의 평가요소를 면밀히 분석하여 벤치마킹하면 국내 기업들 또한 충분히 글로벌스탠더드(Global Standard)의 ESG 수준으로 도약할 수 있다.

ESG 평가기관으로부터 높은 점수를 받는 것만이 ESG 경영의 궁극적인 목표나 지향점이라고 할 수는 없다. 그러나 ESG가 아직 생소한 기업의 경우, 글로벌 ESG 평가기관의 지표를 활용한 벤치마킹과 이를 통한 시사점 도출이 ESG 경영의 출발점으로 적합할 수 있다. 한편 최고경영진과 이사회가 주도하는 ESG 거버넌스를 구축하는 것도 경영체계 수립의 기본 방향이다. 이제는 기업의 ESG 정보는 투자자뿐만 아니라 공급망, 정부규제기관, 임직원, 고객 등 기업 내·외부의 다양한 이해관계자(Stakeholder)가 주목하는 이슈이기 때문에, ESG 경영의 체계적 관리가 제대로 이뤄지지 않으면 기업의 생존 자체가 크게 위협받을 수 있다. 또한 ESG 경영체계 관리는 리스크 차원을 넘어 미래 기업의 새로운 가치창출(Value Creation) 도구로서도 활용될 수 있다. 민첩하고 선제적이며 일관성 있는 의사결정이 필요하므로 최고경영진과 이사회의 주도하에 ESG 이슈가 관리되어야 할 것이다. 회사의 경영전략을 ESG 경영체계로 재설계해야 하는 것 또한 중요하다. 기업의 존재 목적과 비전을 ESG 기준에 맞춰 재정립하고, 기업의 재무성과와 비재무성과를 통합한 새로운 목표를 수립해야 한다. 그리고 목표를 달성하기 위한 전략적 핵심과제들을 도출해야 한다. 새로운 ESG 경영체계에서 세부적인 핵심전략 과제로 ESG 관련 M&A 검토, ESG 관련 신기술 개발과 투자 등 다양한 옵션들을 검토해 볼 수 있을 것이다.

2) 국내 ESG 공시와 준비 방안

기업은 ESG 정보공시를 통해 자사의 위험요인을 파악하고, 자사의 경제·환경·사회적 영향을 종합적으로 진단해 새로운 기회요인을 발굴해야 할 것이다.

과거 지속가능경영보고서는 자사의 비즈니스 모델이 환경과 사회에 어떠한 영향을 미치는지에 초점이 맞춰졌다면, 최근에는 환경·사회적 영향이 자사의 재무성과에 어떠한 영향을 미치는지 파악하도록 요구되고 있다. 즉, ESG 정보공시는 자사의 재무적 영향과 연계되어 점차 고도화되고 있다. ESG 정보공시에서 기업의 선행 과제는 먼저 기업의 핵심 ESG 요소를 파악하는 것이다. ESG 정보공시에서 GRI(Global Reporting Initiative, 지속가능경영보고서에 대한 가이드라인을 제시하는 국제기구), SASB(Sustainability Accounting Standards Board, 미국 지속가능성 회계기준위원회), TCFD(Task Force on Climate-related Financial Disclosure, 기후변화 재무정보공개 태스크포스), WEF-IBC(세계경제포럼 국제비즈니스위원회)의 다양한 기준들을 활용할 수 있다. 그러나 한편으로 기업마다 영위하는 비즈니스와 외부 환경요인이 상이하므로 각 기업에 중요한 영향을 미치는 ESG 요소가 동일할 수 없다.

특히 지속가능경영보고서 작성을 새롭게 시작하는 기업의 경우, 기업 내·외부의 다양한 이해관계자와 커뮤니케이션을 통해 자사의 핵심 ESG 요소를 파악해야 한다. 이때 ESG 경영체계 수립과 병행하는 것이 ESG 정보공시를 준비하는 데 보다 효과적으로 작용할 것이다. 한편 지속가능경영보고서를 이미 발간하고 있는 기업의 경우, 기존 보고서 내용 중에 ESG가 기업가치에 영향을 미치는 리스크가 충분히 분석되어 있는지 검토해야 하고, 이러한 리스크를 어떠한 전략과 감독체계로 관리해 나갈 것인지를 보고서에 명시해야 한다. 이를 위해서는 전사 차원에서 지속적인 ESG 정보관리가 필요하다. 이사회 차원에서 ESG 이슈를 관리하면서 ESG 정보를 관리하는 전담 조직을 통해 기업 내 일관성 있는 ESG 측정 기준과 보고 기준을 갖춰야 한다. 이 과정에서 특히 투자자가 중요하게 생각하는 ESG 정보를 파악하고 이를 반영하기 위해 노력해야 한다. ESG 경영은 전 세계적인 흐름이다. 글로벌 선도 기업들은 이미 발 빠른 대응을 통해 ESG 경영을 새로운 성장 동력의 기회로 적극 활용하고 있다. 우리 기업들도 ESG 경영을 리스크 대응 차원으로 보기보다는 기존 비즈니스를 혁신적으로 전환할 수 있는 새로운 기회로 인식하고, ESG 비즈니스 모델과 경영체계를 갖춰야 한다. 미래

경영환경에서 새로운 기회를 누가 잡느냐는 바로 지금 수립하는 ESG 경영체계 대응전략이 결정하게 될 것이다.

　자본시장연구원은 국내 기업의 ESG 공시를 2027년부터 순차적으로 법정공시로 전환해 2032년까지 모든 공시대상 상장기업에 법정공시를 의무화하는 내용의 ESG 공시제도 개선 방안을 제시했다. 정부는 2025년부터 자산 2조원 이상 코스피 상장사부터 ESG 공시를 의무화해 2027년 자산 1조원, 2029년 자산 5,000억원, 2030년 전체 코스피 상장사로 공시대상을 확대할 계획이다. 정부는 자산 규모가 큰 대형 코스닥 상장사도 ESG 공시 의무화 대상에 포함하는 방안을 검토하고 있다. 하지만 2025년부터 시작되는 ESG 공시는 자본시장법에 따른 법정공시가 아니라 한국거래소 규정에 따른 거래소 시장공시다. 법정공시는 공시 내용에 대해 기업이 법적인 책임을 져야 하는 제도이다.

그림 1-13 지속가능성 정보공개 대상 및 수준 순차적으로 확대·고도화

		(1단계) 거래소 공시				(2단계) 법정 공시			

적용대상	상장시장	자산 규모	'25	'26	'27	'28	'29	'30	'31	'32
	유가증권	2조원 이상	거래소		법정					
		1조원 이상			거래소		법정			
		5천억원 이상					거래소		법정	
		5천억원 미만						거래소		법정
	코스닥	5천억원 이상					거래소		법정	
		5천억원 미만				자율				

공시기준	• KSSB 간소화 기준	• KSSB 일반 기준
공시시기	• 사업보고서 제출일 기준 5개월 이내 (8/15)	• 사업보고서 제출일 기준 5개월 이내 (8/15)
제3자 인증	• 제한적 인증 의무화	• 제한적 인증 의무화

참조: 자본시장연구원, 2023

2025년부터 시작되는 거래소 공시 단계에서는 기후변화 대응 등 규제 확대로 재무적 중요성이 보편화된 분야와 정책적 필요성을 고려해 핵심 의무 공시항목을 선별하고 다른 분야에서는 현재와 같이 다양한 국제기준을 선택해 자율공시하도록 하는 방안이 제시되었다. 2027년 법정공시 단계에서는 ISSB의 기준을 기반으로 하되 국내 여건을 고려해 세부 항목을 추가하거나 완화한 KSSB 일반기준을 적용하는 방안이 제시되었다. ESG 공시 내용에 대한 제3자 인증에 대해서는 제한적 인증을 의무화하는 방안이 제시되었다. 즉 **"제한적**(limited assurance) **수준으로 인증 의무를 부과하고 합리적 확신**(reasonable assurance) **수준으로의 상향은 추후 검토"**가 필요하다는 것이고 "인증인의 전문성과 투명성을 높이고 이해상충 방지를 위한 규율체계 확립"도 필요하다는 것이다. 특히 법정공시로 전환 후에는 인증기관의 진입과 행위 규제가 법제화돼야 한다고 덧붙이기도 했다.

국내외 기업들의 ESG 경영사례

글로벌 기업들의 최고경영진이 보수를 받을 때 ESG 경영성과와 연계하는 관행이 급증하는 것으로 나타났다. 1년 전의 15% 수준에서 지금은 50%로 높아졌다는 것이다. IBM 비즈니스가치연구소(IBV)는 옥스포드대와 협력하여 "AI 시대의 CEO(최고경영자) 의사결정"이라는 연구를 위해 리더십과 비즈니스에 대한 관점, 경영진의 변화하는 역할과 책임을 포함한 분야에 초점을 맞춰 30개국 이상 24개 산업의 CEO 3,000명을 인터뷰했다. 최근 발표된 설문조사에 따르면 ESG 요소를 임원 보수에 빠르게 통합하는 가운데, CEO들이 향후 3년간 가장 많이 꼽은 과제로는 '환경 지속가능성'(42%)이 꼽혔다. '사이버 보안 및 데이터 개인정보 보호'가 32%, '기술 현대화'가 27%로 그 뒤를 이었다.

IBM 보고서는 지속가능성 문제가 최우선 과제임에도 불구하고, 환경 지속가능성이 조직의 최우선 과제 목록에서 감소했다고 지적했다. '생산성 또는 수익성'이 1위(지난해 6위)로 치솟으면서 환경 지속가능성이 전년도 3위에서 5위로 하락했다는 것이다. 지속가능성에 대한 우선순위가 낮은 것은 지속가능성 관련 이니셔티브에 대한 진전이 여전히 이뤄지지 않기 때문으로 지적되었다.

현재 95%의 기업이 운영 ESG 목표를 수립했지만, 이를 달성하기 위해 상당한 진전을 이룬 기업은 10%에 불과하다는 게 IBV 측 설명이다. 경영자들은 ESG 경영이 조직에 더 높은 우선순위가 되어야 한다는 데 동의하면서도, 데이터의 부족과 규제 장벽 등으로 인해 ESG 전략 및 이니셔티브에 대한 조직 내 실행 능력은 물론 소비자 신뢰도가 높아지지 않는 것으로 파악했다. IBM 측은 특히 최고경영자들이 운영데이터(76%)와 재무데이터(75%)를 빈번히 사용하는 데 비해, 전략적 의사결정을 위해 ESG 데이터를 자주 사용하는 비율은 34%에 불과하다고 지적했다.

1) 국내외 기업들의 ESG 경영사례 요약

A. 국내외 ESG 경영사례

구분	국가	기업명(주요사업)	주요사업 추진 내역
환경 (E)	미국	세븐스 제너레이션 (생활용품)	- 아마존 벤더로서 권장사항인 기후 서약 및 캠페인 활동에 동참(2040년까지 탄소중립 실현 목표) - 캠페인 일환으로 아마존 플랫폼 내 신설된 지속가능성 인증제품 전용 코너인 'Climate Pledge Friendly'에도 55개 제품 등록·판매
	한국	SK하이닉스 (반도체)	- 미얀마 쿡스토브 사업으로 미얀마 중북부 지역 주민들을 대상으로 조리시간을 단축시켜주는 쿡스토브를 보급하여 온실가스 배출량 감소
	일본	세븐&아이 홀딩스	- 2050년까지 일본 내 점포 운영에 따른 CO_2 배출량 제로(0) 목표
	프랑스	에어버스 (항공기제조)	- 환경데이터 공개(에너지·전력 소비·CO_2 배출량 등) - 2035년까지 수소를 연료로 한 기후중립 비행기 생산 추진
사회 (S)	일본	메이지 (식품)	- 삼림 파괴, 아동노동 근절을 위해 자사에서 지원한 지역 농가 카카오 콩만으로 100% 조달 계획
	한국	NAVER	- 공정한 거래와 파트너 지속가능성 재고, 거래 전 과정 전자구매시스템 활용, 공정거래위원회 제정 지침 도입, 구매담당자 및 전사 임직원 대상으로 사내 공지 시행, 협력사를 대상으로 컨설팅 및 상생펀드 등 파트너 지원 프로그램 제공 등
	일본	후지 오일 (식료품)	- 원료 조달 카카오 농장에서 2030년까지 아동노동 근절 추진

	미국	HP	- 미국 내 여성, 소수민족 소유기업에 10억 달러 투자
지배 구조 (G)	한국	SK하이닉스 (반도체)	- 감사위원회: 경영 전반을 감독하는 기구, 독립성 확보를 위해 전원 사외이사로 구성 - 사외이사 후보 추천 위원회: 사외이사의 독립성 및 전문성 검증을 위한 위원회 - 지속경영위원회: 지속경영 관련 전문성을 갖춘 외부 위원으로 구성하여 SV(Social Value) 창출 성과 심의, 사외이사 3인, 사내이사 1인으로 구성
	일본	히타치 (전자기기·부품)	- 2030년까지 여성 임원 30%, 외국인 임원비율 30%까지 확대

글로벌 자본시장에는 ESG가 새로운 표준으로 자리매김하였으며, 글로벌 국가 차원에서도 ESG 법제화 움직임이 가시화되고 있다. 해외 기업의 성공사례 중 GM(제너럴 모터스)은 2035년부터 내연기관 차 생산을 중단할 것이라고 발표했고, 독일의 RWE(독일의 전기·가스 공급회사. Rheinisch-Westfulisches Elektrizitutswerk AG)는 2040년까지 신재생에너지로 전력을 생산하겠다고 발표했다. 미국의 바이탈팜스(Vital Farms Pasture Raised Eggs)는 직접 경영하는 농장을 확대하기보다 125개의 소규모 가족 농장과 협력을 통해 판매 제품을 생산한다고 밝혔다. 환경(Environmental) 부문에서 애플(Apple)에 납품하는 부품에 대해서는 재생에너지로 제조 요구하였고, 월마트(Walmart)는 2030년까지 10억 톤의 CO2를 감축하는 게 목표라고 밝혔다. 마이크로소프트(MS)는 탄소중립 달성에서 더 나아가 탄소 네거티브 달성 계획을 발표했다. 사회(Social) 부문에서 테슬라(Tesla)가 '코발트 프리 배터리(금속 없이 만든 배터리)' 개발 계획을 발표했다. 거버넌스(Governance) 부문에서 넷플릭스(Netflix)가 2026년까지 격년제로 '다양성 조사'를 지속하기로 했다. 스타벅스(Starbucks)에서는 2025년까지 흑인 및 소수인종 직원 채용 목표 30% 달성을 발표했다.

B. 대기업 및 금융사 ESG 경영사례

구분	기업	내용
대기업	삼성그룹 계열	• 삼성물산, 탈석탄 선언 • 삼성전자, 반도체 사업부문 각 사업장의 ESG 실태를 입체적으로 평가하기 위해 친환경 측면을 담당하는 기존 환경안전센터 운영과는 별개로 운영되는 '지속가능경영사무국' 신설
	SK그룹 계열	• 전사 차원에서 계열사 16곳에 ESG 전담 조직 신설 • SK하이닉스 등 그룹 주요 계열사들과 함께 2050년까지 풍력과 태양광 등 재생에너지로 필요한 전력을 100% 조달하기로 결정
	현대그룹 계열	• 2025년 배터리 전기차 56만 대, 수소전기차 11만 대 목표
	KB 계열	• 2030년까지 그룹 탄소배출량을 2017년 대비 25% 감축하고, 약 20조원 규모인 'ESG 상품·투자·대출'을 50조원까지 확대한다는 내용의 'KB GREEN WAY 2030' 발표
	효성그룹 계열	• 그린경영비전 2030전략을 수립하고 최고의사결정기구 EHS(환경안전보건) 위원회를 신설
증권사	미래에셋증권	• ESG 위원회 설립 • '미래에셋지속가능 ESG채권펀드'
	KB증권	• ESG 위원회 설립 • ESG지수 ELS 발행
	NH투자증권	• 1,100억원 규모 원호 ESG채권 발행
	삼성증권	• 1,000억원 규모 ESG 등급 인증 채권 발행 • 석탄채굴, 발전사업 투자배제 'ESG투자 가이드라인' 마련
	한국투자증권	• 석탄사업 추가적인 투자 제외 • 신재생에너지 투자 포함 8,000억원 규모 ESG 관련 투자 추진
	신한금융투자	• 1,000억원 규모 ESG채권 발행

기후변화 위기!
탄소중립과
넷제로(Net Zero)

지구가 인간에게 보내고 있는 마지막 경고

2020년 1월 21일부터 23일까지 스위스 다보스에서 세계경제포럼(WEF) 연례 총회(다보스포럼)가 열렸다. 각국의 경제 리더들이 모인 자리에서 화두는 다름 아닌 '**기후위기(Climate Crisis)**'였다. 다보스포럼 개막을 앞두고 발간된 2020년 《세계 위험 보고서》에서도 세계를 위협하는 요인 1위로 '**기상이변**'이 꼽히기도 했다. 심지어는 기후변화 대응 실패, 자연재해, 생물다양성 손실, 인간유발 환경재난이 2~5위로 환경문제가 상위권을 휩쓸었다. 기후변화협약(UNFCCC)에서는 기후변화를 이렇게 설명한다. 긴 시간 동안(평균 30년) 평균값에서 조금씩 변화를 보이지만 평균값을 벗어나지 않는 자연적인 기후의 움직임은 '**기후변동성**'이라고 부른다. 기후변화는 바로 자연적 기후변동성의 범위를 벗어나 더 이상 평균 상태로 돌아오지 않는 기후 체계의 변화를 의미하는 것으로 최근에는 '**지구온난화**'로 인한 기후변화를 가리키는 경우가 일반적이다.

지구온난화는 기후변화를 일으켜 자연재해에도 영향을 미치고 있다. 지구온난화의 사전적 의미는 "**지구의 평균 기온이 점점 높아지는 현상으로, 대표적인 전 지구적 차원의 환경문제**"라고 정의되어 있다. 온난화 현상은 과거부터 나타났지만 최근 산업의 급격한 발전으로 인해 그 속도가 기하급수적으로 빨라지고 있다. 이러한 현대 온난화의 원인은 온실가스의 증가에 있다고 보는 견해가 지배적이다. 산업 발달에 따라 석유와 석탄 같은 화석연료를 사용하고, 숲이 파괴되면서 온실효과의 영향이 커졌다고 한다. 1988년 지구환경 가운데 특히 온실화에 관한 종합적인 대책을 검토한 목적으로 UN 산하 각국 전문가로 구성된 조직인 '기후변화에 관한 정부 간 협의체인 IPCC(Intergovernmental Panel on Climate Change)'에서 인정한 견해는 19세기 후반 이후 지구의 연평균기온이 0.6℃ 정도 상승했다는 것이며, 20세기 전반까지는 자연활동이 온난화를 유발했지만 20세기 후반부터는 인류의 활동이 온난화를 유발했다는 것이다.

'**기후위기**(氣候危機, climate crisis), **기후 비상사태**(climate emergency) 혹은 **기후변화**(climate change)'는 지구온난화처럼 지구의 평균 기온이 점진적으로 상승하면서 전 지구적 기후 패턴이 급격하게 변화하는 현상 또는 이러한 변화로 인한 위험의 증가를 통틀어 일컫는다. 현대 이전에도 기후변화가 있었지만, 현대의 기후변화는 급격하며 자연스럽게 점진적으로 발생하는 현상도 아니다. 현재의 급격한 기후변화는 인간이 이산화탄소(CO_2)와 메테인과 같은 온실 기체를 방출해 일어난 현상이다. 인간이 방출한 온실기체의 절대다수는 에너지를 사용하기 위해 화석연료를 태워서 만들어진 것이다. 그 외에도 농업, 제강, 시멘트 생산, 산림 손실로 온실기체가 방출되고 있다. 온실기체는 햇빛을 투과하기 때문에 햇빛이 지구 표면을 가열한다. 하지만 지구가 적외선 복사로 열을 우주로 방출할 때 온실기체가 복사열을 흡수하여 지상에 열을 가둔다. 가둬진 열로 지구가 점점 뜨거워지면서 태양빛을 반사하는 반사율이 높은 만년설 표면이 사라지는 등 지상에 여러 변화를 일으켜 지구온난화를 가속시킨다.

여름철이 되면 유난히도 긴 장마와 연이은 태풍으로 인해 수많은 재산피해와 인명피해가 있었던 사건을 기억하는가? 장장 54일간 장마가 지속되기도 한다. 기상청은 태풍 발생 빈도가 잦고, 강도가 강해지는 것은 온난화로 인해 해수면 온도가 상승하면서 바다로부터 에너지 공급이 커지기 때문이라고 밝히고 있다. 특히 온난화로 해수면이 상승하면서 태풍이 상륙할 때 해안 침수 가능성이 높아지고, 공기가 따뜻해지면 수증기의 양도 증가하기 때문에 태풍에 의한 홍수 피해 가능성도 더욱 높아진다고 전망한다. 이처럼 전례 없는 긴 장마와 '코로나 바이러스'를 경험하면서 우리는 기후위기가 코앞에 다가왔음을 실감할 수 있었을 것이다. **"지구는 지금 평온했던 일상을 앗아가며, 우리에게 경고를 보내고 있는 것 아닐까?"** 지구가 보내는 이 경고를 받아들이지 않고 외면한다면 우리 삶의 미래가 없을 수도 있겠다는 생각이 든다. 그러므로 우리는 이 심각한 상황 속에서 반드시 지구를 지켜내야 한다.

그림 2-1 **기후위기, 기후 비상사태, 지구 온난화**

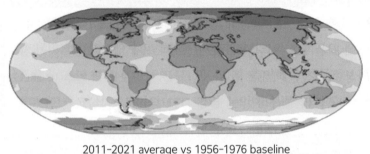

참조: 위키백과, 1956~1976년 평균 대비 2011~2021년 10년 사이 평균 지상 기온 차이를 그린 지도로 평균 0.5도에서 1도 상승, 2023

"지구의 평균 기온이 올라가는 것이 무슨 문제냐고 묻는 사람들이 있을 수 있다." 지구의 평균 기온이 상승함에 따라 땅이나 바다에 들어 있는 각종 기체가 대기 중에 더욱 많이 흘러나온다고 한다. 이러한 피드백 효과는 온난화를 더욱 빠르게 진행시킬 것이다. 온난화에 의해 대기 중의 수증기량이 증가하면서 평균 강수량이 증가할 것이고, 이는 홍수나 가뭄으로 이어질 수 있다. 가장 큰 문제는 기온 상승에 따라 빙하가 녹으면서 해수면이 상승할 것이다. 2000년 7월 NASA는 지구온난화로 '**그린란드**(Greenland. 동서길이는 1,200km로 덴마크령이며 행정중심지는 고트호브이다. 전국토의 약 85%가 빙상으로 덮여 있다. 빙상의 표면은 내륙부로 들어가면서 점차 해발고도를 더하여 최고점은 3,300m에 달한다.)'의 빙하가 녹아내려 지난 100년 동안 해수면이 약 23cm 상승하였다고 발표하였다. 그린란드의 빙하 두께는 매년 2m씩 얇아지고 있으며, 이 때문에 1년에 500억 톤 이상의 물이 바다로 흘러 해수면이 0.13mm씩 상승하고 있다는 것이다. 이러한 해수면 상승은 섬이나 해안에 사는 사람들의 생활에 영향을 미칠 것이며 특히 해안에 가까운 도시에는 대단히 큰 문제를 일으킬 수 있다. 또한 북극곰이나 펭귄을 비롯한 여러 동물이나 식물들이 멸종위기에 처해있다. 우리나라의 경우 겨울이 사라지고 사막이 생길 수 있으며, 태풍과 가뭄 등 자연재해의 강도가 증가할 것으로 예상되고 있다.

지구온난화의 문제는 단순히 섬에 사는 사람들에게만 피해를 주는 것이 아니라 지구에 사는 모든 사람들과 동식물에게 직접적으로 영향을 미친다. 지구온난화의 가장 직접적인 피해를 받는 사람들을 살펴보면 '**투발루**(Tuvalu, 오세아니아의 **폴리네시아 지역에 위치한 섬나라**)'이다. 현재 투발루는 지구온난화로 인한 해수면 상승으로 인해 국토의 상당 부분이 수몰된 상태이며, 실제 9개의 섬 중 하나였던 사빌리빌리 섬은 1999년 이미 사라졌고, 수도인 푸나푸티도 이미 침수되었다. 이 때문에 투발루 지도부가 호주에 자국민을 이민자로 받아줄 것을 호소하였으나 2001년 7월 거부당했으며, 대신 뉴질랜드가 2002년부터 이민쿼터만큼 투발루 주민들을 받아들이기로 하였다. 지구온난화의 책임은 지구에 사는 모든 사람들에게 있다.

육지는 지구 전체 평균보다 기온이 약 2배 빠르게 상승했다. 사막은 점점 넓어지고 있으며, 폭염과 산불 횟수도 점점 늘어나고 있다. 북극에서 심화되는 온난화로 영구동토층이 녹고 있으며, 빙하와 해빙이 점차 사라지고 있다. 기온이 증가하며 더 강력한 폭풍이 만들어지고 기상이변도 불러일으키고 있다. 산호초, 산, 북극 등지에서는 급격한 환경변화로 수많은 종들이 강제로 이주하거나 멸종하고 있다. 기후변화는 식량과 물 부족, 홍수 증가, 극심한 폭염, 질병의 만연화, 경제적 손실 등 다양한 상황으로 인간을 위협한다. 또한 기후변화 그 자체로 난민을 만들기도 한다. 세계보건기구(WHO)는 기후변화를 21세기 세계 보건에 끼칠 가장 큰 위협이라고 전망했다. 미래에 온난화를 최소화하려는 노력이 성공하더라도 수 세기 동안 지구는 다양한 영향을 받을 것이다. 대표적인 예로 해수면 상승, 해양 산성화 및 온난화 등이 있다.

기후변화가 주는 다양한 영향은 현재 수준의 기온 상승인 약 1.2°C 상승 시점에서도 이미 나타나고 있다. 기후변화에 관한 정부 간 협의체(IPCC)는 온난화로 1.5°C 이상 상승할 경우 지구에 돌이킬 수 없는 더 큰 영향을 미칠 것이라 경고하고 있다. 온난화가 계속될 경우 그린란드 빙상의 융해처럼 티핑 포인트(tipping points)에 닿을 상황에 처할 위기로 몰아넣는다. 이런 변화에 대응하는 방법으로는 온난화 수준을 제한시키는 행동을 취하는 것이다. 앞으로 지속될 온난화는 온실기체 배출량을 줄이고 대기의 온실기체를 제거해서 증가 수준을 줄여나가야 한다. 온실기체 배출량을 줄이는 데에는 풍력이나 태양에너지 등 지속가능 에너지의 사용을 늘리고 석탄 사용량을 점차 줄이며, 사용하는 에너지의 효율성을 높여 절약하는 방법 등을 찾아야 한다. 2015년 채택된 파리 협정으로 전 세계 각국은 기후변화 완화를 노력하여 **"최대 2°C 상승"** 이하를 유지하기로 합의하였다. 하지만 협정을 완전히 준수하더라도 21세기 말까지 지구 평균 기온은 약 2.7°C 상승할 것이라 한다. 수준을 1.5°C 이하로 제한하기 위해서는 2030년까지 온실기체 배출량을 절반으로 줄여야 하고, 2050년까지 온실기체 순배출량을 0(net-zero)으로 만들어야 한다. 2017년 산업통상자원부에서도 **'재생에너지 3020 이행계획(안)'**을 발표했다.

그림 2-2 재생에너지 3020 이행계획(안)

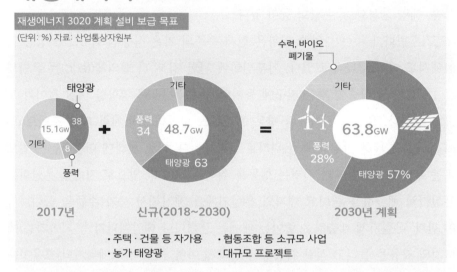

재생에너지 3020

재생에너지 3020 계획 설비 보급 목표

(단위: %) 자료: 산업통상자원부

태양광 38 / 15.1GW / 기타 / 풍력 8 — **2017년**

기타 / 풍력 34 / 48.7GW / 태양광 63 — **신규(2018~2030)**

수력, 바이오 폐기물 / 기타 / 63.8GW / 풍력 28% / 태양광 57% — **2030년 계획**

- 주택 · 건물 등 자가용
- 협동조합 등 소규모 사업
- 농가 태양광
- 대규모 프로젝트

산업부에 따르면 2030년까지 재생에너지 신규 설비 투자에 들 재원은 110조원이다. 공공이 51조원을, 민간이 42조원을 투자하도록 할 방침이며, 정부 예산은 18조원이 쓰일 전망이라고 산업부는 밝혔다. 산업부는 이같은 신규 설비 투자액은 8차 전력수급기본계획에 반영돼 있으며, 8차 계획에 따라 2030년 전기요금(물가 · 연료비 미반영)은 10.9% 오르는 데 그칠 것이라고 추산했다.

출처: 산업통상자원부, 2017.12

기후변화의 원인과 영향

지구온난화 즉 기후변화의 원인은 자연현상이 아닌 인간의 경제활동과 산업 발전에 의한 것으로 기후변화를 억제하고 과거의 기후상태를 회복하기 위해서는 이러한 인간의 '경제활동에 제약'을 가하는 것이 가장 확실한 방법이라고도 한다. 따라서 강화된 온실가스 감축 조치 및 적극적인 대책이 필요하며, 나아가 과학기술을 이용하여 온실가스를 제거해야 한다. 그리고 기후변화는 명확하게 관측되고 있는 전 지구적인 주요 현상으로 **'지구온난화**(지표면 및 해수면의 온도 증가), **해빙, 해수면 상승, 예측할 수 없는 이상기후**(홍수, 가뭄, 폭설, 폭염, 한파), **물 부족'** 등이 이에 해당한다. 이러한 기후변화에 효율적으로 대응하기 위해서는 기후변화 영향을 평가하여 온실가스 배출 감축, 기후변화 적응 및 온실가스 제거를 위한 관련 대책을 세워 실행해야 한다. 온실가스 감축만 제대로 실시해도 지구의 온도는 서서히 낮아져 20세기 초 산업혁명 이전 시대로 돌아갈 수 있을 것이라고 한다.

1) 인간과 기후변화 간 관계 재고 필요

인류가 경제활동으로 인한 기후변화를 실감하지 못하다가 최근에야 비로소 '생존'에 대한 그 '심각성'과 '긴급성'을 인식하게 된 것이다. 그런데 최근에 더욱 빠르게 나타나고 있는 기후변화로 인한 영향 및 취약성은 국가별, 산업별, 지역별로 차이를 보일 수 있으며, 때로는 기후변화의 양태나 영향들을 예측하기 어렵기도 하다. 따라서 기후변화와 이로 인한 영향들에 대해서는 전 지구적 차원에서 대응을 하되, 지역별(대륙별), 국가별, 산업별로 그에 맞게 대응해야 한다. 과거에는 지구 평균 기온의 작은 상승이 과연 인간의 삶에 영향을 미칠 수 있는지, 과연 기후변화는 존재하는지 등에 대한 논쟁이 있어 왔다. 그만큼 인류는 그동안 기후변화에 둔감했으며 민감하게 반응하지 못하였다는 증거이다. 그러나 지구 평균 기온이 지속적으로 상승하고 있다는 점은 '자연환경' 속에서 과학적 수치로 관측되고 있고, 이러한 기후변화는 농업·산림업·생태계 등에 영향을 미치고 있으며, 심지어 인간의 일상, 사회경제적 시스템 및 건강·보건 측면에도 영향을 미쳐 많은 변화를 초래하고 있다. 더욱이 이러한 기후변화 영향은 명백히 관측되고 있는데 비해, 기후변화 영향은 예측하기 어렵다는 문제를 안고 있어 선제적으로 대응하지 못하는 경우 그 영향을 고스란히 떠안게 될 수밖에 없게 된다는 것이다. 이는 결국 인간이 기후변화에 맞추어 수동적으로 살아가야만 하는 열악한 '생존'의 시대가 도래한 것으로 볼 수 있다.

2) 기후변화 영향의 의미

지구의 기후가 변하는 원인은 크게 자연적인 원인과 인위적인 원인으로 구분할 수 있다. **'자연적인 원인'**으로는 태양 복사에너지 변화, 지구공전궤도 변화(밀란코비치 이론), 화산활동 또는 조산활동 등이 원인이 되며, 내부에서는 기후시스템의 자연 변동성으로 인한 엘니뇨, 북극진동, 몬순(장마) 등과 대기 및 해양 순환의 변화가 원인이 된다. **'인위적인 원인'**으로는 이산화탄소 등 온실가스 농도 증가와 에어로졸 농도 변화 등이 있으며 삼림훼손이나 토지이용도 변화 등 환경변화도 포함된다.

'기후변화에 관한 정부 간 협의체(Intergovernmental Panel on Climate Change: IPCC)' 제3차 보고서에 따르면 **"기후변화 영향이란, 자연환경과 인간이 구성한 인위적 시스템 등에 대한 기후변화의 결과를 의미"**한다. 우리나라는 각 분야에 따라 기후변화 영향이 상이한데, 기후변화에 따른 주요 영향은 다음의 표와 같다.

표 2-1 국내 각 분야별 기후변화에 따른 주요 영향

분야	주요 영향들
수자원	– 홍수 빈도 증가 및 이로 인한 피해액 증가
생태계	– 산림대의 이동 및 생물다양성 감소 – 철새류의 도래시기 변화 및 곤충 종 변화
농업	– 일조시간 및 기온증가로 인한 적정재배시기의 변화 – 과수의 재배적지 변화
연안 및 해양	– 해수면의 상승 및 태풍의 강도 증가 – 해수온도 증가에 따른 아열대성 어종의 증가
산업	– 1차 산업(임업, 농수산업) 및 2, 3, 4차 산업에 영향 – 폭염 및 혹한에 의한 에너지 수요 증가
보건	– 폭염에 따른 인명피해 증가 – 기온상승에 따른 오존농도 증가 및 관련 질병의 발생빈도 증가

· 출처: 기상청, 한국 기후변화 평가보고서 자료, 2020

03

ESG 경영 핵심지표!
TCFD를 주목하라

'기후변화 위기'가 전 세계적인 문제로 대두되며 모든 기업과 금융시장에도 새로운 변화의 바람이 불고 있다. 바로 'TCFD(Task Force on Climate-related Financial Disclosuse, 기후변화 관련 재무정보 공개협의체)'이다. 최근 폭발적으로 영향력이 커지고 있는 대표적인 ESG 공시 표준이다. 기업 활동으로 얼마의 온실가스를 배출하는지, 기온이 상승하면 기업경영에 어떤 영향이 있을지 등을 투자자들에게 공개하는 구조이다. 투자자가 기후변화 대응 상황으로 기업을 선택하는 시대가 오고 있는 것이다. 최근 유럽, 북미 주요 선진국의 친환경 정책 기조가 강해지며 고객 및 투자자들의 ESG 경영활동 강화를 요구하는 목소리도 높아지고 있다. 이에 TCFD 지지 선언을 통해 고객가치를 높여가는 기업도 많아지고 있다.

1) 세계 최대 자산운용사인 블랙록

세계 최대 자산운용사인 블랙록 등 세계 주요 자산운용사들도 투자 기업에 TCFD 권고안 준수를 요구하고 있으며, 영국은 이미 주요 기업에 TCFD 기준에 따른 공시를 의무화했다. 블랙록의 래리 핑크 회장이 투자기업 CEO들에게 보내는 2021년 연례 서한(Larry Fink's 2021 letter to CEOs)을 발표했었다. 그는 이를 통해 "2050년 탄소중립(넷제로, Net Zero) 목표의 달성에 부합하는 사업계획을 공개해 달라"라고 공식 요구했으며, 래리 핑크 회장은 "기업 비즈니스 모델을 넷제로 경제와 어떻게 결부시킬지 계획을 공개하고, 2050년 넷제로 목표를 기업의 장기전략에 어떻게 통합할지, 이사회에서 논의한 결과를 밝혀달라"라고 했다. 지난 서한에서 그는 "지속가능성을 투자의 최우선 순위로 삼겠다. 기후변화를 고려해 투자 포트폴리오를 바꾸겠다. 매출액의 25% 이상을 석탄발전을 통해 얻는 기업에 대해선 채권과 주식을 매도하겠다"고 밝히기도 했다. 최근 서한에서는 포트폴리오 교체를 넘어 투자 의결권 행사를 통해 기업의 ESG 경영에 직접 영향력을 발휘하겠다는 의지를 담기도 했다. 블룸버그에 따르면, 블랙록은 미국 S&P 500 기업에 평균 7.5%의 지분을 보유 중인 큰손이다. 블랙록은 지난해 말 기준 운용자산액이 8조 6,800억 달러 (9,600조원)에 달한다. 주주총회의 의결권 행사도 매년 강화하고, ESG 관련 의결권 행사도 강화하겠다는 의지를 보이고 있다. 래리 핑크 회장은 "우리가 관리하는 돈은 대부분 교사, 소방관, 의사, 사업가 등 수많은 개인과 연금 수혜자들을 위한 퇴직금"이라며 "고객과 투자기업의 연결고리로서 우리는 선량한 청지기의 역할을 다할 책무를 갖고 있다"라고 강조했다. 그는 "이것이 매년 자본관리, 장기전략, 투자 목적, 기후변화 등 지속적인 가치창출 이슈들을 부각시키는 이유"라고 덧붙였다.

그림 2-3 블랙록이 국내 주요기업 2·3·4대 주주 차지

국민연금 다음이 블랙록

블랙록이 2·3대 주주인 기업
57곳

블랙록이 4대 주주인 기업
25곳

합 **82곳**
코스피 시가총액
100대 기업 중

블랙록이 '큰손'인 주요 기업 및 지분율(%)

기업	지분율	기업	지분율
삼성전자	5.0	LG전자	4.7
SK하이닉스	5.0	신한지주	5.6
네이버	5.7	엔씨소프트	8.1
LG화학	2.3	하나금융	3.9
KB금융	6.0	KT&G	5.7
현대모비스	2.2	호텔신라	4.6

블랙록이 2·3대 주주인 기업들. 8월 1일 기준, 자료=블룸버그

출처: 세계적 자산운용사인 '블랙록' 국내 주요기업 주주 차지, 2021

래리 핑크 회장은 코로나 팬데믹을 맞아 경제가 위기를 맞고 불평등이 심해진 상황에서 기업들이 보인 역할을 높이 평가했다. 그는 "2020년의 혼란 속에서도 기업은 비영리단체를 지원하고, 기록적으로 빠르게 백신을 개발했으며, 기후위기에 기민하게 대응하는 등 이해관계자들을 위해 힘썼다"라고 칭찬했다. "기후변화는 큰 위기이지만 역사적인 투자 기회"라고 말했다. "2020년 1~11월 중 뮤추얼펀드와 ETF 등을 통한 지속가능 자산 투자는 2,880억 달러(32조원)에 달해 전년 대비 96%나 증가했다"라며 이런 현상은 모든 형태의 자산 가격을 재편하게 될 것이라고 내다봤다. 또한 "기후위기가 투자에 리스크임은 틀림없지만, 또한 역사적인 투자 기회를 제공한다고 믿는다."라고 말했다.

래리 핑크 회장은 넷제로(Net-Zero) 전환에 대해 "넷제로가 경제 전체의 변혁을 요구한다"라며 "블랙록에 돈을 넣은 투자자들도 기후변화의 위협과 넷제로 전환에 관한 데이터 분석 능력을 키워달라고 강력히 요청하고 있다."라고 했다. 블랙록은 넷제로 실천계획(Net-Zero Commitment) 5가지를 밝혔다. 주식과 채권 펀드에 '온도 정렬 매트릭스(Temperature Alignment Metric)'를 표시, 위험과 수익의 장기추정치에 기후변화를 반영, '액티브' 포트폴리오에 기후 리스크를 관리하기 위한 '강화 정밀조사 모델(Heightened-Scrutiny Model)'을 사용, 지구 온도 조정 목표를 명시적으로 갖춘 투자상품을 출시, 넷제로를 위해 투자기업들에 의결권을 행사하는 것이다. 그는 데이터 및 정보공시의 중요성을 강조하면서, 기업들에게 "비즈니스 모델이 넷제로 경제와 어떻게 보조를 맞출지 계획을 공개하고, '2050 넷제로' 달성목표를 기업의 장기전략에 통합해 공개하라"라고 요구했다. 블랙록은 기후공시와 관련해 지난해 TCFD(기후관련 재무정보공개 태스크포스)와 SASB(지속가능성 회계기준위원회)를 공개 지지했다. 블랙록에 따르면 지난해 SASB 공시가 363% 증가했고, 1,700개 이상 기업들이 TCFD 지지를 표명했다. 세계지속적투자연합(GSIA)에 따르면 지난 2020년 말 기준 ESG 투자자금은 30조 7,000억 달러(약 3경 430조 원)에 이르고 있다. 하지만 온실가스 배출량을 공개한 기업은 4,000여 곳으로 전체의 10% 수준에 불과하다.

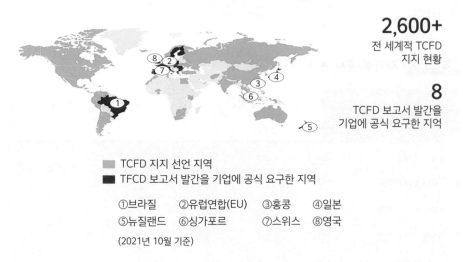

출처: TCFD(Task Force on Climate-related Financial Disclosures) 2021 Status Report, 2021

2) TCFD(기후변화 관련 재무정보 공개협의체)의 개념

TCFD(Task Force on Climate-related Financial Disclosuse)는 기후변화 관련 재무정보 공개협의체를 말한다. 환경, 기후변화 이니셔티브로서 기업의 기후변화 대응 목표 사례 중 하나이다. TCFD는 지난 2015년 주요 20개국(G20) 재무장관 회의 금융안정위원회(FSB)가 설립했다. 보다 구체적으로 기후변화를 초래할 수 있는 지배구조, 위험관리, 목표관리 등의 기업정보 공개를 권고하고 있다. 이를 통해 고객과 투자자 등 이해관계자가 쉽게 접근하고 파악할 수 있도록 하기 위해서이다. TCFD는 기업이 기후위기를 식별하고, 평가하고, 관리하도록 함으로써 저탄소 경제로의 전환 시 기업의 재무리스크 정도를 파악할 수 있도록 하는 것을 목표로 하고 있다. 한 마디로 기후위기로 인해 발생할 기업의 재무리스크 정도를 파악해 볼 수 있는 지표인 것이다. 영국은 2021년 1월부터 주요 기업에 TCFD 기준에 따른 공시를 의무화했다. 또한 일본도 금융청과 도쿄증권거래소 주도로 기업공시 지침을 개정해 상장사들이 국제금융 협의체 기준에 따라 공시하도록 요구하고 있다.

<table>
<tr><th rowspan="2">지역</th><th colspan="3">공개연도별 평균</th><th rowspan="2">2018년 vs. 2020년
차이</th></tr>
<tr><th>2018</th><th>2019</th><th>2020</th></tr>
<tr><td>유럽</td><td>28</td><td>35</td><td>50</td><td>22</td></tr>
<tr><td>아시아태평양</td><td>19</td><td>25</td><td>34</td><td>15</td></tr>
<tr><td>라틴아메리카</td><td>11</td><td>18</td><td>26</td><td>15</td></tr>
<tr><td>중동·아프리카</td><td>10</td><td>16</td><td>22</td><td>12</td></tr>
<tr><td>북아메리카</td><td>15</td><td>16</td><td>20</td><td>2</td></tr>
</table>

표 2-2 지역별 공시 개요 현황

출처: TCFD(Task Force on Climate-related Financial Disclosures) 2021 Status Report, 2021

주요국이 경쟁적으로 ESG 공시제도를 도입하는 것은 ESG 투자자금이 흘러들어오기 쉬운 여건을 만들기 위해서이다. TCFD의 필요성과 중요성은 앞으로 더 높아질 것으로 전망되고 있다. 기후변화와 관련된 기업의 리스크와 기회를 식별하고 경영활동과 투자 등 관련 의사결정에 반영함으로써 중-장-단기 기후변화 리스크를 사전에 관리·대응해야 하기 때문이다. 국내외 기업도 연례보고서와 지속가능경영보고서 등에 자발적인 적용 움직임을 보이고 있다. 69개국 1,651개 상장사의 공시 현황을 분석한 **"TCFD 2021 Status Report"**에 따르면 2018~2020년 3년간 권고안에서 제시하는 항목별 공시 비율이 해마다 증가했음을 알 수 있다. 지역별로는 유럽(50%)과 아시아태평양 지역(34%)이, 산업군 기준으로는 건물(38%), 에너지(26%), 보험(24%)이 높은 공시 성적을 받았다.

| 표 2-3 | 산업별 공시 개요 현황 |

산업	공개연도별 평균			2018년 vs. 2020년 차이
	2018	2019	2020	
건물과 건축자재	21	26	38	17
에너지	24	31	36	12
보험	22	23	34	12
농산물 · 식료품 · 임산물	20	21	30	10
은행	15	20	28	13
운송	17	20	26	9
소비재	15	18	26	11
기술과 미디어	11	12	16	5

출처: TCFD(Task Force on Climate-related Financial Disclosures) 2021 Status Report, 2021

TCFD는 자율공시임에도 국제 ESG 공시 표준 차원에서 확대 적용·의무화하는 추세가 전 세계적으로 이어지고 있다. 따라서 기업이 자발적으로 기후변화 리스크를 파악해 선제 대비하는 한편, 신사업 가능성까지 모색할 수 있는 기회로 접근하는 것이 바람직하다. 무엇보다 TCFD 공시는 데이터의 취합과 신뢰성 확보·리스크 평가·재무 영향의 추정분석 등 여러 단계를 아우르는 다차원의 노력이 요구되기도 한다. 조직 내부에서 다양한 방법을 동원해 필요한 자원과 역량을 구비하고 연관 부서 간 원활한 의사소통과 협업 체계를 마련하는 것이 중요하다. 그 뒤 권고안에 기반해 기업이 처한 상황에 맞춰 유연하게 적용하면서 사전에 충분히 준비할 수 있다. 준비 단계에서 필요한 것은 대내외 이해관계자의 의사결정을 지원하기 위해 공개 가능한 최대한의 정보를 투명하게 제공하려는 의지일 것이다. 이런 공감대를 토대로 TCFD의 근본적인 취지에 부합하고자 노력하면서 최선의 이익을 추구하는 기업이 ESG로 선도적인 위치에 자리매김할 수 있을 것이다.

3) TCFD 권고안 내용과 지지 선언

TCFD 권고안은 '**지배구조, 경영전략, 위험관리, 지표 및 목표설정**'이라는 틀로 구성되어 있으며 권고안의 영향력은 막강하다. 유럽연합 집행위원회(EC)는 TCFD 권고안 발표 이후 '**5개의 핵심 보고 항목**(사업모델, 정책 및 실사 프로세스, 결과, 주요 위험요소 및 관리방안, 주요 성과지표)'으로 구성된 '**기후 관련 정보보고에 관한 가이드라인**'을 발표하기도 했다. EC의 가이드라인은 TCFD의 권고안이 담고 있는 개념과 내용을 상당 부분 반영하고 있는 것이다. 권고안에 대해 조금 더 알아보면,

첫 번째로 '지배구조'에서는 기업의 이사회 또는 경영진이 기후변화와 관련된 의사결정에 직접적으로 관여하는지 살펴보도록 하고 있다. 조직의 개인 또는 그룹이 친환경 경영전략을 관리하는 것을 넘어 이사회 차원으로 수준을 높이는 게 핵심이다. 기후변화 이슈를 관리하는 이사들에게 인센티브를 부여해 이슈 관심도를 독려하고 있는지도 중요 요소이다.

두 번째로 '경영전략'에서는 시나리오로 기후변화의 위험 및 기회를 면밀히 파악하고 있는지, 이를 대비한 탄력적 경영전략을 준비하고 있는지를 살피고 있다. 구체적으로 기후변화의 위험 및 기회에 대한 조직의 전방위적 인식을 설명해야 한다. 또 위험관리에서는 기후변화의 위험을 평가하고 관리하기 위해 기관이 어떤 절차를 마련해 놓고 있는지 점검하며, 조직의 위기관리에 기후변화의 위험이 고려되고 있는지 공개하는 것을 권고하고 있다.

마지막으로 '기후변화에 따른 위험 및 기회를 관리'하기 위한 지표와 목적설정도 중요하다. 주로 탄소배출량이나 재생에너지 사용량 등을 기준으로 목표를 세우게 된다. 이를 종합하면 TCFD는 이사회의 감독이나 조직의 회복탄력성에 대한 정보공개까지 권고해 정보공개 범위가 넓고, 기후변화와 관련된 잠재적 영향까지 고려하고 있다. 전 세계 95개 국가의 3,400여 개 기업과 단체들이 TCFD 지지의사를 표명한 상태이다. TCFD를 지지한다는 것은 기후변화와 관련한 재무정보공개에 적극 나서겠다는 것을 뜻하며 지배구조, 전략, 리스크 관리, 목표나 지표 영역을 기준으로 기후변화 관련 정보를 공개한다는 것을 의미

한다. 한 마디로 글로벌 최대 이슈인 기후변화에 적극 동참하겠다는 뜻을 대내외에 알리는 것이다.

표 2-4 **TCFD 4대 영역별 세부 공시 항목**

영역	세부 공시 항목
거버넌스	a) 기후변화 관련 리스크와 기회에 대한 이사회의 감독 b) 기후변화 관련 리스크와 기회를 평가하고 관리하는 경영진의 역할
전략	a) 기업이 식별한 단·중·장기 기후변화 관련 리스크와 기회 b) 기후변화 관련 리스크와 기회가 사업과 전략·재무 계획에 미치는 영향 c) 2℃ 시나리오를 포함해 다양한 기후변화와 시나리오를 고려한 기업 전략의 회복탄력성
리스트 관리	a) 기후변화 관련 리스크를 식별하고 평가하기 위한 절차 b) 기후변화 관련 리스크를 관리하기 위한 절차 c) 기후변화 리스크 식별·평가·관리 절차가 기업의 전사 리스크 관리에 통합되는 방식
지표·목표	a) 기업의 전략과 리스크 관리 절차에 따라 기후변화 리스크와 기회 평가에 사용한 지표 b) 온실가스 배출량(Scope 1·2, 가능 시 3까지) 및 관련 리스크 c) 기후변화 리스크와 기회, 목표 대비 성과를 관리하기 위해 기업이 설정한 목표

출처: TCFD(Task Force on Climate-related Financial Disclosures) 2021 Status Report, 2021

4) ESG 경영 열풍의 트리거-TCFD 권고안

기후변화가 금융과 기업에 중대한 영향을 미치고 금융기관의 자산 건전성 부실과 이로 인한 금융위기 초래 가능성이 높아짐에 따라, 이를 방지하기 위해 G20이 FSB(금융안정위원회)에 의뢰하여 TCFD를 설립했으며 TCFD 권고안은 기후변화 재무 정보 공시의 기본 프레임워크를 제공하고 있다. 현재, 101개국이 넘는 국가에서 4,000개가 넘는 기관이 TCFD를 지지하고 있다. TCFD의 기후변화 관련 재무정보 공개 권고안은 기업과 금융기관이 의무적으로 발간하는 주류재무보고서(사업보고서 또는 연차보고서 등)를 통해 투자자 및 기타 이해관계자들에게 표준화된 기후변화 관련 정보를 제공하는 것을 목적으로 한다. 권고안은 CDP, GRI, CDSB 등 기존의 기후변화정보와 관련된 글로벌 프레임워크를 반영하여 구성되었으며, 파리협정을 통해 합의한 2℃ 목표를 바탕으로 한 시나리오에 기반한 기업의 대응전략을 공개하도록 하고 있다. 즉, 세계 각국은 UNFCCC에 제출한 국가별 감축 목표(Nationally Determined Contribution, NDC)를 이행하게 되고, 기업 및 금융기관은 목표이행에 따른 정책, 기술, 소비자 인식 등의 변화를 시나리오에 기반하여 기후변화 대응전략, 목표 수립 및 활동을 진행하고 관련 정보를 공개해야 한다. 2017년에 발표한 TCFD 권고안은 권고안(Recommendations)과 정보보고를 위한 세부 사항을 담고 있는 섹터별 이행가이드라인 그리고 시나리오분석에 대한 설명을 담고 있는 기술보고서로 구성되어 있다.

그림 2-5 기후변화와 관련된 리스크, 기회 및 재무적 영향

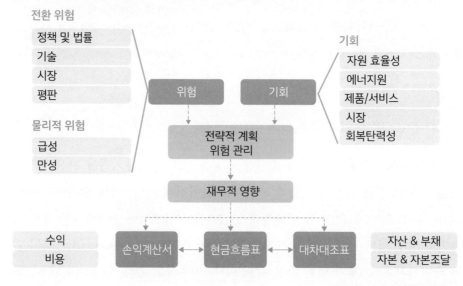

출처: TCFD 2017년 권고안

권고안(Recommendations of the Task Force on Climate-related Financial Disclosures)은 그동안 일관성이 부족했던 기후변화 리스크 및 기회에 대한 정의와 분류를 재정립하였고, 기후변화가 기업의 재무구조에 미치는 영향을 도식화하였다. TCFD는 기후변화 리스크를 크게 두 가지 형태인 물리적 리스크와 전환리스크로 구분했다. 물리적 리스크(Physical Risk)는 기후변화로 인한 물리적 요소의 변화로 인해 기업의 자산 또는 공급망 등에 미치는 부정적 영향을 의미하며, 태풍, 집중호우 등과 같이 짧은 시간 단기적 리스크(Acute risk)와 해수면 상승, 평균 기온 상승 등과 같이 장기적으로 영향을 미치는 장기적 리스크(Chronic risk)로 구분된다. 전환리스크(Transition Risk)는 전 세계가 저탄소 경제로 전환하는 과정에서 발생하는 정책·사회·경제적 요소의 변화로 인해 발생하는 리스크를 의미한다. 예컨대, 파리협정을 통해 합의한 지구 평균 기온 상승을 2℃ 이하로 제한하는 목표의 이행 과정에서 도입될 수 있는 배출권거래제, 탄소세, 자동차 연비규제 등의 정책과 전기차, 재생에너지 등의 기술과 소비자 인식 등의 변화로 인하여 부정적 영향을 전환리스크로 분류했다. 더불어 기후변화로 인한 기회요인을 자원 효율성 증가, 에너지원의 변경에 따른 비용저감, 새로운 제품 및 서비스의 개발 및 시장 수요 증가 및 조직의 회복탄력성 증가로 인한 외부변화에 대한 대응력 강화 등으로 구분했다. 기후변화 대응 정책 등이 강화되어 전환리스크가 올라갈수록 기후변화로 인한 물리적 리스크는 줄어드는 것으로 평가된다.

　　TCFD는 기후변화로 인한 리스크와 기회가 기업의 재무에 미치는 영향도 제시하였다. 기후변화 요인은 원자재, 공급망 리스크 상승 등으로 인한 비용의 증가 또는 시장 선호도 변화에 따른 기존 제품 및 서비스의 수요 증가 또는 새로운 제품 및 서비스의 도입 등으로 인한 매출의 증가로 연결되어 기업의 단기손익에 영향을 주게 된다. 더불어, 기존의 해수면 상승, 이상기후 증가에 따른 유형자산가치의 변화, 기후변화 대응 수준에 따른 기업의 명성 또는 기술 도태 등에 따른 무형자산가치 변화, 그리고 투자한 기업의 기후변화 대응에 따른 금융투자자산의 가치변화 등을 통해 기업의 자산에 영향을 미치게 된다.

표 2-5 효과적인 정보공개를 위한 원칙

1. 정보공개는 관련 정보를 제시해야 하고,
2. 정보공개는 구체적이고 완벽해야 하며,
3. 정보공개는 명확하고 균형 있으며, 이해하기 쉬워야 하며,
4. 정보공개는 시간이 지남에 따라 일관성이 있어야 하며,
5. 정보공개는 섹터, 산업 또는 포트폴리오 내의 기업들 간에 비교 가능해야 하며,
6. 정보공개는 신뢰성 있고 검증 가능해야 하며 객관적이고,
7. 정보공개는 적시에 제공되어야 합니다.

출처: TCFD 2017년 권고안

TCFD는 위와 같이 보고대상, 보고위치 및 원칙을 규정하고 있다. 우선 보고대상으로는 채권 또는 주식을 발행하는 모든 조직이다. 특히, 투자자, 대출기관 및 보험회사의 의사결정에 기후변화 요소를 반영하도록 하기 위해 자산소유자, 자산운용사, 연기금 및 재단 등의 금융기관은 반드시 자사의 기후변화 관련 재무정보를 공개할 것을 권고하고 있다. 그리고 이 기후변화 관련 보고위치는 주류재무보고서(사업보고서 또는 연차보고서)를 통해서 공개해야 한다. 상장기업은 각국의 공시규정에 부합한 기후변화 관련 재무정보를 공시해야 하며, 금융기관 대상의 별도 공시제도가 있다면, 금융기관은 대상 규정에 따라 중대한 기후변화 요인을 공시하도록 권고하고 있다. 마지막으로 보고원칙으로는 보고내용이 구체적이고, 완전해야 하며, 분명하고, 균형적이며, 이해 가능해야 하고, 일관성을 유지해야 하며, 섹터, 산업 또는 포트폴리오 내 기업 간의 비교 가능해야 하며, 신뢰할만하고 검증 가능해야 하며, 객관적이고 적시성을 유지해야 한다 등의 원칙을 제시하고 있다.

04 탄소중립과 넷제로(Net Zero) 2050

흔히 '탄소중립과 넷제로'를 혼용해서 사용할 때가 많다. 비슷한 개념이므로 굳이 따지지 않고 사용하는 것이다. 그러나 개념적 차이에 대해서는 알고 쓰는 것이 바람직하다. '탄소중립(Carbon Neutrality)'이란, 인간의 활동에 의한 탄소배출량을 최대한 줄이고, 배출되는 탄소를 흡수(포집, 제거, 재활용 또는 저장)하여 실질적인 탄소배출량을 0으로 만드는 것을 말한다. 즉, 배출되는 탄소와 흡수되는 탄소의 양을 같게 만들어 탄소의 순배출을 0으로 맞추는 것이다. '넷제로(Net Zero)'는 온실가스 전체(이산화탄소, 메탄가스, CFC 등 외에도 아산화질소 등도 포함)의 배출과 흡수의 균형을 말한다. '넷제로(Net Zero)가 탄소중립'보다 좀 더 포괄적 개념인 것이다. 차이점으로, 탄소중립에서는 주로 이산화탄소와 메탄을 배출·흡수의 대상으로 본다. 그러나 넷제로는 온실가스 전체의 균형을 말한다. 넷제로가 좀 더 엄격한 규제로 보면 된다. 온실가스에는 여러 물질들이 있고, 이산화탄소는 그중 하나에 불과하다.

"지구 기온 상승폭은 1.5도 이내로 제한해야 한다. 2017년을 기준으로 지구의 평균 기온은 지구 전체 규모의 측정이 시작된 1880년 이후 섭씨 1도 이상 올랐다. 이 때문에 0.5도가 더 오르면 문제가 생긴다. 1.5라는 숫자가 작다고 생각하기 쉽다. 하지만 이미 오른 1도로 인해 전 세계 많은 육지 빙하가 녹아 사라졌고 해수면도 빠르게 상승 중이다. 1.5도를 넘으면 인류의 힘으로는 변화를 돌이킬 수 없게 된다." 기후변화·기후위기를 위한 국제적 합의 노력인 '**UN기후변화협약**(United Nations Frame-work Convention on Climate Change: UNFCCC)', '**파리협정**(Paris Agreement)' 규정 내용 중 기후변화 위기 및 대응의 '인류생존'을 위한 전 지구적 대응의 중요성·필요성(파리협정 제2조), 탄소중립과 과학기술 활용의 필요성(파리협정 제4조1항) 및 국가결정기여(NDC, Nationally Determined Contribution, 파리협정 제3조), 자연기반뿐만 아니라 인위적 흡수원 기술개발 및 이용을 포함하는 '산림을 포함한 흡수원'(파리협정 제5조), 배출권거래제 활용 및 국제협력·이중계산의 방지·기업 인센티브 시책(파리협정 제6조) 등의 관련 내용을 중심으로 살펴볼 필요가 있다.

1) 왜 2050년, 왜 1.5℃인가?

지구온난화로 폭염, 폭설, 태풍, 산불 등 이상기후 현상이 세계 곳곳에서 나타나고 있다. 높은 화석연료 비중과 제조업 중심의 산업구조를 가진 우리나라도 최근 30년 사이에 평균 온도가 1.4℃ 상승하며 온난화 경향이 더욱 심해졌다. 국제사회는 기후변화 문제의 심각성을 인식하고 이를 해결하기 위해 선진국에 의무를 부여하는 '교토의정서' 채택(1997년)에 이어, 선진국과 개도국이 모두 참여하는 '파리협정'을 2015년 채택했고, 국제사회의 적극적인 노력으로 2016년 11월 4일 협정이 발효되었다. 우리나라는 2016년 11월 3일 파리협정을 비준하였다. 파리협정의 목표는 산업화 이전 대비 지구 평균 온도 상승을 2℃보다 훨씬 아래(well below)로 유지하고, 나아가 1.5℃로 억제하기 위해 노력해야 한다는 것이다. 지구의 온도가 2℃ 이상 상승할 경우, 폭염, 한파 등 보통의 인간이 감당할 수 없는 자연재해가 발생한다. 상승 온도를 1.5℃로 제한할 경우 생물다양성, 건강, 생계·식량안보, 인간안보 및 경제 성장에 대한 위험이 2℃보다 대폭 감소한다. 지구 온도 상승을 1.5℃ 이내로 억제하기 위해서는 2050년까지 탄소 순배출량이 0이 되는 탄소중립 사회로의 전환이 필요하다. 왜 2050년, 왜 1.5℃인가?

1992년 기후변화협약(UNFCCC: United Nations Framework Convention on Climate Change) 채택 이후, 장기적 목표로서 산업화 이전 대비 지구 평균 기온 상승을 어

느 수준으로 억제해야 하는지에 대한 논의가 대두되었다. EU 국가들은 1990년대 중반부터 2℃ 목표를 강하게 주장해 왔으며, 2007년 기후변화에 관한 정부 간 협의체 IPCC(Intergovernmental Panel on Climate Change) 제4차 종합평가보고서에 2℃ 목표가 포함되었다. 2℃ 목표는 2009년 제15차 당사국총회(COP15) 결과물인 코펜하겐 합의(Copenhagen Accord)에 포함되었으며, 이듬해 제16차 당사국총회(COP16) 시 칸쿤 합의(Cancun Agreement) 채택으로 공식화되었다. 이후 2015년 파리협정에서 2℃보다 훨씬 아래(well below)로 유지하고, 나아가 1.5℃로 억제하기 위해 노력해야 한다는 목표가 설정됐다.

IPCC는 2018년 10월 우리나라 인천 송도에서 개최된 제48차 IPCC 총회에서 치열한 논의 끝에 《지구온난화 1.5℃ 특별보고서》를 승인하고 파리협정 채택 시 합의된 1.5℃ 목표의 과학적 근거를 마련했다. 근거 마련을 위해 유엔기후변화협약(UNFCCC) 당사국 총회가 IPCC에 공식적으로 요청하여 작성했다. IPCC는 2100년까지 지구 평균 온도 상승폭을 1.5℃ 이내로 제한하기 위해서는 전 지구적으로 2030년까지 이산화탄소 배출량을 2010년 대비 최소 45% 이상 감축하여야 하고, 2050년경에는 탄소중립(Netzero)을 달성하여야 한다는 경로를 제시한 것이다. 한편, 2℃ 목표 달성 경로의 경우, 2030년까지 이산화탄소 배출량을 2010년 대비 약 25% 감축하여야 하며, 2070년경에는 탄소중립(Net-zero)을 달성해야 한다고 제시했다.

표 2-6 전 지구 온도 상승 1.5℃ vs 2℃ 주요 영향 비교

구분	1.5℃	2℃
생태계 및 인간계	높은 위험	매우 높은 위험
중위도 폭염일 온도	3℃ 상승	4℃ 상승
고위도 한파일 온도	4.5℃ 상승	6℃ 상승
산호 소멸	70~90%	99% 이상

기후영향 · 빈곤 취약 인구	2℃에서 2050년까지 최대 수억명 증가	
물 부족 인구	2℃에서 최대 50% 증가	
대규모 이상기변 위험	중간 위험	중간~높은 위험
해수면 상승	0.26~0.77m	0.3~0.93m
북극 해빙 완전소멸 빈도	100년에 한번	10년에 한번

참조: 대한민국 2050 탄소중립전략(LEDS), 2021

2) 기후변화 대응을 위한 탈탄소 탄소중립 시대

인류가 생존을 위해 수많은 경제활동을 수행해 왔나면, 이제 인류는 동일한 목적인 인류의 생존을 위해 탈탄소 탄소중립 사회를 만들어야 한다. 비록 일상생활에서 많은 불편함을 감수해서라도 지혜롭게 예전의 기후상태 회복을 위해 노력해야 한다. 기후변화가 자연재해가 아닌 인간의 불합리한 경제활동에 의한 인재라는 점은 두말할 나위가 없으며, 기후변화에 악영향을 미치는 행위는 생존을 위협하는 범죄행위로까지 볼 수도 있을 것이다. 이러한 차원에서 오늘날 대두된 '기후소송'도 기후변화에 대한 기성세대의 미온적 대처로 발생하는 생명권, 행복추구권을 비롯한 환경권에 미래세대의 '세대 간 형평'의 권리 주장으로 이해될 수 있을 것이다. 얼마 전까지만 해도 국내외적으로 기후변화 대응을 위해 국가들은 그린뉴딜, 지속가능성 등의 다양한 표제를 사용해왔으나, 현재는 **'탄소중립 (Carbon Neutrality)·'넷제로(Net Zero)'**으로 수렴되고 있는 상황이고, 기후변화 대응의 열쇠가 '탈탄소'에 있음이 명확해지고 있다. 과거 19세기 산업혁명 시대 이후 급속하게 발전해 온 세계경제가 1972년 스웨덴 '스톡홀름 UN인간환경회의(UN Conference on the Human Environment, in Stockholm: UNCHE)'를 시작으로 1992년 브라질 '리우 UN환경개발회의(UN Conference on Environment and Development: UNCED)'를 거쳐 2015년 프랑스 '파리협정'에 이르러 비로소 전 지구적인 신기후체제에 따른 의무이행으로 탄소중립에 박차를 가하게 된 것이다. 중간에 '교토의정서(Kyoto

Protocol)'를 통해 탄소배출 감축을 시도한 바 있었으나, 참여 국가의 규모나 강제적인 측면에서 그리 효과적인 결과를 가져오지는 못하였다. 그런 가운데 2020년부터 모든 당사국들을 법적으로 구속하는 파리협정 제3조에 의한 신기후체제가 출범하게 되었다. 이러한 '탄소 사회의 종말'을 위해서는 아울러 이제 '기후기술(녹색기술이나 탄소중립기술 포함)'도 매우 중요하게 되었으며, 국내외적 사회체계가 탈탄소사회 완성을 위해 혁신적으로 전환해야 한다.

3) 온실효과를 강화하는 주범들

지구온난화가 일어나는 것은 대기 중에 붙잡혀 있는 에너지의 양 자체가 증가했기 때문이다. 이는 인구의 증가와 산업화 진행에 따라 온실가스의 양이 과거에 비해 늘어난 것이 원인이다. 온실효과를 인위적으로 강화시키는 온실가스에는 어떤 것들이 있는지 살펴보면 다음 그림과 같다.

그림 2-6 온실효과를 인위적으로 강화시키는 온실가스

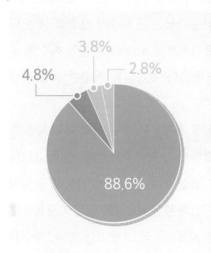

이산화탄소(CO2)
산림벌채, 에너지 사용, 석탄/석유연료 등 화석연료의 연소 등이 발생 원인

메탄(CH4)
가축 사육, 습지, 논, 음식물 쓰레기, 쓰레기 더미 등이 발생 원인

수소불화탄소(HFCs)
에어컨 냉매, 스프레이 제품 분사제 등이 발생 원인

과불화탄소(PFCs)
반도체 세정제 등이 발생 원인

육불화황(SF6)
변압기, 절연개폐장치 등의 절연제 등이 발생 원인

이산화질소(N_2O)
석탄, 폐기물 소각, 질소비료 등 화학비료의 사용 등이 발생 원인

출처: GS 칼텍스, I am your Energy, 2020

4) 온실효과, 지구온난화를 부추기는 것

"인류가 정말 온실가스를 증가시켰을까?" 이미 십수 년 전 과학적 결론이 난 문제이다. 산업배출과 자연배출을 구별하는, 방사능을 이용한 각종 연구에서 확실한 증거들이 나와 있다. 지구상 이산화탄소의 양은 자연적으로 늘고 줄지만, 인류의 산업혁명 이전엔 이런 변화가 수천 년에 걸쳐 일어났다. 지금은 이 속도가 지나치게 빠르다는 것이다.

그럼 **"우리는 어느 정도로 곤경에 처해 있을까?"** 한마디로 큰일이 났다고 봐야할 것이다. 앞으로 25~30년 사이 지구는 더 따뜻해지고 날씨는 더 극한으로 치달을 것이다. 산호초 같은 지구 생명체들의 주요 서식지는 이미 죽어간다. 과학자들은 기후변화가 이대로 방치될 경우 지구 역사상 여섯 번째 대규모 동식물 멸종이 촉진될 것이라고 주장한다. 식량난이 일어나고 난민이 대규모로 발생한다. 정치는 불안정해지고 종국엔 극지방의 만년설이 녹아 대부분의 해안 도시가 물에 잠기게 된다.

그럼 **"해수면은 얼마나 상승할까?"** 지금은 100년에 30cm 정도로 상승 중이라고 한다. 전문가들은 이 정도 수준이면 감당할 수 있을 것으로 본다. 문제는 시간이 갈수록 속도가 빨라진다는 것이다. 많은 전문가들은 온실가스 배출을 내일 당장 멈추어도 이미 배출된 온실가스로 인해 장기적으로 4.5~6m가량의 해수면 상승이 불가피하다고 본다. 지금처럼 온실가스 배출이 계속되면 해수면 상승 높이는 궁극적으로 24~30m가 될 수 있다는 것이다.

인간이 지구에서 살 수 있는 이유는 대기 중 온실가스가 온실의 유리처럼 작용하여 지구 표면의 온도를 평균 15℃로 일정하게 유지해주기 때문이다. 그러나 온실가스 농도가 급격히 짙어지면서 지구의 평균 기온이 비정상적으로 높아지고 있다. 이것이 현재 우리가 직면하고 있는 **'강화된 온실효과로 인한 지구온난화'**인 것이다. 그렇다면 온실효과는 무조건 나쁜 것일까? 꼭 그렇지는 않다. 지구는 태양으로부터 에너지를 받은 후 다시 에너지를 방출하는데 이때 대기 중에 있는 여러 가지 온실가스는 지구가 방출하는 긴 파장의 빛을 흡수하여 에너지를 대기 중에 묶어둔다. 이는 기체 분자의 운동량을 증가시켜 대기의 온도를 상승시키며, 온난화 현상이 있기 전에도 온실효과는 지구의 대기와 함께 항상 있어 왔던 현상이다. 다만 이 온실가스의 농도가 짙어지며 지구의 평균 기온이 비정상적으로 높아져 문제가 되는 것이다.

그럼 **"현실적 해결책이 있을까?"**

여러 가지 해결책은 쏟아져 나올 것이다. 하지만, 인류가 너무 오랫동안 행동을 미뤄와 지금과 같은 위기상황을 만들었다. 기후변화를 막으려면 지구 대기 내 탄소량을 더는 늘리지 않는 **'중립'** 상태로 만들어야 한다. 다행히 자동차 연료 기준이나 강화된 건축 규제, 발전소 배출 제한 같은 정책 효과로 유럽 등지에선 배출량이 줄고 있다. 최악을 피하려면 전 지구적으로 화석연료가 아닌 재생에너지로의 전환 속도를 획기적으로 높여야 한다. 미국의 태양광 산업은 이미 석탄 채굴보다 2배 이상의 인력을 고용한다. 중요한 것은 기후변화를 막기 위해 각자가 국민으로서의 권리를 행사하고 목소리를 높여 변화를 요구하는 것이다. 파리협정에 따른 신기후체제가 시작되고 있는데, 기후변화에 대한 국민들의 관심과 행동, 실천이 무엇보다 절실한 때이다.

5) 기후변화의 자연적인 요인과 인위적인 요인

기후변화의 원인은 매우 다양하지만, 크게 자연적인 요인과 인위적인 요인으로 구분할 수 있다. **'자연적인 요인'**에는 외적요인과 내적요인이 있다. '내적요인'은 기후시스템의 주요 구성요소(강수, 풍속, 낮 길이, 온도, 습도) 및 대기권, 빙하권 등의 여러 요소들이 끊임없이 상호작용하며 자연스럽게 변화하는 것이다. '외적요인'은 태양과 지구의 천문학적인 위치 변화, 화산활동으로 인한 대기 성층권의 오염물질 에어로졸 증가, 태양활동의 변화, 태양의 복사에너지, 지구 공전궤도의 변화 등 여러 가지 요인이 있다. 또한 외적요인이 없어도 기후시스템은 자연적으로 변할 수 있는데 이는 대기, 해양, 육지, 설빙, 생물권 등 각 요소들이 각기 상호작용하여 끊임없이 변화하기 때문이다. 지구의 자연적인 움직임은 기후변화를 심화시킬 수도, 완화시킬 수도 있는데, 지난 1991년 6월 9백여 명의 사망자와 65만 명의 이재민을 발생시킨 필리핀 활화산 피나투보의 폭발은 1년여간 지구의 평균 기온을 0.5℃가량 낮춘 것으로 알려져 있다. 이는 화산폭발 시 분출된 이산화황(SO2)이 대기의 성층권에 머물면서 햇빛을 차단한 현상으로, 이것을 **'피나투보 효과'**, 즉 화산폭발에 의한 지구 냉각효과라고 한다.

'인위적인 요인'은 화석연료의 사용 증가가 가장 큰 원인이라고 할 수 있다. 산업혁명 이후로 폭발적으로 증가한 에너지 수요를 충족시키기 위해서는 석유, 석탄과 같은 화석연료를 사용할 수밖에 없었다. 이렇게 사용되는 화석연료가 연소되면 이산화탄소 등의 온실가스가 발생하고 대기오염물질인 에어로졸이 증가하기 때문에 대기 구성 성분이 변하게 되면서 기후변화의 주요 원인 중 하나가 되고 있다. 산림파괴 또한 주요 원인 중 하나이다. 이렇게 산림을 파괴하는 과정에서 온실가스는 인류가 배출하는 온실가스 총량의 12%에 달하는 양을 배출하게 되고 이는 자동차, 비행기, 선박, 기차 등 모든 운송 수단이 내뿜는 온실가스의 양과 동일하다고 한다. 이렇게 되면 지표면의 열이 외부로 빠져나가지 못하게 되어 자연스럽게 기온은 상승하고 탁한 공기를 정화하지 못하게 된다. 탄소는 우주에서 가장 풍부한 원소 중 하나로 생명체, 육지, 바다, 대기 및 지구 내부에서 끊임없이 순환하고 있다. 그러나 산업화 이후 인류는 지난 3만 년 동안 땅속에 매립되어 있던 석탄층을 사용하기 시작했고, 기후를 인위적으로 변화시키고 있다. 지난 1만 년간 지구의 기온 상승은 1℃에 불과하지만 현 추세로는 2100년까지 3℃ 상승이 예상되며, 이는 생태계와 자연에 큰 영향을 초래할 것이라고 많은 전문가들은 예측하고 있다. 인류가 인위적으로 지구의 기온을 상승시켰으니 이제는 인위적인 노력으로 기온 상승을 억제해야 할 때인 것이다. 온실가스가 무조건 안 좋다고 볼 수는 없는데, 온실가스가 없다면 지구 평균 온도는 -19℃가 되어 사람이 살 수 없는 환경이 되기도 한다. 온실가스의 종류를 살펴보면 다음과 같다.

▶ 이산화탄소(CO2): 화석연료 연소, 에너지 사용, 산림벌채 등

▶ 아산화질소(N2O): 석탄, 화학비료, 폐기물 소각 등

▶ 메탄(CH4): 습지, 논, 음식물 쓰레기, 가축사육, 쓰레기 더미 등

▶ 수소불화탄소(HFCs): 에어컨 냉매, 스프레이 제품 분사제 등

▶ 육불화황(SF6): 변압기와 전기제품 등의 절연체 등

▶ 과불하 탄소(PFCs): 반도체 세정제 등

2016년에 체결된 '파리협정(Paris Climate Agreement)'은 지구온난화를 방지하기 위해 온실가스를 줄이자는 전 지구적 합의안으로 지구의 평균 온도 상승을 2℃ 아래에서 억제하고, 1.5℃를 넘지 않도록 노력하는 것이 목표이다. 과학자와 전문가들은 앞으로 10년간 온실가스 배출량을 최소 45% 줄여야만 파리협정의 목표인 지구의 평균 온도 상승을 1.5℃보다 아래로 유지할 수 있다고 한다. 파리기후협정 가입 국가들은 온실가스 감축 목표를 제시하고 감축 목표를 달성하기 위한 5년 단위의 기후변화 대응 기본 계획을 수립해야 한다.

▶ 한국: 2030년까지 2017년 대비 온실가스 24.4% 감축 목표 제시

▶ 영국: 2030년까지 탄소 배출량 68% 감축 목표 제시

▶ 프랑스: EU의 일원으로서 2030년까지 온실가스 배출량 55% 감축 목표 제시

▶ 미국: 도널드 트럼프 전 대통령 정권하에서 파리협정 탈퇴 후 2021년 재가입

▶ 중국: 2030년 이전에 온실가스 배출 정점(peak year)을 달성하고, 2060년까지 탄소중립을 달성하겠다고 선언했지만 온실가스 감축 노력 부족

▶ 브라질: 2030년까지 탄소 배출량을 43% 감축한다는 목표 제시했지만, 회계상의 속임과 오류로 실제 배출량 증대 가능

05 한국형 탄소중립 100대 핵심 기술 전략 로드맵

2023년 5월 19일 정부가 우리나라 지리적 여건과 산업구조, 기술수준 등을 고려한 '한국형 탄소중립 100대 핵심기술'을 확정했다. 과학기술정보통신부는 19일 서울 디지털플랫폼정부위원회 대회의실에서 국가과학기술자문회의 산하 '탄소중립기술특별위원회' 제7회 회의를 열고 탄소중립 분야 기술개발 정책 방향이 될 100대 기술을 확정했다고 밝혔다. 탄소중립 100대 핵심기술은 산학연 전문가 233명이 참여해 국내외 탄소중립 세부 후보기술 450개 중 100개를 추린 것으로, 좁은 국토 면적과 바람량이 적은 환경, 국내 자원부족 등 지리적 여건과 고탄소 제조업 중심 산업구조, 국내외 기술수준을 고려해 선정했다고 과기정통부는 밝혔다. 이와 함께 세계 최고를 유지해야 할 '초격차'부터 경쟁국과 격차를 해소해야 할 '감격차' 등 기술수준을 다각도로 분석해 탄소중립 100대 기술을 선정했다고 과기정통부는 설명했다. 크게 에너지 전환, 산업, 수송·교통, 건물, 환경부문과 관련된 17개 중점 분야에서 탄소중립 100대 핵심기술이 선정되었다.

▶ 초격차: 세계 최고 수준 기술력 보유와 선두를 유지하며 격차를 확대해 나갈 기술
▶ 신격차: 세계적으로 기술개발 초기단계로, 신시장 창출 및 선점이 가능한 기술
▶ 감격차: 선도국과 기술격차 수준이 있어, 격차를 해소해야 하는 기술

그림 2-7 한국형 탄소중립 100대 핵심기술 선정

과학기술정보통신부

주요 안건

한국형 탄소중립 100대 핵심기술 선정

과학기술 기반의 체계적인 탄소중립 이행을 체계적으로 지원하겠습니다.

「100대 핵심기술」은 우리나라의 탄소중립 실현을 위해 반드시 필요한 기술을 선별한 것으로 기술 간 연계성·차별성을 고려하여 분류체계를 합리화하였습니다.

에너지 전환 35개 기술	산업 44개 기술	수송·교통 13개 기술	건물·환경 8개 기술
태양광, 풍력, 수소공급, 무탄소 전력공급, 전력저장, 전력망, 원자력, 에너지통합시스템 등 8개 분야	철강, 석유화학, 시멘트, CCUS, 산업일반 등 5개 분야	친환경 자동차, 탄소중립 선박 등 2개 분야	제로에너지건물, 환경 등 2개 분야

참조: 과학기술정보통신부, 2023

1) 에너지 전환 부문

좁은 국토 면적 등 지리적 여건과 주민 수용성 등을 고려하여 8개 분야 35개 기술이 선정되었다. 에너지 고효율화 및 시설 대형화 관련 기술이 주로 선정된 것이 특징이다. 이 중 원자력에서는 소형모듈원자로(SMR)가 2030년까지 상용화 가능한 초격차 기술로 분류되었다. 과기정통부는 "**태양광·전력저장 등 기존 국내 경쟁력이 높은 분야들은 초격차·신격차 기술 중심으로 전략적으로 배치했다**"라며 "**에 너지안보 등을 고려하여 반드시 기술 내재화가 필요한 감격차 기술도 선정했다**"라고 밝혔다.

그림 2-8 **한국형 탄소중립 100대 핵심기술 중 에너지 부문 8개 분야**

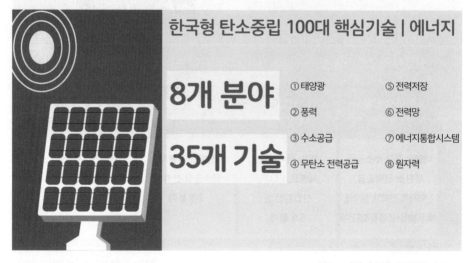

참조: 과학기술정보통신부, 2023

① 태양광: 초고효율화 태양전지 등 초고율화 관련 3개 기술

② 풍력: 초대형 풍력터빈 등 초대형화·해상풍력 관련 5개 기술

③ 수소공급: 수전해 기술, 해외 수소저장·운송 등 수소공급 전주기 관련 10개 기술

④ 무탄소 전력공급: 수소 전소(全燒) 가스터빈 등 분산·유연 발전원 관련 5개 기술

⑤ 전력저장: 단주기·장주기 저장시스템, 사용 후 배터리 에너지저장장치(ESS) 등 3개 기술

⑥ 전력망: 지능형 전력망 관련 3개 기술

⑦ 에너지통합시스템: 산업 및 건물에서 활용 가능한 히트펌프 등 3개 기술

⑧ 원자력: 선진 원자력 시스템 등 고효율 시스템, 폐기물 관리 등 3개 기술

2) 산업 부문

철강·석유화학 등 우리나라 주력산업의 경쟁력을 유지하는 동시에 탈탄소화에 초점이 맞춰졌다. 이에 원료 및 연료 전환 등 공정 혁신 기술을 중심으로 5개 분야 44개 기술이 선정되었다. 석탄 대신 수소를 환원제로 사용해 철을 생산하는 기술, 수소환원제철 또한 탄소중립 100대 핵심기술에 포함되었다. 이 기술은 이산화탄소(CO_2) 배출이 없는 것이 특징이다. 우리나라가 세계 최고 수준 기술력을 가지고 격차를 확대해 나가고 있단 점에서 초격차 기술로 분류된 것이다.

과기정통부는 "철강·석유화학 등 대부분의 기존 공정에서 대대적인 혁신이 요구된다"라며 "수준별로는 신격차 기술, 기간별로는 중장기형 기술이 선정되었다"라고 밝혔다. 다만, CCUS(탄소포집·활용·저장) 기술의 경우 국내 기술이 뒤처진 분야로 소개했다. 이에 CCUS를 감격차 기술로 선정해 빠른 기술 추격을 지원해 나갈 계획이라고 밝혔다.

그림 2-9 한국형 탄소중립 100대 핵심기술 중 산업 부문 5개 분야

한국형 탄소중립 100대 핵심기술 | 산업

CO_2

5개 분야

44개 기술

① 철강
② 석유화학
③ 시멘트
④ CCUS
⑤ 산업 일반

참조: 과학기술정보통신부, 2023

① 철강: 무탄소 연·원료 적용, 수소환원제철 등 관련 6개 기술

② 석유화학: 연·원료 대체, 자원 순환, 신공정 관련 15개 기술

③ 시멘트: 비탄산염 원료 등 연·원료 대체 관련 5개 기술

④ CCUS(탄소포집·활용·저장): CCUS 전주기 기술 확보 관련 11개 기술

⑤ 산업 일반: 설비 전환·에너지 효율화 등 범용 활용 기술 7개

3) 수송·교통 부문

고성능 친환경 제품 전환에 초점을 두고 2개 분야 13개 기술이 선정되었다. 이 중 탄소중립 선박 분야는 경쟁력이 다소 낮은 점을 고려해 감격차 기술에 집중해 신속하게 보완해 나갈 예정이라고 덧붙였다.

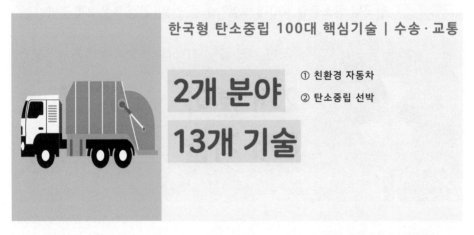

그림 2-10 한국형 탄소중립 100대 핵심기술 중 수송·교통 부문 2개 분야

참조: 과학기술정보통신부, 2023

① 친환경 자동차: 이차전지 시스템, 전기구동 시스템 등 핵심 부품 관련 9개 기술
② 탄소중립 선박: 탄소중립 내연기관 등 탄소중립 핵심 기자재 관련 4개 기술

4) 건물·환경 부문

건물 신재생에너지 융합 시스템은 건물과 시스템으로 연계된 재생에너지 기반 건물, 즉 제로에너지 건물을 뜻한다. 우리나라의 밀집된 도시환경에 적합한 자체 기술을 확보해야 한다. 환경 분야는 기술개발이 시작되는 단계라며 신격차 기술을 중심으로 선정하여 중장기적으로 육성해 나갈 예정이라고 밝혔다.

그림 2-11 한국형 탄소중립 100대 핵심기술 중 건물·환경 부문 2개 분야

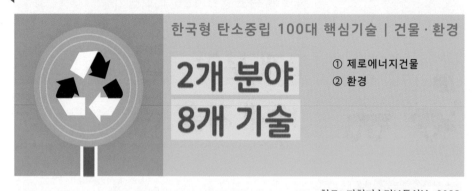

참조: 과학기술정보통신부, 2023

① 제로에너지건물: 건물 신재생에너지 융합 시스템 등 에너지 저감·재생에너지 관련 4개 기술
② 환경: 바이오·생분해성 플라스틱 등 자원순환, 탄소흡수 관련 4개 기술

'한국형 탄소중립 기술 R&D 투자 청사진'도 공개되었다. 과기정통부는 탄소중립 100대 기술을 중심으로 관련 R&D 투자를 확대하고, 관련 산업에 우선적으로 투자하기 위해 범부처가 통합적으로 예산을 배분 및 조정할 계획이다. 이날 특위는 2030년까지 석유화학·철강·시멘트 분야 내 친환경 기술 비중을 크게 늘린 탄소중립 기술혁신 로드맵 등도 안건에 올려 심의에 착수했다. 탄소중립 기술

혁신 전략로드맵은 쉽게 말해 탄소중립 분야 정부의 R&D 투자의 기본 청사진으로 활용할 예정이란 것이며, 단계별 로드맵은 산업계의 자발적인 탄소중립 참여 유도를 위해 산업별 대표 협회 및 기업 등이 직접 포함되는 등 민간이 주도하여 기획되었다. 이 밖에도 탄소배출량 정밀 측정 파악을 위한 '디지털 기반 탄소발자국 모니터링 기술 육성 전략안', 산림으로 국가 온실가스 감축 비중을 2027년까지 21%로 높인다는 '제3차 탄소흡수원 증진 종합계획' 등도 특위에 안건으로 올려 논의되었다. 과기정통부는 "이번 회의를 통해 탄소중립 실현을 위한 본격적인 기술개발의 청사진을 제시했다"라며 "전략적으로 R&D를 지원해 나가겠다"라고 밝혔다.

정부는 향후 범부처 차원의 예산 배분·조정을 통해 이번 100대 핵심기술을 중심으로 탄소중립 연구개발 투자를 확대할 계획이다. 그렇다면 탄소중립 핵심기술 개발을 위해 고려해야 할 사항은 무엇일까?

첫째로, 탄소중립은 한편으로는 규제의 영역으로서 정책·제도와 기술·산업 사이에 밀접한 연관성이 있다. 따라서 향후 정책 현안이나 법적 환경기준 등과의 정합성, 연계성을 고려해야 한다.

둘째로, 국내 여건을 고려한 '한국형' 핵심기술이긴 하지만 탄소중립 외에 산업육성뿐만 아니라 해외수출이 가능한 기술개발도 추진해야 한다. 구체적으로는 개발도상국 등에서 탄소중립과 경제성장을 동시에 달성할 수 있는 적정 기술의 개발이 필요하다.

셋째로, 정부의 발표에 의하면 이번 '100대 핵심기술'에 투자가 집중될 것으로 예상되는데, 이에 포함되지 않은 기술에 대한 중장기적인 투자도 고려해야 한다. 기술개발은 그 실제 활용까지 많은 시간과 비용이 필요하고 실패의 가능성도 있기 때문이다. 2050 탄소중립을 달성하기 위해서 핵심기술의 개발은 매우 중요하고 시급하다. 이를 위해 정부는 기술개발 관련 지속가능한 정책을 추진하는 것이 중요하고 정책 목표, 방향 등에 단기적으로 변화를 주는 것은 지양해야 할 것이다. 또한 기업 등이 자발적으로 탄소중립 관련 기술개발에 투자하고 노력할 수 있는 연구개발(R&D) 생태계를 조성하는 것도 무엇보다 중요하다. 특히나 2050 탄소중립 달성을 위한 '지속가능성'에 대한 고려가 가장 중요할 것이다.

그림 2-12 한국형 탄소중립 100대 핵심기술 로드맵

목표

과학기술 기반의 체계적인 탄소중립 이행을 통해 지속 가능한 녹색성장의 발판 마련

기본 방향

1 우리나라 여건
(지리적 조건, 산업구조 등)을 고려

2 기간별·수준별
맞춤형 R&D 추진

한국형 탄소중립 100대 핵심기술

1 탄소중립 17개 분야 100대 핵심 기술 선정

(예)

에너지전환 (총 35개)
태양광, 풍력, 수소공급, 무탄소 전력공급, 전력저장, 전력망, 원자력 등 8개 분야

초대형 풍력 터빈 / 고온·초저온 히트펌프

산업 (총 44개)
철강, 석유화학, 시멘트, CCUS, 산업일반 등 5개 분야

수소환원제철 / 탄소 포집 활용

수송·교통 (총 13개)
친환경자동차, 탄소중립 선박 등 2개 분야

차량용 이차전지 시스템 / 선박 전기추진 시스템

건물·환경 (총 8개)
제로에너지건물, 환경 등 2개 분야

건물 신재생에너지 융합 시스템 / 국토 탄소 흡수 증진

2 기간별 · 수준별 맞춤형 R&D 추진

기간별

단기형 (~30)
– 총 37개
조기 상용화 (~30) → 기술 확산 및 고도화(~50)
» 지속적인 R&D로 기술 고도화

중장기형 (~50)
– 총 63개
핵심 기술 확보 (~30) → 상용화 및 현장 확산(~50)
» 적기 도입을 위한 선제적 R&D 착수

기술 수준별

초격차 총 9개
세계 최고 기술력 → 선두 유지 격차 확대

신격차 총 39개
전 세계적 개발 초기 → 신시장 창출 및 선점

감격차 총 52개
선도국과 격차 → 기술 확보 격차 해소

추진 방안

1 범부처 탄소중립
R&D 투자 전략성 강화

2 탄소중립
기술혁신 기반 강화

참조: 과학기술정보통신부, 2023

06
지구온난화 문제, 개인·정부·기술적 차원의 노력

"지구온난화가 지속될 경우의 미래는 어떻게 될까?"

'지구의 평균 온도가 1도 상승'하면 북극의 얼음이 반년 만에 녹아내리며 벵골만(Bengal B, 인도양 북동부에 있는 만) 주변의 수만 가구가 물에 잠기고, 허리케인이 남대서양을 강타하기 시작한다. 미국 서부의 극심한 가뭄은 지역의 절반을 사막으로 변화시키고 전 세계에서 식량난을 일으킨다. 남쪽의 텍사스에서부터 북쪽의 캐나다 국경까지는 곡물이 전혀 자랄 수 없는 불모지로 변할 위험에 놓일 것이다. 지난 100만 년 동안 지금보다 1도 이상 따뜻했던 적이 없다. 현재 우리는 스스로 만들어낸 온실가스로 더 큰 기온 상승과 급격한 기후변화를 자초하고 있다.

'지구의 평균 온도가 3도 상승'하면 여름 내내 북극에선 얼음을 볼 수 없고 아마존의 열대우림은 말라버릴 것이다. 알프스 정상의 만년설도 사라질 것이다. 엘니뇨 현상에 의한 극단적인 기후는 일상이 되고, 지중해와 유럽 일부는 타는 듯한 여름에 시달릴 것이다.

'지구의 평균 온도가 6도 상승'할 경우 사막은 파죽지세로 퍼져나갈 것이다. 자연재해는 일상적인 사건이 되고 몇몇 대도시들은 물에 잠기거나 폐허로 변할 것이다. 기온이 장기간에 걸쳐 6도 상승한 경우엔 역대 최악의 대규모 멸종 사태가 벌어질 것이다. 100년 안에 기온이 6도 상승한다면 전 세계적인 파멸을 피할 수 없을 것이다. 지구 온도의 6도 상승은 **'지구 최후의 날'**이나 마찬가지일 것이다.

1) 개인차원의 노력

환경 친화적 상품으로의 소비양식의 전환이다. 동일한 기능을 가진 상품이라면 환경오염 부하가 적은 상품, 예컨대 에너지효율이 높거나 폐기물 발생이 적은 상품을 선택하는 것이 최선의 방법이다. 그리고 나무 심기가 있다. 나무는 햇빛을 받으면 광합성을 하기 때문에 이산화탄소를 줄이는 효과가 있다. 자가용의 운전을 줄이고 대중교통이나 걷기, 자전거 등을 이용하는 것 또한 배기가스 등을 줄임으로써 온실기체 배출 감소를 가져오는 효과가 있고, 냉장고 내용물의 양 적절히 유지하기, 에너지 절약형 전구 쓰기, 가전제품 등을 살 때 에너지효율 제품 구매 등도 있다. 그리고 육식을 줄이는 것도 방법이라 생각이 든다. 내 몸을 위해서라도 안 먹을 순 없지만 육식의 수요를 줄여 동물들이 방출하는 메탄을 줄이고 농장을 줄여 나무를 심을 수 있을 것이다.

2) 정부차원의 노력

정부에서는 기업의 온실기체 배출을 강력하게 제한하거나 정책적 지원을 해야 한다. 이후 탄소배출권 할당제나 보조금 지원으로 본격적으로 탄소배출량을 줄여야 한다. 과학계에서는 화석연료의 대체에너지의 활성화를 위해 메탄하이드레이트 또는 바이오에너지의 신재생에너지 개발에 적극 투자하고 연구개발해야 한다. 가까운 미래에는 가정의 모든 제품에 제품의 생산 시 발생되는 오염요소나 탄소 등의 배출량 표시 의무화로 환경을 생각하는 기업과 마인드만이 살아 나갈 수 있을 것이다.

A. 배출권거래제

기업들끼리 오염물질 배출 권한을 사고파는 제도를 말한다. 오염활동 혹은 오염방지 활동에 대한 권리와 의무를 명확히 정의하고, 이에 대한 자율적 조정을 촉진하여 최소의 사회적 비용으로 적정한 환경을 유지하고자 고안된 재산권 제도의 하나이다. 오염세(배출부과금)가 오염활동의 가격을 통제하여 좀 더 쾌적한 환경을 유지하고자 하는 정책수단이라면, 배출권거래제는 오염활동의 양을 직접

관리하는 정책수단이라고 할 수 있다. 배출권거래제도 아래에서 오염물질의 배출절감 비용이 덜 드는 기업은 배출량을 더 삭감하는 대신 상대적으로 비용이 더 많이 드는 기업에게 배출권을 판매하여 이익을 얻을 수 있다. 이때 배출권의 거래가격은 배출권을 판매하는 기업의 추가적인 배출 삭감비용보다는 크고 배출권을 구매하는 기업이 절약하게 되는 삭감비용보다는 작은 수준에서 결정될 것이다. 결과적으로 전체 배출량은 증가하지 않으면서 양자가 모두 이익을 얻을 수 있다.

배출권거래제는 기업에만 적용되는 것이 아니라 온실가스 감축의무가 있는 국가 간 배출권거래제가 가능하다. 지구 전체에서 배출되는 오염물질의 총량을 정한 다음 국가마다 일정한 양의 오염물질을 배출할 수 있는 권한을 주고, 이 한도를 넘는 경우에는 정해진 양을 다 사용하지 못하는 국가로부터 배출권을 구매하도록 하고 있다. 이때 가격과 거래량은 배출권의 수요와 공급에 따라 결정된다. 배출권 거래 형태로는 상계(netting), 상쇄(offset), 묶음(bundle), 예치(banking) 제도 등이 있다.

'상계'는 기업 전체의 배출량을 정해놓고 공장의 배출량을 조절해서 기업 전체의 배출량 순증가를 억제하는 제도이다. '상쇄'는 공장 내부의 조절뿐 아니라 다른 공장과 거래해서 배출량을 조절하는 것이다. '묶음'은 몇 개 그룹을 하나로 묶어 배출량을 정해서 배출총량을 조절하고, '예치'는 연간 할당량 이하로 배출했을 때 그 차이를 내년 배출권에 더해주는 방식이다. 국가온실가스 배출 총량을 먼저 설정 후 개별 탄소배출업체에 대하여 각각 배출허용량을 할당함으로써 탄소배출량을 저감시키는 구조이다.

B. 탄소세

지구의 온난화 방지를 위해 이산화탄소를 배출하는 석유·석탄 등 각종 화석에너지 사용량에 따라 부과하는 세금이다. 탄소세의 효과는 첫째로 **이산화탄소**를 많이 함유하는 **화석연료**의 가격을 전반적으로 인상함으로써 화석연료 이용을 억제하고, 둘째로 대체에너지 개발을 촉진하여 간접적으로 이산화탄소의 배출량을 억제하는 데 있다. 그러나 1991년 12월 **유럽공동체** 에너지환경 각료회의에서 도입 방침을 합의한 이래 지금까지 탄소세를 실시하고 있는 나라는 스웨덴·핀란드·네덜란드·덴마크·노르웨이 등 몇몇 나라에 지나지 않는다. 그 이유는 산업화된 모든 나라가 화석연료에 절대적으로 의존하고 있기 때문에 탄소세를 실시하면 국민경제에 큰 부담으로 작용하고, 지구온난화 방지가 어느 한 나라의 문제가 아닌 범지구적 문제이기 때문에 국제적 공조체제를 전제로 하기 때문으로 분석된다. 전 세계 이산화탄소 배출량의 약 20%를 차지하는 미국의 경우도 아직까지 탄소세를 도입하지 않고 있다.

C. RE100 재생에너지

'재생에너지 전기(renewable electricity) 100%'를 의미하는 'RE100'은 기업이 자사에서 사용하는 전력의 100%를 재생에너지로 충당하겠다고 자발적으로 약속하는 글로벌 캠페인이다.

그림 2-13 RE100이란?

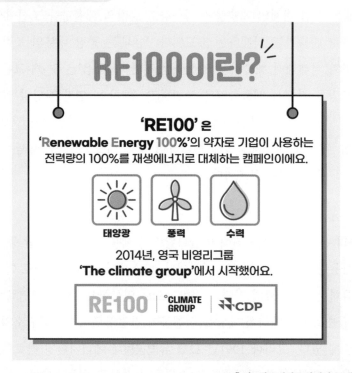

출처: 대구지역문제해결 플랫폼, 2023

국제 비영리단체인 클라이미트 그룹(Climate Group)과 탄소정보공개프로젝트 (CDP, Carbon Disclosure Project)의 주도로 이들이 개최한 2014년 뉴욕 기후주간(Climate Week NYC 2014)에서 처음 발족되었다. 발족 당시에는 이케아(IKEA)를 비롯한 13개의 기업이 참여하였으며, 이후 글로벌 기업과 연간 100GWh 이상 사용하는 전력 다소비 기업이 대상으로 2022년 7월 말 기준으로 애플(Apple), 구글(Google), GM, TSMC, 인텔 등 376여 개 글로벌 기업이 참여하고 있다. 한국의 기업은 2020년 6곳에서 2년 만에 21곳으로 증가했다. 미국(96곳), 일본(72곳), 영국(48곳)에 이어 네 번째로 많다. 우리나라에서는 2020년 SK그룹을 시작으로 미래에셋증권, KB금융그룹, LG에너지솔루션 등이 동참했고 2022년 들어 현대자동차, 기아, 현대모비스, KT, 네이버, LG이노텍 등이 합류했다. 2022년 7월 말 기준으로 RE100에 가입한 전 세계 기업은 애플(Apple), 구글(Google), 제너럴모터스(GM), 이케아 등 377곳(2014년 13곳)이다.

'RE100은 2050년까지 기업에서 사용하는 전력량의 100%를 재생에너지 전기로 사용하는 것을 목표'로 한다. 재생에너지는 화석연료를 대체하는 태양열, 태양광, 바이오, 풍력, 수력, 지열 등에서 발생하는 에너지를 가리킨다. 회원사들은 RE100을 달성하기 위해 태양광 발전 시설 등의 설비를 통해 직접 재생에너지를 생산하거나 재생에너지 발전소에서 전기를 구입하여 조달할 수 있다. 이러한 방식으로 회원사는 전 세계 모든 사업장에서 사용하는 전력을 재생에너지에서 생산된 전력으로 대체해야 한다. 전 세계 전기 사용의 50% 정도를 차지하고 있는 제조업이나 서비스업 분야의 기업들은 안정적이면서도 저렴한 에너지 공급원을 필요로 한다. 지금까지는 화석연료가 이러한 역할을 담당해 왔지만, 천연자원을 고갈시키고 환경을 오염시키는 단점으로 인해 대안이 필요하다는 지적이 제기되어 왔다. 이러한 점에서 재생에너지는 환경 친화적이면서도 생산가격이 점차 낮아지고 있고 안정성도 높아지고 있어, 현재의 화석연료와 비교하여 보다 합리적인 대안이라 할 수 있다. 궁극적으로 재생에너지로부터 생산된 전력은 탄소배출 감축 목표를 달성할 수 있게 해줄 뿐만 아니라 중장기적으로는 기업의 경쟁력을 향상시키는 데에도 도움이 될 것으로 기대된다. 기업 입장에서 RE100 참여는 생산비용 상승으로 직결되지만 살아남기 위해서는 피할 수 없는 국제적 흐름이기도 하다.

그림 2-14 RE100 글로벌 기업들

출처: 대구지역문제해결 플랫폼, 2023

그러나 한국 기업들의 RE100 가입이 더딘 이유는 국내 재생에너지의 발전 여건이 열악하기 때문이다. 산업통상자원부에 따르면 2021년 11월 기준 전체 에너지원별 발전량 중 재생에너지 비중은 6.7%에 불과하다. 반면 유럽연합(EU)은 2019년 기준 15.3%에 달한다. 이는 원전과 석탄발전 비중이 높은 동유럽 회원국까지 포함한 수치다. 서유럽 국가로 한정하면 재생에너지 비율은 40%에 육박한다. RE100에 가입한 삼성전자의 경우 해외 사업장은 이미 재생에너지 100% 사용을 달성한 것으로 알려졌다. 반면 국내 사업장의 재생에너지 사용은 미미한 수준이다. 재생에너지를 쓰고 싶어도 반도체생산 등에 필요한 전력을 확보할 수 없기 때문이다. 철강업계는 무탄소 공정인 '수소환원제철' 상용화를 위해선 원전 확대가 필수적이라는 입장이다. 경제계 관계자는 **"제조업 비중이 높은 한국의 산업구조상 RE100을 강제할 경우 핵심 사업장을 해외로 옮겨야 하는 딜레마에 빠질 수 있다"**라고 말했다.

3) 기술적 차원의 노력

지구온난화를 해결하기 위한 방안으로는 근본적으로 화석연료의 사용을 대치할 수 있는 새로운 연료의 개발을 들 수 있으나 이전 단계로 CO_2 배출억제와 제거기술의 도입을 서둘러야 한다. 이와 더불어 CH_4, N_2O, CFC, O_3와 같은 다른 오염물질의 관리도 중요하다. 최근 연구에 따르면 앞으로는 이산화탄소보다는 이러한 온실가스에 의한 기여율이 더 높아질 것으로 보기 때문이다. 그리고 이산화탄소를 제거하는 방법은 여러 가지로 분류되어 모색되고 있다. 화력발전소와 같은 이산화탄소의 대량발생원의 경우는 이산화탄소를 분리 회수하여 심해나 폐유전에 폐기하여 제거하는 방법과 화석연료의 연소 전에 탄소를 제거하여 사용하는 방법이 제안되고 있다.

또 하나의 제거방법은 이산화탄소를 분리 회수하여 메탄올을 합성하는 방법인데, 이 방법은 이산화탄소의 억제 및 제거를 겸한 대책법으로서 주목되고 있는 방법이다. 그리고 대기 중의 희박한 이산화탄소를 제거하는 수단으로서 해양을 이용하는 방법이 제안되고 있다.

해양은 이산화탄소의 제거, 고정의 잠재적 능력이 있다. 대기 중에는 탄소환산으로 약 7,000억 톤의 이산화탄소가 존재하고 있으나 해양에는 그 약 50배 되는 양의 이산화탄소가 화학적으로 용해되어 있다. 지구 표면의 71%를 점하는 해양은 증대하고 있는 대기 중의 이산화탄소를 충분히 흡수할 능력이 있다. 해양에는 플랑크톤, 해조, 산호 등 여러 가지 생물이 있는데, 이러한 생물의 생화학적 작용을 이용하여 이산화탄소를 제거할 수 있다. 해양에서의 생물체의 광합성 생산량은 탄소환산으로 연간 290억 톤으로 추산되고 있다. 해양에서는 식물 플랑크톤에 의해 고정된 이산화탄소는 해양 깊이 운반되어 평균 수심 3,800m의 해양 중 전체에 막대한 양이 흡수 고정된다. 해양에서는 태양, 해류, 조류, 파력, 온도차, 농도 차 등의 풍부한 자연에너지의 이용이 가능하다. 1년간에 해양에 쏟아지는 태양에너지의 양은 인류가 매년 소비하는 양의 1만 배나 된다. 물론 이러한 에너지를 수송 저장의 효율을 생각한다면 실현성이 매우 적지만 이러한 자연에너지를 이산화탄소의 고정에너지로서 해양이란 장소에서 이용하는 경우에는 매우 효율이 높은 이용이 가능하다. 이산화탄소 외에 기타 GHG의 제거방법도 모색되고 있다. 프론 가스는 한 번 대기 중에 확산되면 분리 회수는 매우 곤란하다. 따라서 프론대책으로서는 프론의 제거보다는 프론 가스 발생의 사전억제가 상책이다. 기타 메탄, 이산화질소 등 온난화가스도 여러 가지 발생원이 있으나 거의 인위적 활동에 의해 발생한다. 이렇듯 이러한 가스의 발생원이 다양하며 또 대기 중의 농도는 매우 희박하므로 분리 제거는 곤란하다. 따라서 이러한 가스대책은 발생 자체를 억제하는 것이 중요할 것이다.

| | 표 2-7 | 주요 국가 탄소중립 정책 및 중점기술 |

국가	탄소중립 정책 및 중점기술
미국	〈정책〉 – 일자리 창출 및 기후위기대응을 위한 미국 혁신('21.2.11) – 10대 중점기술(수송, 건축, CCS 등)+재생에너지+원자력
	〈중점기술〉 – 탄소중립 건물, 1/10 비용의 에너지저장시스템, 첨단 에너지 관리시스템, 저비용·저탄소 차량 및 교통시스템, 항공기·선박의 저탄소 연료, 온실효과 없는 냉매·공조·히트펌프, 철강·콘크리트·화학 공정 저탄소화, 그린수소, CO2 토양 저장기술, CO2 직접포집기술, 해상풍력, 소형모듈원전 등
일본	〈정책〉 – 2050 탄소중립에 따른 녹색성장전략('20.12.25) – 전력(재생에너지, 수소, 원자력 등)+비전력(수소환원제철, 차세대 수송 원료, 배터리)+디지털인프라 등 3대 전략별 중점산업 선정
	〈중점기술〉 – 해상풍력, 수소(수전해 대형화, 수소연료전지, 대형수소발전), 배터리(전기차 및 건물), 차세대원자로(소형모듈원전, 고온가스냉각원자로 등), 첨단원료(암모니아, 바이오, CO2 합성 연료 등), 수소환원제철, 차세대수송시스템(철도, 선박, 항공기 등), 제로에너지건물, 스마트그리드, 차세대클라우드SW플랫폼, CO2 포집·분리 등
영국	〈정책〉 – 녹색산업 혁신을 위한 10대 중점계획('20.11.17) – 발전부문 탈탄소화 전략: 재생E, CCUS, 원자력
	〈중점기술〉 – 해상풍력, 저탄소수소(수소연료수지, 대형수소발전 등), 소형모듈원전, 배터리(전기차 및 건물 등), 무공해 전기자동차, 무공해 수송·교통(항공기 및 선박), 친환경 주택·공공건물, CCUS 등
독일	〈정책〉 – 독일 기후보호 프로그램('19.9월), 국가 수소전략('20.6월), 제2차 유럽 배터리 혁신 프로젝트('21.1.26)
	〈중점기술〉 – 재생에너지(해상풍력, 태양광, 육상풍력), 그린수소(수전해 대형화), 배터리(전기차), 무공해 전기자동차(연료전지 기반 수소 대중교통), CCUS, 수소환원제철, 바이오 및 합성연료, 열병합발전

지구온난화와 온실가스 해결방안

지구온난화의 주범은 온실기체로서 지구 대기의 이산화탄소, 메탄, 수증기 등은 지구를 따뜻하게 감싸 우리가 살기에 적당한 온도를 유지시켜 주는 온실기체이다. 이 기체들은 지표면에서 방출되는 지구 복사 에너지 일부를 흡수하여 온실효과를 일으킨다. 이러한 온실기체가 없다면 지구의 기온은 -18℃로 떨어져 우리가 살기에는 너무 추워질 것이다. 그러나 지금은 그 양이 필요 이상 증가하여 지구의 기온이 과도하게 올라가는 현상인 지구온난화의 주범으로 지목되고 있다. 온실기체(溫室氣體) 혹은 온실가스는 태양에서부터 들어오는 가시광선은 통과시키고 지면에서 복사된 적외선의 복사열을 흡수하여 대기 중 기온을 높이는 역할을 하는 기체를 뜻한다. 기후위기 대응을 위한 탄소중립·녹색성장 기본법 제2조 제5호는 "적외선 복사열을 흡수하거나 재방출하여 온실효과를 유발하는 대기 중의 가스 상태의 물질로서 이산화탄소(CO2), 메탄(CH4), 아산화질소(N2O), 수소불화탄소(HFCs), 과불화탄소(PFCs), 육플루오린화황(SF6) 및 그 밖에 대통령령으로 정하는 물질"로 정의하고 있다. 지구온난화와 온실가스 문제를 해결하기 위한 방안들을 살펴보고자 한다.

1) 신재생에너지 혁명

신재생에너지(new renewable energy)는 기존의 화석연료를 재활용하거나 재생 가능한 에너지를 변환시켜 이용하는 에너지로 태양에너지, 지열에너지, 해양에너지, 바이오에너지 등이 있다. 인구 증가와 산업발전 등으로 화석연료에 대한 수요가 늘고 있어 자원의 고갈과 함께 국제 가격이 상승하는 등 문제가 심각하게 나타나고 있다. 더불어 화석연료가 지구온난화를 일으키는 원인으로 인식되면서 그 사용량이 많은 국가에게는 불이익을 주는 등 화석연료의 사용을 줄이려는 움직임이 활발해지고 있는 것이다.

신재생에너지 발전량은 2021년 세계 신재생에너지 설비가 계속 가동되면서 (풍력 +93GW, 태양광 +133GW) 꾸준한 증가세(풍력 +16%, 태양광 +23%)를 이어갔다. 해상 풍력 발전량은 중국(+17GW)의 영향으로 2021년(+21GW)에 대비 약 56GW로 3배 이상 증가했다. 세계경제의 회복과 전기 수요의 회복으로 인한 화력 발전, 특히 석탄 화력 발전의 급증에도 불구하고 세계 전력 믹스에서 풍력과 태양열이 차지하는 비중은 2021년이 2010년 대비 다시 10.7%(+8.4pt) 더 증가했다. 예년과 마찬가지로 중국은 신재생에너지 발전량의 증가(태양광 53GW 및 풍력 +14GW)와 풍력 및 태양광 발전량의 증가(태양광 37%, 풍력 +29%)의 대부분을 차지했으며, 이는 2010년 이후 전력 믹스(+11pt)의 12%를 차지한다. 적극적인 신재생에너지 정책과 기술 비용의 하락은 미국(전력 믹스의 +16~13%), 호주(전력 믹스의 +26~20% 이상), 인도(전력 믹스의 +17~8%), 일본(전력 믹스의 +14~12%)의 발전량과 풍력 및 태양광 점유율 향상에 기여했다. 역풍 조건은 유럽연합의 풍력 발전 감소와 한국의 저성장으로 이어졌지만 태양광 발전량 증가는 전력 믹스에서 풍력과 태양광이 차지하는 비중을 유럽연합이 19%, 한국이 5%로 유지하는 데 기여했다. 풍력 및 태양광의 비중은 브라질과 멕시코(2010년 이후 +12pt)에서도 지속적으로 증가하고 있지만 러시아, 사우디아라비아, 남아프리카공화국, 콜롬비아 같은 대형 화석연료 생산국 및 아프리카에서는 여전 미미한 수준이다.

그림 2-15 국가별 풍력 및 태양광/열 발전량 비중

국가 별 내역 (Mtoe) ⓘ

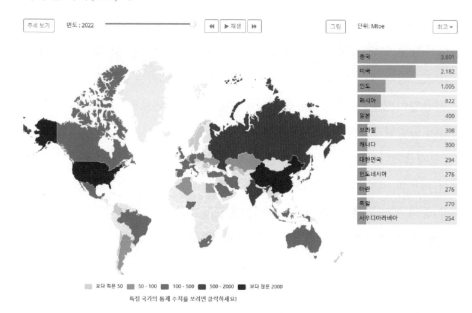

참조: 세계 에너지 및 기후 통계 2022년 연감, 2023

▶ **신재생에너지의 특징으로는,**

① 신재생에너지는 화석연료와 달리 재생이 가능하기 때문에 고갈되지 않는다.

② 오염물질이나 이산화탄소 배출이 적어 환경 친화적이다.

③ 화석연료에 비해 비교적 전 지구상에 고르게 분포한다.

④ 발전소를 건설할 때 자연환경의 영향을 많이 받는다.

⑤ 개발 초기에 투자비용이 많이 들고, 경제성이 낮은 편이다.

신재생에너지라 불리는 우주태양광발전 등이 급물살을 타고 있다. 미국과 영
국 등 선진국들은 본격적으로 연구개발(R&D)에 나서고 있다. 중국, 유럽, 일본

등 2030년대 상용화 계획을 발표했으며, 한국은 아직 초보 단계이지만 상당한 '원천기술'을 확보하고 있어서 적극적으로 연구개발에 나서야 한다는 목소리가 높다. 언제 어디서나 '무선 충전'할 수 있는 에너지 혁명이 빨라지고 있다. 지구를 오가거나, 달·화성을 탐사할 때 가장 큰 고민거리는 에너지 공급이라고 한다. 그런데 언제 어디서나 무선으로 전력을 충전 받을 수 있다면 어떨까? 먼 미래 기술인 줄로만 알았던 우주태양광발전이 예상보다 빠른 속도로 실용화될 전망이라고 한다.

영국은 "위성에 설치된 태양광 패널을 이용해 전력을 생산해 지구로 송신하는 기술은 영국 에너지 안보를 증대시킬 수 있는 거대한 잠재력이 있다"라면서 "이 새로운 우주 경쟁에서 승리하면 영국은 전력공급 방식을 바꿔 다음세대(Next Generation)를 위해 더 저렴하고 깨끗하며 안전한 에너지를 제공할 수 있을 것"이라고 말했다. 2021년 발표된 공식 보고서에서 영국 정부는 2050년까지 10기가와트(GW)의 전력을 매년 우주에서 생산해서 사용할 수 있을 것으로 분석했었다. 이는 현재 영국 전체 전력 수요량의 4분의 1에 해당한다. 이에 영국 정부는 지난해 3월 스페이스 에너지 이니셔티브(Space Energy Initiative) 컨소시엄을 구성해 카시오페이아(CASSIOPeiA) 태양광발전 위성 개념을 개발하고 있다. 저궤도에 4~5개의 상대적으로 작은 규모의 발전위성을 띄워 비용을 절약하되 효율성을 높이는 방식이다.

미국도 드디어 움직이기 시작했다. 미 하원 과학우주기술위원회는 2023년 6월 14일 미 항공우주국(NASA)과 에너지부(DOE) 간 핵심 연구개발(R&D) 협력 과제 리스트에 우주태양광발전도 포함시키자는 수정안을 만장일치로 통과시켰다. 미국에서 현재 수준의 우주태양광발전 아이디어가 제기된 1970년대 이후 50여 년 만에 처음 있는 일이라고 한다. NASA 등 미국 정부·연구기관들의 관련 연구가 공식화·본격화될 전망이다. 사실 미국도 NASA와 국립해양대기국(NOAA) 등이 관련 원천기술들을 이미 상당수 확보하고 있는 것으로 잘 알려져 있다. 특히 NASA는 지난해 열린 국제우주개발회의(ISDC)에서 우주태양광발전에 대한 가치평가 연구를 시작했다고 밝힌 바 있다.

일본도 발 빠르게 움직이고 있다. 2023년 5월 말 일본의 우주태양광발전 연구 민관 협력 프로젝트는 이르면 2025년 우주 전력 송수신 실험을 위한 소형 위성들을 개발해 발사할 예정이라고 밝혔다. 일본은 2000년대부터 이미 관련 원천기술을 개발해왔다. 2015년엔 일본 우주항공연구개발기구(JAXA)가 50m 이상 떨어진 거리에서 1.8kW 크기의 전력을 무선 전송해 전기 촛불 1개를 점화하는 실험에 성공한 적이 있다. 일본 정부는 2030년대 약 70억 달러를 투자해 1GW급 우주태양광발전 위성을 쏘아 올려 실용화한다는 계획이다.

중국은 이미 가장 앞선 나라로 국가 차원에서 적극적으로 추진 중이다. 지난해 완공한 자체우주정거장 '톈궁'에서 2028년까지 전력 전송기술을 시연·개발하고 있다. 2035년까지 10메가와트(MW)급 위성을 고도 3만 6000km의 정지궤도에 발사하고, 2050년까지는 2GW급을 실용화할 계획이다. 이 밖에 유럽우주청(ESA)도 지난해 12월 '솔라리스' 계획을 승인해 2040년까지 2GW급 우주태양광발전소를 상용화한다는 목표를 세웠다.

한국은 아직 초보 단계지만 상당한 원천기술을 확보하고 있다. 한국전기연구원(KERI)이 무선 전력 송·수신 개발에 착수해 4.8kW급 전력을 100m까지 보내는 데 성공했으며, 한국항공우주연구원(KARI)과 함께 위성 무선 전력 송수신 시스템을 설계해 지난해 프랑스 파리에서 열린 국제우주개발행사에서 시연해 보이기도 했다. 한국항공우주연구원은 2029년까지 소형 위성 2개를 제작해 우주에서 전력 송·수신 기술을 시연한다는 목표이다. "고용량의 반도체 기반 무선 전력 송수신 체계에 대한 기술은 한국이 세계 최고의 수준"이라며 "우주 시연을 위해 필요한 기술을 개발해 왔고, 현재 위성에서 지상으로 전송하는 기술도 연구를 시작했다"라고 전했다.

2023년 10월! 각 기업의 경영전략실은 비상이 걸렸다. '탄감'에 대비해야 하기 때문이다. '탄감'이란 정부에서 탄소를 배출하는 기업들에 대해 대대적으로 실시하는 감사를 말한다. 여기서 탄소배출 기준을 지키지 못한 기업은 막대한 벌금을 물거나 영업정지 같은 엄격한 제재를 당하므로 기업들이 바짝 긴장하지 않을 수 없다. 한국은

2012년 5월 '온실가스 배출권 거래 및 할당에 관한 법률안'이 국회에서 통과돼 2015년부터 기업별로 온실가스 배출 허용량을 정한 뒤, 이를 초과한 기업은 초과한 양만큼 배출권을 사야 한다. 반대로 할당량보다 온실가스를 덜 발생시킨 기업은 그만큼 배출권을 팔 수 있다. (주)000 경영전략실의 홍부장은 요즘 좌불안석이다. 하루 종일 전자계산기를 두드려 보지만 답이 보이지 않는다. (주)000는 값싼 철광석을 수입가공해 부가가치가 높은 제철, 제강 제품을 만들어 전 세계에 수출하는 기업으로, 창사 이래 한 번도 불황을 겪어보지 않은 내실이 튼튼한 기업이었다. 그런데 몇 년 전부터 상황이 녹록지 않다. 온실가스 배출권을 너무 쉽게 보고 별 준비를 하지 않았는데 그게 부메랑이 되어 돌아온 것이다.

건설자재를 제조하는 중견기업 (주)000의 경영전략실 박부장은 콧노래가 절로 난다. 이런 사태를 예상하고 틈틈이 '신재생에너지'로 대체해 왔기 때문이다. 건설자재를 만드는 데도 석탄, 석유 등 많은 화석에너지가 필요하다. 그렇다고 한꺼번에 신재생에너지로 대체할 수는 없다. 처음 설치비가 많이 들기 때문이다. 박부장이 주목한 것은 첫 번째로 투명 '태양전지'였다. 투명 태양전지를 건물의 유리창에 설치하면 유해한 자외선을 차단하는 것은 물론 전기까지 생산할 수 있다. 두 번째는 태양광으로 물을 분해하는 수소제조기술, 세 번째는 공중풍력발전기였다. 이렇듯 태양에너지, 수소에너지, 풍력에너지를 이용해 기업에 필요한 에너지를 충당했으며, 점차 신재생에너지의 비중을 높여왔다. 처음에는 설치비가 비싸고 효율이 낮다고 반대하는 목소리가 많았지만 현재는 회사 전체 에너지 비용을 아끼는 것은 물론, 남는 온실가스 배출권을 고가에 팔아 높은 수익을 거두고 있다.

우주태양광발전은 대기 산란효과가 없고 24시간 발전이 가능하다. 지구 표면보다 8배 이상 효율이 높고, 전력 생산 과정에서 탄소를 배출하지 않는다. 무선 전력 송·수신을 통해 지구는 물론 달, 화성에서도 인프라 없이 전기를 보낼 수 있다는 것이다. 전쟁터나 재난 지역의 긴급 공급용으로도 최적이다. 가장 큰 문제점은 기술개발과 효율과 안전성, 비용 문제이지만 점점 실현 가능성이 커지고 있다. 우주 강국들이 최근 본격 투자에 나서기 시작한 이유이기도 하다.

2) 에너지 효율 극대화

에너지 효율(energy efficiency)은 에너지가 전환되는 과정에서 손실되는 에너지의 양이 어느 정도인지를 나타내는 것이다. 우리가 쓸 수 있는 에너지 자원의 양은 정해져 있으므로 에너지를 절약해 사용해야 한다. 에너지 효율이 높은 제품은 같은 일을 하기 위해 필요한 에너지의 양이 적다. 에너지 효율이 높은 제품을 쓰면 에너지를 절약할 수 있다. 에너지 효율을 표시하기 위한 에너지 소비 효율 등급 표시 제도가 있다. 전자제품마다 제품의 에너지 소비 효율을 1~5등급으로 구분하여 표시하고 있다. 에너지 소비 효율 등급의 숫자가 작을수록 에너지 효율이 더 높은 제품이다. 1등급에 가까운 제품일수록 연간 전기요금이 저렴하다. 1등급은 5등급 대비 약 30~40% 에너지를 절감할 수 있다. 따라서 소비자들은 에너지 소비 효율 등급 표시를 보고 에너지 효율이 높은 제품을 구입할 수 있을 것이다.

인공지능(AI)과 IoT 기술 융합한 에너지 효율 극대화 최신 기술들이 등장하고 있다. 기업 '놋츠(Notz)'는 AI 반자율 시스템으로 온실가스 약 153톤을 줄일 수 있다고 한다. 코엑스에서 열리는 AIoT 국제전시회 등에서는 개인생활, 공공·산업 분야의 AIoT 제품, 5G·AI·IoT 융합기술로 기업경쟁력 강화와 산업 활성화를 위해 마련되고 있다. 그중 에너지 절감을 위한 AI와 IoT가 결합한 기술 제품들이 돋보이기도 하고, 민간기업에서는 관련 기술을 선보이며 개발자들도 팔을 걷어붙이고 부스에서 직접 기술을 소개하기도 한다. 전 세계는 에너지 과소비 상태이다. 최근 각국에서 탄소절감을 위해 노력 중이고, 미국은 탄소국경조정세를 부과하는 '공정전환경쟁법'을 발의하기도 했다. 유럽연합(EU)도 2030년 유럽 온실가스를 55% 수준으로 감축한다는 '핏 포 55(Fit for 55%)'와 함께 '탄소국경조정제도' 입법안을 발표했다. 한국 정부도 2030년까지 온실가스 배출량을 2018년 대비 40% 감축하고, 2050년에는 '순배출량0 (Net-zero)'을 달성하겠다는 목표를 갖고 있다. AI를 결합한 에너지 효율 시스템 개발에 박차를 가한 정부와 기업의 노력이 엿보인다.

그림 2-16 에너지효율 등급 라벨

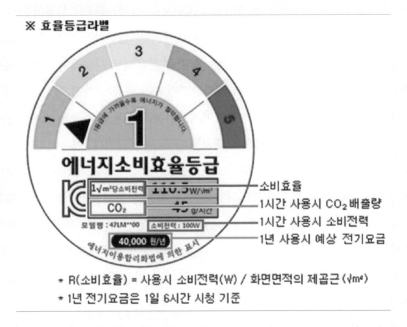

참조: 한국에너지공단, 2023

한국전자통신연구원(ETRI)에서는 건물, 가정, 공장 맞춤형 에너지 관리 시스템을 선보였다. 공공기업인 ETRI에서는 에너지 절감을 위한 '자율형 분산 에너지 관리 시스템(AdBEMS)'을 소개했는데, 이는 IoT데이터 기반인 인공지능을 사용해 만든 자율형 에너지 수요관리 기술이다. 기계학습으로 구역별 에너지 소비 패턴을 분석해서 냉난방, 조명 등을 최적화하는 기술이다. 건물에 사람이 없어도 작동 가능하다. 인공지능은 구역별로 에너지를 얼마나 소비할 건지 분석하고 예측해 관리할 수 있다. 예를 들어 평소에 구역A가 구역B보다 에너지를 많이 쓰는 식으로 분석됐다면, 에너지를 구역A에 몰아주는 식이다. 이는 무인으로 관리돼 편리성을 제공할 뿐만 아니라 에너지 절약이라는 강점이 있다. 이것은 구역별, 건물별, 커뮤니티별 에너지 수요관리 서비스에 효과적이며 향후 스마트 시티 구축에 확대 적용 가능하다.

또한 가정용 에너지 절약을 위한 기술인 '스마트홈 에너지 관리 통합 플랫폼'도 소개되고 있는데, 디지털 트윈(Digital twin)으로 가정 에너지 사용량을 실시간으로 측정하고 진단하는 기술이다. 디지털 트윈이란, 컴퓨터에 현실 속 사물의 쌍둥이를 만들어, 현실에서 발생할 수 있는 상황을 컴퓨터로 시뮬레이션 함으로써 결과를 미리 예측하는 기술이다. 특히 외부환경변화에 대응해 가전기기 에너지 소비율을 최고 10~15% 절감하는 것이 목표이며, "현재 인공지능 기술을 적용한 스마트홈과 이를 통한 에너지 관리 기술은 확보했다"라고 언급했다. 에너지가 많이 필요한 맞춤형 공장 에너지관리시스템(FEMS) 기술도 ETRI에서 소개했다. 해당 기술은 용해, 식품, 의약 공정 과정에 특화되었다. 인공지능을 통해 에너지가 많이 드는 영향을 분석한다. 현재 업종별로 약 12~15% 에너지 절감 달성이 목표다. 대규모 공정에서 기술을 검증한 후 중소규모로 확대 적용해 상용화할 예정이다.

전기요금 인상으로 전기에너지 비용 부담이 가중될 것으로 예고되고 있는 상황에서 지구온난화로 인한 이상 기온으로 여름 무더위도 기승을 부릴 것으로 예보되고 있다. 이런 가운데 LG전자, 삼성전자, 캐리에어컨, 에어컨 3사는 벌써 제품 자체의 성능 개선과 인공지능(AI) 기술까지 접목해 에너지효율을 극대화한 고효율 및 친환경 신제품을 속속 선보이며 소비자 공략에 나서고 있다.

'LG전자'는 보급형 라인업 포함해 신제품 전 라인업에 에너지 소비효율 1등급 제품을 추가했고 에어컨을 관리하는 자동 청정관리 기능이 더욱 강화된 신제품을 출시했다. 또 펫케어모드 기능을 적용해 실내 온도가 설정값에 도달하면 반려동물이 덥지 않도록 냉방을 켜주거나 LG 씽큐 앱을 통해 원격으로 에어컨을 가동할 수 있도록 알려준다.

'삼성전자'는 전 모델 에너지 소비효율 1~2등급 획득은 물론 일부 제품은 기존 1등급 제품보다도 냉방효율이 10% 더 높은 2023년 모델을 선보였다. 또한 스탠드 에어컨 전 라인업을 무풍 기능으로 운영하고, 에너지 특화 모델과 친환경·스마트싱스 기능 등 사용 편의성을 강화했다.

'폭스바겐코리아'가 2023년 6월 14일 국내 시장에 처음 선보인 전기차 ID.4는 올해 자동차 공학자가 뽑은 대한민국 최고의 전기차로 '2023 대한민국 스마트 EV 대상' 시상식에서 '종합 대상'을 차지했다. ID.4는 폭스바겐의 전기차 전용 플랫폼 'MEB'를 기반으로 만들어진 폭스바겐 최초의 순수 전기 SUV(스포츠유틸리티)다. 82kWh의 배터리를 장착한 ID.4는 1회 충전 시 405km라는 넉넉한 주행거리와 복합 기준 전비 4.7km/kWh를 확보했다. 특히 안정적이면서도 '에너지효율'을 높인 주행에 대해 좋은 평가가 나왔다.

3) 운송 분야 개선을 통한 환경보호

'운송 분야의 개선'이란 친환경적이고 효율적인 운송 시스템을 구축하여 에너지 소비와 환경 영향을 최소화하는 것을 의미한다. 자동차와 항공기 등 운송 수단의 친환경화가 중요하고, 전기 자동차, 수소 자동차 등의 저탄소 운송 수단을 보급하여 대중교통의 효율성을 높이는 노력을 해야 한다. 또한, 물류 및 운송 관리 시스템의 효율을 개선하여 배송 경로 최적화와 화물 공유 등을 통해 에너지를 절약할 수 있다.

A. 대중교통 확대

대중교통 수단의 이용을 촉진하여 개인 차량 이용을 줄이고 지하철, 전철, 버스, 전기 자전거 등을 개선하고 확장함으로써 대중교통의 편리성과 접근성을 높인다. 기후변화 문제는 전 세계적으로 큰 관심을 받고 있는 문제 중 하나이다. 온실가스 배출을 줄이기 위해 대중교통 확대는 중요한 전략적 대안으로 간주된다. 대중교통은 개인 차량 대비 탄소배출량이 훨씬 적다. 대중교통 수단인 전기기반 대중교통(전기 버스, 전철)을 이용하면 더욱 효과적인 배출 감소가 가능하다. 대중교통을 이용하는 것은 도로 교통 체증을 줄이는 데 도움이 된다. 개인 차량 대신 대중교통을 사용하면 도로 혼잡을 줄이고, 교통 체증으로 인한 차량대기 시간과 연료소비를 감소시킬 수 있다. 대중교통은 개인 차량에 비해 훨씬 적은 자원을 사용한다. 대중교통을 이용하면 도로 건설과 유지 보수에 필요한 자원을 줄일 수 있으며, 주차 공간의 수요도 감소한다. 대중교통 확대는 도시 계획과 개발에 긍정적인 영향을 미친다. 대중교통 인프라 개선은 도시 내 균형 있는 개발을 촉진하고 도시를 보다 지속가능한 방향으로 성장시킬 수 있으며, 경제적 이점을 제공할 수 있다. 대중교통 시스템은 고용을 촉진하고 교통비용을 개인에게서 도시로 분산시킴으로써 지역경제에 긍정적인 영향을 미칠 수 있다. 따라서 대중교통 확대는 온실가스 배출량 감소와 기후변화 완화를 위한 중요한 전략이다. 정부와 기업은 대중교통 인프라 개선, 전기기반 대중교통 보급, 탄소배출 관련 규제 및 장려책 등을 통해 대중교통 이용을 촉진시키는 노력을 지속적으로 추진해야 한다. 또한, 개인 차량을 대중교통으로 전환하는 인식 개선 및 교통 이용 편의성 향상에도 주목해야 할 것이다.

B. 친환경 차량 도입

친환경 차량인 전기 자동차, 수소 자동차 등을 보급하여 기존의 화석연료 자동차에 비해 낮은 배출량과 에너지 효율성을 가지도록 한다. 정부와 기업은 친환경 자동차의 생산 및 보급을 지원하고 충전 및 주유 인프라를 확충함으로써 사용 환경을 개선할 수 있다. 전기 자동차(Electric Vehicles, EVs)는 내연기관 대신 전기 모터를 이용하여 동력을 발생시키는 차량이다. 내연기관을 사용하지 않기 때문에 탄소배출량이 매우 낮으며, 더욱 깨끗한 전력원인 재생에너지를 사용한다면 온실가스 배출을 거의 줄일 수 있다. 수소 자동차(Hydrogen Fuel Cell Vehicles)는 수소와 산소의 반응을 통해 발생하는 전기에너지를 사용하여 동력을 발생시키는 차량이다. 운전 시에는 물방울만이 배출되며, 전기를 생산하는 과정에서도 무해한 물이 생성되기 때문에 온실가스를 거의 배출하지 않는다. 플러그인 하이브리드 차량(Plug-in Hybrid Vehicles, PHEVs)은 내연기관과 전기 모터를 결합한 형태로, 전기로 충전할 수 있는 배터리를 가지고 있다. 충전한 전기로 주행 시에는 온실가스 배출이 없으며, 내연기관을 사용하는 경우에도 연료 소비량과 탄소배출량이 대폭 감소된다.

C. 로지스틱스 최적화

로지스틱스 최적화는 기업 및 조직의 운송 및 공급망 전략에서 중요한 역할을 한다. 로지스틱스(상품 및 화물의 효율적인 운송, 저장, 재고관리, 정보 흐름 등을 포함한 공급망 전반의 관리를 의미)를 최적화하여 제품의 생산부터 소비자에게 도달할 때까지의 모든 활동을 조직하고, 정보기술을 활용한 물류관리 시스템을 도입, 빈차 운행을 최소화하고 물류 네트워크를 효율적으로 구성하여, 최적화한 원활한 공급망 운영을 가능하게 한다. 이러한 효율적인 로지스틱스 관리를 통해 에너지 절약과 온실가스 배출 감소를 실현할 수 있으며, 이는 기후변화에 대한 긍정적인 영향을 미친다. 효율적인 운송 경로 계획은 주행 거리를 최소화하고, 연료 소비를 줄여 온실가스 배출을 감소시킨다. 최신 기술과 알고리즘을 활용하여 운송 경로를 최적화하고 교통 체증을 피할 수 있다. 또한 운송 수단의 적재량을 최적화하여 여러 차량을 통합하고 공간 활용도를 높일 수 있다.

로지스틱스 최적화는 차량의 정기적인 유지관리와 최적화된 운전 습관을 통해 연비를 향상시키고 온실가스 배출을 줄이는 데에도 도움을 준다. 차량 엔진오일 교환, 타이어 압력 확인, 에어필터 교체 등의 정기점검은 차량의 효율성을 개선하고 에너지 소비를 최소화하는 데 도움을 준다. 또한 다른 운송 모드(도로, 철도, 해상, 항공) 사이의 조합을 최적화하여 에너지 효율성을 극대화한다. 긴 거리의 운송에는 철도 또는 해상 운송을 활용하고, 짧은 거리의 운송에는 도로 운송을 선택함으로써 연료 소비와 온실가스 배출을 줄일 수 있다. 다중 운송을 통해 효율적인 운송 노선을 구축하고 불필요한 운송을 피할 수 있다. 또한 실시간 데이터 모니터링과 분석을 통해 운송 성능을 개선하고 온실가스 배출을 줄이는 데에 기여한다. GPS 추적, 센서, 인공지능 기술을 활용하여 운송 과정을 모니터링하고 문제를 신속하게 파악하여 조치를 취할 수 있다. 또한 데이터 분석을 통해 향후 운송 계획을 최적화하고 예측 모델을 활용하여 효율적인 운송을 구현할 수 있다.

D. 스마트 도시 개발

기후변화 대응을 위한 온실가스 배출 감소 노력의 한 측면으로 스마트 도시 개발이 주목받고 있다. 스마트 도시는 정보기술을 활용하여 도시의 운송 시스템을 통합하고 최적화하는 개념이다. 실시간 정보 제공, 스마트 트래픽 관리, 자율주행 차량 등의 기술을 도입하여 교통 체증을 줄이고 운송 효율을 높인다. 스마트 도시 개발은 에너지 효율적인 건물 및 인프라 구축을 통해 온실가스 배출을 줄이는 데 기여한다. 건물 자동화 시스템, 스마트 그리드, 에너지관리 시스템 등을 통해 에너지 소비를 모니터링하고 최적화할 수 있으며, 재생에너지 도입과 연계하여 더욱 친환경적인 건물 운영이 가능하다.

스마트 도시는 대중교통 시스템을 개선하여 개인 차량 이용을 감소시키고 온실가스 배출을 줄이는 데 도움을 준다. 실시간 대중교통 정보, 스마트 티켓팅 시스템, 자동차 공유 서비스 등을 통해 효율적이고 편리한 대중교통 이용을 장려하고, 전기 자동차 충전 인프라 및 자율주행 기술 도입으로 스마트 모빌리티 시스템을 구축할 수 있다. 또한 녹지, 수문, 재활용 시설 등의 스마트 그린 인프라를 구축하여 친환경적인 환경을 조성한다. 스마트 센서와 모니터링 시스템을 통해 물, 에너지 및 자원 사용을 관리하고, 친환경적인 재활용 및 폐기물 처리 시스템을 구축하여 자원의 효율적인 활용을 촉진한다. 데이터 분석과 예측을 통해 에너지 사용 패턴, 교통 흐름 등을 파악하여 효율적인 운영 방안을 제시한다. 인공지능과 빅데이터 분석을 활용하여 에너지 소비를 최적화하고, 교통 혼잡을 예측하여 대중교통 운영을 개선할 수 있다. 이와 같이 스마트 도시 개발은 전략적인 도시계획과 정부의 지원을 필요로 한다. 정책 및 규제 개선, 공공 및 사적 부문의 협력, 기술혁신과 투자 등을 통해 스마트 도시 개발을 촉진하여 온실가스 배출 감소와 기후변화 완화에 기여할 수 있다.

E. 에코 드라이빙

운전자들에게 친환경 운전 습관을 실천하도록 유도하는 프로그램이다. 가속, 감속, 주행 속도 유지 등을 조절하여 연료 효율을 높이고 탄소배출을 줄인다. 에코 드라이빙은 연료 효율을 극대화하기 위한 운전 습관을 촉진한다. 급가속, 급제동, 고속 주행 등의 과격한 운전 행동을 피하고, 부드럽고 안정적인 가속과 감속을 실천함으로써 연비를 향상시킨다. 이는 연료 소비를 줄여 온실가스 배출을 감소시킨다. 스마트 기술을 활용하여 운전 습관을 모니터링하고 피드백을 제공한다. 예를 들어, 차량에 장착된 스마트 시스템은 가속, 감속, 속도 등을 분석하여 운전자에게 연비 향상을 위한 조언과 안내를 제공한다. 이러한 기술은 운전자의 인식을 개선하고 에코 드라이빙 습관을 형성하는 데 도움을 준다. 또한 정기적이고 적절한 차량 정비는 차량의 성능과 연비를 최적화하여 온실가스 배출을 줄이는 데 도움을 준다. 엔진 오일 교환, 타이어 압력 확인, 공기 필터 교체 등의 정비작업은 차량의 효율성을 유지하고 연비를 향상시킨다. 에코 드라이빙은 개인 차량 대신 대중교통이나 공유 이동수단을 활용하여 온실가스 배출을 줄이는 것도 포함한다. 대중교통을 이용하거나 공유 이동수단을 활용함으로써 개인 차량 사용을 최소화할 수 있으며, 이는 도시 교통 체증과 온실가스 배출을 감소시킨다. 개인 차량 운전자부터 전문 운송 기업까지 모두에게 적용할 수 있는 전략이다. 운전자들은 에코 드라이빙 습관을 실천함으로써 개인적으로 온실가스 배출을 줄일 수 있을 뿐만 아니라, 사회적으로도 기후변화 완화에 기여할 수 있을 것이다.

4) 환경보호를 위한 산업구조 변화

산업구조 변화는 기업들이 친환경적이고 지속가능한 경제모델로 전환하는 것을 의미한다. 기존의 환경 파괴적이거나 자원 소모적인 생산 방식을 개선하고, 친환경 기술 및 혁신을 도입하여 자원의 효율적인 활용과 환경보전을 추구한다. 또한 고객의 요구와 기술의 진보에 맞게 산업구조를 조정하고, 친환경 기술개발과 혁신을 통해 온실가스 배출을 줄이고, 지속가능한 경제성장을 이룰 수 있다. 기후변화를 완화하기 위해 온실가스 배출을 줄이는 노력은 글로벌 차원에서 중요한 과제로 인식되고 있다. 기업들은 친환경 기술을 연구개발하고 도입함으로써 생산 과정에서의 에너지 소비와 자원 사용을 최소화할 수 있으며, 친환경 기술은 에너지 효율을 향상시키고 온실가스 배출을 감소시킬 수 있는 재생 가능 에너지, 친환경 제조 공정, 재활용 기술 등을 포함하고 있다.

특히 지능형 그리드 시스템은 전력망의 혁신적인 발전 형태로, 전력 생산, 전력전달, 소비자의 에너지 사용 등을 통합적으로 관리하는 첨단 시스템이다. 이 시스템은 고급 정보기술 및 통신기술을 활용하여 전력망의 효율성과 신뢰성을 향상시키고, 에너지 흐름을 최적화하여 전력 생산 및 소비의 효율을 극대화하는 것을 목표로 하며, 다양한 요소들을 통합하여 운영된다. 이 시스템은 스마트 그리드, 분산 발전 시스템, 에너지 저장 기술, 센서 네트워크, 자동화 시스템 등 다양한 기술과 장치들을 포함하며, 이를 통해 전력 생산과 사용 사이의 정보 흐름이 원활하게 이루어져 전력망의 안정성과 신뢰성이 향상된다.

A. 생산 과정의 최적화

생산 과정에서의 자원 소모를 최소화하고 폐기물의 발생을 줄이는 방향으로 공정을 최적화한다. 고급 기술을 도입하여 생산 방식을 혁신하고, 재료의 효율적인 사용과 생산량 조절을 통해 자원 절약을 실현한다. 생산 시설에서 사용되는 에너지의 효율성을 개선하여 온실가스 배출을 줄일 수 있다. 이를 위해 생산설비의 업그레이드, 효율적인 열 회수 시스템 도입, 절전 장비 사용 등을 고려할 수 있으며, 또한 에너지 소비가 많은 단계나 공정을 식별하여 효율적인 에너지관리 방안을 도입할 수 있다. 생산 과정에서 사용되는 원자재의 소모량을 최적화하여 온실가스 배출을 줄일 수 있다. 이를 위해 생산 과정에서 원자재의 효율적인 사용 방법을 탐구하고, 재활용이 가능한 재료의 활용을 촉진할 수 있으며, 원자재의 선택과 공급 업체와의 협력을 통해 환경 친화적인 원자재를 선택할 수 있다. 또한 생산 과정에서 발생하는 온실가스 배출을 상쇄하기 위해 탄소중립 전략을 도입, 이를 위해 탄소 오프셋 프로그램에 참여하여 온실가스 배출을 상쇄하는 노력을 기울일 수 있다. 또한 재생에너지를 사용하거나 탄소 포집 및 저장 기술을 도입하여 생산 과정에서 발생하는 온실가스를 최소화할 수 있다. 그리고 생산 과정에서 발생하는 폐기물 및 오염물질은 환경오염과 온실가스 배출을 유발할 수 있다. 따라서 생산 과정에서 발생하는 폐기물을 효과적으로 처리하고, 수질 관리 및 폐기물 관리 체계를 개선하여 환경오염을 최소화하고 온실가스 배출을 줄이도록 하는, 기후변화에 대한 대응을 강화해야 한다. 기업들은 친환경 생산 방법을 탐구하고, 지속가능한 생산 과정을 도입함으로써 환경보호에 기여할 수 있을 것이다.

B. 제품수명 주기관리

기후변화를 완화하기 위해 온실가스 배출을 줄이는 노력 중 하나는 제품수명 주기관리이다. 제품수명 주기관리는 제품의 설계, 제조, 유통, 사용, 폐기까지의 전 과정을 포괄적으로 고려하여 친환경적인 제품을 생산하고 관리하는 것을 의미하는 것으로, 제품의 수명을 연장시키고 재사용과 재활용을 촉진함으로써 자원의 효율적인 활용을 이루어내고 환경 영향을 최소화한다. 제품의 설계와 생산 과정에서 환경 친화적인 요소를 고려할 수 있다. 제품을 내구성이 높고 수명이 긴 방식으로 설계하여 일회용 제품의 사용을 줄이고 폐기물 발생을 최소화할 수 있다. 또한 재생 가능한 자원을 사용하고 재활용이 가능한 소재를 활용하여, 자원 소모를 줄이고 에너지 효율성을 높일 수 있다. 제품의 유지 보수와 수리를 통해 수명을 연장할 수 있다. 정기적인 점검 및 유지 보수를 통해 제품의 성능을 최적화하고 잠재적인 결함을 조기에 발견하여 제품수명을 연장할 수 있으며, 또한 수리 가능한 부품을 사용하여 필요한 경우 부품 교체를 통해 제품의 수명을 더욱 연장시킬 수 있다. 제품의 사용이 끝난 후에도 재사용이 가능한 부품이나 제품을 재활용할 수 있도록 관리하여, 제품의 재사용 가능성을 고려하여 설계하고, 제품수명이 다한 경우에는 재활용을 위한 분리 및 처리 방법을 고려하여 폐기물을 최소화할 수 있다. 이를 위해 제품 회수 및 재활용 프로그램을 운영하거나 관련된 제품 재활용 시설과의 협력을 추진할 수 있다. 소비자에게 제품수명 주기관리의 중요성을 알리고 온실가스 배출을 줄이기 위한 선택을 장려할 수 있다. 소비자에게 제품의 수명 연장과 유지 보수의 중요성을 강조하고, 환경에 친화적인 제품을 선택하는 것에 대한 정보를 제공할 수 있다. 또한 인센티브를 제공하여 제품 재사용이나 재활용에 참여를 유도할 수 있다. 제품수명 주기관리는 환경보호와 자원절약에 기여하며, 온실가스 배출을 줄여 기후변화 완화에 도움을 준다. 이를 위해 기업, 정부 및 소비자 간의 협력과 인식전환이 절대적으로 필요하다.

5) 친환경 ISO 국제표준 인증과 규제 준수

기후변화를 완화하기 위해 온실가스 배출을 줄이는 노력으로 친환경 ISO 인증과 규제 준수가 중요한 역할을 한다. 기업들은 친환경 ISO 인증을 받거나 환경관리 시스템을 도입하여 친환경적인 생산과 경영을 실천하고, 또한 정부의 규제와 규범을 준수하고 환경 관련 법규를 준수함으로써 친환경적인 경영을 강화할 수 있다.

A. 친환경 ISO 인증

친환경 ISO 인증은 제품이나 서비스가 환경에 대한 영향을 최소화하고, 지속가능한 생산 방식을 따르는 것을 확인하는 절차이다. 제품의 수명주기 동안 온실가스 배출량, 에너지 효율성, 자원 소모량 등을 평가하여 인증을 받을 수 있다. 이러한 인증은 소비자에게 친환경 제품을 식별할 수 있는 지표가 되며, 기업에게는 친환경 생산 과정을 유지하고 개선하는 동기를 부여한다.

① 친환경 기준 확인

친환경 ISO 인증을 받기 위해 해당하는 친환경 기준과 규정을 확인해야 한다. 국제적으로 인정된 기준이나 국가별로 적용되는 규정 등을 파악하여 인증을 받고자 하는 분야에 적합한 기준을 확인해야 한다.

② 준비 및 기준 충족

친환경 ISO 인증을 받기 위해 필요한 조건과 요구사항을 충족하기 위해 준비 작업을 진행해야 한다. 예를 들어, 온실가스 배출량 감소, 재활용 및 재생 가능 에너지 사용, 환경관리 시스템 도입 등의 조치를 취할 수 있다.

③ 인증기관 선택

친환경 ISO 인증을 인증해 주는 기관을 선택해야 한다. 국제적으로는 ISO(국제표준화기구)의 인증이 인정받고 있으며, 각 국가에는 해당 국가의 인증기관이 존재한다.

④ 심사 및 검증

선택한 인증기관에 인증 신청을 하고, 해당 기관에서는 관련된 심사 및 검증 절차를 수행한다. 이는 기업이나 제품의 친환경성을 확인하기 위한 프로세스를 포함할 수 있다. 인증기관은 문서 검토, 현장 검사, 데이터 분석 등을 통해 인증의 유효성을 평가한다.

⑤ 인증 획득 및 유지

심사 및 검증 과정을 성공적으로 마치면 인증기관으로부터 친환경 인증을 받을 수 있다. 이후에는 정기적인 감사 및 재인증 절차를 통해 인증을 유지해야 한다.

친환경 ISO 인증은 제품, 서비스, 기업의 친환경성을 인증하고 확인하기 위한 절차이다. 인증을 받으면 친환경 제품 및 서비스에 대한 신뢰를 구축할 수 있으며, 소비자들에게 친환경적인 선택을 장려하고 기업의 환경관리에 대한 인식을 높일 수 있다.

B. 규제 준수

정부와 규제 기관은 기후변화에 대응하기 위해 환경보호 및 온실가스 배출을 관리하기 위한 규제를 시행하고 있다. 기업은 해당 규제를 준수하고 온실가스 배출을 줄이기 위한 노력을 기울여야 하며, 이를 위해 기업은 환경 규제 요건을 충족시키기 위한 시스템과 절차를 구축해야 하고, 또한 정부의 장려 방안이나 제재 조치에 대한 인식을 가지고 규제 준수에 적극적으로 참여해야 한다.

① 관련 법규 및 규제 파악

해당 산업이나 분야에서 적용되는 법규 및 규제를 철저히 파악해야 한다. 이는 국가 및 지역에 따라 다를 수 있으므로, 해당 규정을 이해하고 준수해야 한다.

② 내부 규정 및 정책 수립

기업 내부에서는 관련 법규와 규제를 준수하기 위한 규정과 정책을 수립해야 한다. 이는 내부 절차, 규정준수 책임자의 지정, 교육 및 훈련 등을 포함할 수 있다.

③ 조직의 인식과 교육

규제 준수를 위해서는 전 직원에게 해당 규정과 정책에 대한 인식과 교육이 필요하다. 이를 통해 직원들은 규제 준수의 중요성을 이해하고, 업무 수행 시에 규제를 준수할 수 있도록 할 수 있다.

④ 모니터링 및 감사

규제 준수를 위해 내부 모니터링 및 감사 체계를 구축해야 한다. 이를 통해 규제 준수 여부를 주기적으로 평가하고, 문제점을 식별하여 조치를 취할 수 있다.

⑤ 외부 자문 및 컨설팅

규제 준수를 위해서는 필요에 따라 외부 자문 및 컨설팅을 활용할 수 있다. 이를 통해 전문가의 도움을 받아 규제 준수 프로세스를 개선하고, 필요한 지원을 받을 수 있다.

⑥ 정기적인 업데이트 및 개선

규제는 시간과 함께 변화할 수 있으므로, 기업은 정기적으로 관련 규제 및 법규의 업데이트를 추적하고 이를 준수하기 위한 개선을 시행해야 한다.

규제 준수는 기업의 윤리적 책임과 법적 의무이다. 규제를 준수함으로써 기업은 법적 문제를 방지하고, 사회적 신뢰를 유지하며, 지속가능한 경영을 실현할 수 있다. 또한 규제 준수와 친환경 인증은 기업과 소비자 간에 환경보호의 중요성과 기후변화에 대한 인식을 공유하는 데 도움을 주며, 이를 통해 친환경 제품과 서비스의 수요가 증가하고, 기업들은 더욱 친환경적인 생산 방식을 채택하게 된다. 이는 온실가스 배출을 줄이고 지속가능한 미래를 위한 대응책을 제공하는 데 중요한 역할을 한다.

6) 친환경적인 대체 에너지 활용

환경의 보호는 우리에게 유용한 자원인 물, 대기, 토양 및 생물자원을 보존하는 데 도움을 준다. 지속가능한 자원 관리는 다음세대들이 지속적으로 자원을 이용하고 살아갈 수 있도록 보장하지만, 환경파괴는 이러한 자원을 고갈시키고 오염시키는 결과를 초래할 수 있으며, 이는 우리의 생활과 경제에 부정적인 영향을 미친다. 온실가스 배출, 산림 파괴, 지속할 수 없는 에너지 사용 등은 지구온난화와 기후변화를 가속화시킨다.

이러한 이유로 우리의 환경보호 및 지속가능한 개발은 온실가스 감축, 재생에너지 이용, 친환경적인 방식의 생산과 소비 등을 촉진하여 기후변화에 대응할 수 있는 환경적으로 지속가능한 사회를 구축하는 데 도움을 준다. 결국 환경보호는 우리 모두에게 중요한 과제이며, 지속가능한 개발과 환경보호를 추구함으로써 우리는 더 건강하고 행복한 미래사회를 구축할 수 있을 것이다.

대체 에너지 활용은 기존의 화석연료를 대체하여 친환경적이고 지속가능한 에너지원을 활용하는 것을 의미한다. 이를 통해 온실가스 배출을 줄이고 기후변화에 대한 영향을 완화할 수 있다. 온실가스 배출을 줄이기 위해선 화석연료 대신 재생 가능 에너지원인 태양, 바람, 수력, 지열 등 대체 에너지를 이용하는 것이 중요하고, 재생 가능 에너지 기술을 개발하고 보급하여 전력 생산, 열에너지 사용, 교통 등에서 화석연료 사용을 최소화해야 한다.

A. 태양 에너지

'태양광 발전'은 태양으로부터 얻은 에너지를 전기로 변환하는 방식이다. 태양광 패널을 설치하여 태양의 에너지를 직접 활용할 수 있으며, 인공 광을 이용한 태양열 발전도 가능하다. 태양 에너지는 지속가능하고 친환경적인 특징을 가지며, 전 세계적으로 널리 보급되고 있다. '태양열 발전 시스템'은 태양광을 직접 이용하여 전기를 생산하는 시스템이다. 태양광 전지판이 태양의 에너지를 흡수하고 이를 전기로 변환한다. 태양열 발전은 깨끗하고 지속가능한 에너지 생산 방법으로 인기가 있다. '태양열 열수집기'는 태양광을 통해 열을 수집하여 물을 가열하는 시스템이다. 이러한 시스템은 온수 공급을 위해 사용되며, 난방 시스템에도 활용될 수 있다. 태양열 열수집기는 가정이나 상업용 건물에서 에너지를 절약하는 데 도움이 된다. '태양열 냉각 시스템'은 태양열을 사용하여 냉각을 구현하는 시스템이다. 태양열을 이용하여 냉각기를 작동시키거나, 흡수 냉각기 등의 체계를 사용하여 냉각 효과를 얻을 수 있다. 이러한 시스템은 건물이나 산업 프로세스의 냉각에 사용될 수 있다. '태양열 집열기'는 태양광을 이용하여 열을 생산하는 기기이다. 집열기는 일반적으로 태양열을 이용하여 물을 가열하거나, 공기를 가열하여 공기 차단재를 통해 열을 저장하는 역할을 한다. 이는 난방 시스템이나 온수 공급에 사용될 수 있다. '태양열 원예'는 태양광을 이용하여 작물을 재배하는 시스템이다. 태양열을 효과적으로 활용하여 작물을 육성하고, 온실효과를 활용하여 재배환경을 조절한다. 이는 식량생산에 사용될 수 있으며, 농작물의 생산성을 높일 수 있다.

이외에도 태양 에너지는 다양한 방식으로 활용될 수 있다. 기술의 발전과 연구를 통해 더 많은 태양 에너지 활용 방법이 개발될 것으로 예상된다.

B. 풍력 에너지

'풍력 에너지'를 활용하는 방법 중 가장 일반적인 방법은 풍력 발전이다. 풍력 발전은 바람으로부터 얻은 운동 에너지를 전기로 변환, 바람의 힘을 이용하여 회전하는 발전기를 통해 전기를 생산하는데, 풍력 에너지는 지속가능하고 친환경적인 에너지원으로 인정받으며, 풍향과 풍속에 따라 발전량이 달라질 수 있다. '풍력터빈'은 바람을 이용하여 회전하는 날개를 가지고 있다. 바람이 터빈의 날개를 돌리면, 이 동력을 전기 발전기로 전달하여 전기를 생산한다. 풍력터빈은 단일 터빈으로 구성되는 경우도 있고, 풍력 발전소에서 여러 대의 터빈이 모여 발전을 수행하는 경우도 있다. '해상 풍력 발전소'는 바다나 해양 지역에 풍력 터빈을 설치하는 것을 의미한다. 해상에서의 바람은 일정하고 강력하여 풍력 발전에 적합하다. 해상 풍력 발전소는 더 많은 발전량을 생산할 수 있으며, 지상에 설치되는 풍력터빈보다 환경 영향도 상대적으로 적다. '마이크로 풍력 발전기'는 소형의 풍력 발전기로, 주로 개인이나 소규모 건물에서 사용된다. 이러한 발전기는 작은 크기의 터빈을 가지고 있어 바람이 불 때 전기를 생산할 수 있다. 주로 도시 지역이나 건물의 지붕에 설치되어 활용된다. '풍력 펌프'는 바람의 동력을 이용하여 물을 얻거나 물을 이동시키는 장치이다. 특히 농업이나 물 공급이 어려운 지역에서 농작물의 관개나 정수 작업에 사용된다. 바람의 동력을 활용하여 전기나 연료를 사용하지 않고도 효율적으로 물을 공급할 수 있다.

이외에도 풍력 에너지를 활용하는 다양한 기술과 방법이 개발되고 있다. 풍력 에너지는 지속가능하고 환경 친화적인 대체 에너지로 인정받고 있으며, 미래에 더 많은 발전이 기대된다.

C. 수력 에너지

'수력 에너지'를 활용하는 방법 중 가장 일반적인 방법은 수력 발전이다. 수력 발전은 물의 운동 에너지를 전기 에너지로 변환, 물의 힘을 이용하여 전기를 생산한다. 댐, 수력 발전소 등을 통해 물의 흐름과 중력을 이용하여 터빈을 회전시켜 전기를 생산하는 것이다. 수력 에너지는 지속가능하고 친환경적인 에너지원으로, 큰 규모의 수력 발전소부터 작은 수력 발전기까지 다양한 형태로 이용된다. '댐과 수력 발전소'는 대형 수로나 강을 이용하여 물의 운동 에너지를 수집하고 전기를 생산하는 시스템이다. 댐은 수문을 통해 물의 유입을 조절하며, 터빈과 발전기를 통해 물의 운동 에너지를 전기로 변환한다. 대형 수력 발전소는 대량의 전기 생산이 가능하며, 안정적인 에너지 공급을 제공한다. '소형 수력 발전기'는 작은 규모의 강 또는 운하 등에서 발전할 수 있도록 설계된 시스템이다. 흐르는 물의 에너지를 이용하여 작은 터빈을 회전시키고, 이를 통해 전기를 생산한다. 주로 농촌 지역이나 개인 가정에서 전력 공급을 위해 사용될 수 있다. '조류 발전'은 해류나 강의 조류를 이용하여 전기를 생산하는 방법이다. 특수한 터빈 시스템을 사용하여 조류의 에너지를 활용한다. 조류 발전은 지속적인 바람이 필요하지 않으며, 바다나 강의 조류는 상대적으로 안정적인 에너지 공급을 제공할 수 있다. '양수 발전'은 수위 차이를 이용하여 전기를 생산하는 방법이다. 높은 지점에서 물이 낙하하면서 터빈을 회전시키고, 이를 통해 전기를 생산한다. 양수 발전은 산간 지형이나 폭포, 댐 등에서 효과적으로 사용될 수 있다. '해양 히트펌프'는 바닷물의 온도 차이를 이용하여 에너지를 생산하는 시스템이다. 차가운 해수를 이용하여 냉각 작업을 수행하고, 열을 회수하여 난방이나 냉방을 위한 에너지로 사용한다.

수력 에너지는 지속가능하고 환경 친화적인 대체 에너지로 인정받고 있으며, 전 세계적으로 널리 사용되고 있는 에너지 형태이다.

D. 지열 에너지

'지열 에너지'를 활용하는 방법 중 가장 일반적인 방법은 지열 발전과 지열 난방이다. 지열 에너지는 지속가능하고 친환경적이며 연중 일정한 전력 공급이 가능하다. '지열 발전'은 지하에 저장된 열을 이용하여 전기를 생산하는 과정을 말한다. 지하에 위치한 열원인 지열 수화로 또는 지열 군락을 이용하여 지열 열을 추출한 후, 이를 이용하여 증기를 생성한다. 증기는 터빈을 회전시키고, 발전기를 통해 전기를 생산한다. 지열 발전은 지속적이고 안정적인 전력 생산을 제공하는 데 효과적이다. '지열 난방'은 지하의 지열 에너지를 활용하여 건물이나 주택을 난방하는 시스템이다. 지열 히트펌프를 사용하여 지하 수화로나 지열 군락에서 추출한 지열 열을 이용하여 공간을 난방한다. 이 방식은 지속적이고 안정적인 난방을 제공하며, 에너지 효율성도 높다. '지열 냉각'은 지열 에너지를 활용하여 건물이나 공간을 냉각하는 시스템이다. 지열 히트펌프를 사용하여 지하의 상대적으로 낮은 온도를 활용하여 냉각 작업을 수행한다. 이를 통해 에어컨이나 냉방 시스템에 필요한 에너지를 절약하고, 친환경적인 냉각을 실현할 수 있다. '지열 온천과 스파'는 지열 열을 이용하여 온천 또는 스파 시설을 운영하는 것을 의미한다. 지하에서 추출한 지열 열을 이용하여 물을 가열하고, 이를 온천 목욕탕이나 스파 시설에서 이용한다. 이는 관광 및 휴양 분야에서 많이 활용되는 지열 에너지의 활용 방식이다.

지열 에너지는 지하에 저장된 열을 활용하여 다양한 용도에 사용할 수 있는 지속가능한 에너지이다.

E. 해양 에너지

해양 에너지는 바다의 자연적인 현상과 운동 에너지를 활용하여 에너지를 생산하는 방식으로, 해양 파도, 조류, 염전 차이 등 바다의 자연적인 움직임을 이용하여 전기를 생산하는 기술이다. 해양 에너지는 지속가능하고 친환경적인 특징을 가지며, 더 많은 연구와 개발이 이루어지고 있다. '해상 풍력 발전'은 바다 위에 풍력터빈을 설치하여 바람의 운동 에너지를 전기 에너지로 변환하는 방식으로 일정하고 강력하여 풍력 발전에 적합하다. 해상 풍력 발전소는 대량의 전기를 생산할 수 있으며, 지상에 설치되는 풍력터빈보다 환경 영향도 상대적으로 적다. '해류 발전'은 바다의 조류를 이용하여 전기를 생산하는 방법이다. 특수한 터빈 시스템을 사용하여 조류의 운동 에너지를 활용한다. 조류는 일정한 운동성을 가지고 있어 지속적인 에너지를 제공할 수 있다. '파력 발전'은 파도의 운동 에너지를 전기 에너지로 변환하는 방식이다. 파력 발전은 파도 에너지를 수직으로 움직이는 장치를 통해 추출하고, 이를 회전 운동으로 전기를 생산하는 발전기에 연결한다. 바다의 파도는 지속적이고 예측 가능한 에너지를 제공하여 안정적인 발전이 가능하다. '열기 폐기물 발전'은 바다의 온도 차를 이용하여 전기를 생산하는 방식이다. 바다의 차가운 수와 따뜻한 수를 이용하여 열 교환 과정을 수행하고, 이를 이용하여 증발기와 컨덴서를 통해 수증기를 생성한다. 생성된 수증기는 터빈을 회전시키고, 발전기를 통해 전기를 생산한다.

'바다의 염도 차이를 이용한 발전'은 염도 차 발전이라고도 불리며, 염도 차이에 의한 역삼투(Reverse Electrodialysis) 과정을 통해 전기를 생성한다. 이 방식은 해수와 담수 사이의 염도 차이를 이용하여 양 이온과 음 이온 사이의 이동을 유도하고, 그 과정에서 이동하는 이온들의 전기적인 에너지를 수직으로 변환하여 전기를 생산한다. 염도 차 발전은 주로 해수와 강물이 만나는 입구 등 염도 차이가 큰 지점에서 활용될 수 있다.

해양 에너지는 굉장히 풍부한 자원으로, 지속적이고 예측 가능한 에너지 생산을 제공하여 대체 에너지 솔루션의 일부로 간주된다. 또한, 해양 에너지의 개발은 환경 친화적이며 탄소배출량을 감소시키는 데 도움을 줄 수 있다.

이러한 대체 에너지들은 지속가능한 에너지 공급을 위한 중요한 요소이다. 정부와 기업은 대체 에너지 개발과 보급을 촉진하기 위한 정책 조치와 투자를 진행해야 하며, 개인과 기업은 대체 에너지 소스를 적극적으로 도입하여 에너지 효율을 향상시키는 데 기여할 수 있다.

7) 친환경 소비와 재활용

'재활용(recycling)'은 말 그대로 특정 물품을 다시 사용하는 것, 원자재에서 가공한 1차 생산물을 한 번 사용하고 난 뒤 재처리 과정을 거쳐 본래의 용도 혹은 다른 용도로 다시 사용할 수 있도록 만드는 것이다. 일반적으로는 더 이상 사용할 데가 없는 일명 쓰레기를 재활용하는데, 쓰레기 중에서 병과 종이, 플라스틱 등 재가공 및 재사용이 가능한 물건들을 재활용 가능 물품의 범주로 취급한다. 재활용 및 재사용은 기후변화 완화를 위한 온실가스 배출 감소 노력의 중요한 부분이다.

A. 리사이클링(재활용, recycling)

'재활용 및 재사용'은 새로운 제품을 생산하기 위해 필요한 자원을 줄여준다. 재활용은 사용된 재료를 수집, 정제 및 가공하여 새로운 제품으로 재생시키는 과정을 말한다. 재사용은 제품이나 포장재를 초기 목적과는 다른 방식으로 사용하는 것을 의미한다. 이를 통해 새로운 원료를 채굴하고 가공하는 과정에서 발생하는 에너지 소비를 줄일 수 있다. '폐기물 처리'는 많은 양의 온실가스를 배출하는 주요 원인 중 하나이다. 재활용을 통해 폐기물을 처리하지 않고 재생 가능한 자원으로 활용하면 폐기물 처리 시설의 에너지 소비와 온실가스 배출을 줄일 수 있다. 새로운 제품을 만들기 위해서는 원료 채굴, 가공, 운송 등의 과정에서 상당한 양의 온실가스가 발생한다. 그러나 재활용과 재사용을 통해 이러한 과정을 피할 수 있고, 따라서 탄소배출량을 줄일 수 있다. '재활용 및 재사용'은 자연 자원의 보존과 환경보호에도 기여한다. 새로운 자원을 채굴하고 가공하는 과정에서 생태계 파괴와 생물 다양성 감소 등의 부작용이 발생할 수 있다. 하지만 재활용과 재사용은 이러한 부정적인 영향을 최소화하고 자연환경을 보전하는 데 도움을 준다. 정부, 기업 및 개인은 재활용 및 재사용을 적극적으로 채택하여 기후변화에 대응하는 데 기여할 수 있다. 적절한 폐기물 분리수거 체계, 재활용 시설 개선, 제품 디자인의 지속가능성 고려 등이 필요한 조치이다. 또한 소비자들은 제품을 재사용하고 재활용하며, 환경 친화적인 제품을 선호하는 등 개인적인 선택에서도 중요한 역할을 할 수 있다.

인류가 생활하면서 여러 물품을 만들어 내고 사용하고 있지만 엄밀히 따져보면 이 모든 물품들은 무에서 유를 창조한 것이 아니고 기존에 지구상에 존재하는 자원들을 인류의 입맛에 맞추어서 가공한 것에 불과하다. 물품을 쓰다 보면 더 이상 사용하지 못하게 되는 순간이 오는 것처럼 자원 또한 무한히 존재하지 않는다. 이대로 계속 가다간 언젠간 지구상의 모든 자원이 소모되며, 그러면 인류는 새로운 자원을 찾거나 대체재를 찾아 나서야 할 것이다. 그리고 이런 식으로 자원을 버리면서 뒤처리를 제대로 하지 않으면 환경오염 문제도 유발된다. 미래 모습을 그려 낸 대중매체에서 묘사하는 '지구의 자원이 다 고갈되어서 우주로 나아가는' 혹은 '자원이 다 고갈되어서 남은 자원을 놓고 인류끼리 다툼을 벌이는' 모습이 언제까지나 상상 속의 일로만 존재하지는 않는다는 것이다.

대체제를 찾는 연구는 지금도 계속되고 있지만 아직 기존 자원들을 완벽히 대체할 만한 대체품은 거의 없는 상태이며, 그전까지 자원을 '아껴 쓰기' 위한 일환으로 시작된 행동이 재활용이다. 한국에서 1990년대 진행되었던 일명 '아나바다(아껴 쓰고, 나눠 쓰고, 바꿔 쓰고, 다시 쓰자) 운동'에도 재활용(재사용)의 이념이 포함되어 있다.

B. 프리사이클링(사전 재활용, precycling)

프리사이클링은 '미리'를 뜻하는 접두사 '프리(pre)'와 재활용을 뜻하는 '리사이클링(recycling)'의 합성어로 가정이나 기업에서 폐기물을 줄이자는 것으로, 물건을 구매하기 전부터 환경을 미리 생각하여 과도한 포장 금지와 최대한 폐기물을 줄이는 소비를 하자는 행위이다. 프리사이클링의 개념은 1988년 소셜 마케팅 책임자인 모린 오로크가 버클리 시의 공공 폐기물 교육 캠페인에서 만든 것으로, 절감(reduce)과 재사용(reuse), 재활용(recycle)을 강조하고 있다. '리사이클링(recycling)'은 폐기물을 단순히 재활용하는 것이고, '업사이클링(upcycling)'은 단순 재활용의 차원을 넘어서 새로운 가치를 창출하는 제품으로 재탄생시키는 것이다. '프리사이클링'은 한 걸음 더 나아가 쓰레기 배출 자체를 최소화하고자 하는 움직임이라고 하며, 일회용품 사용량의 폭발적인 증가로 폐기물 증가가 사회적 문제로 대두되면서 프리사이클링에 대한 사회적 관심도 더욱 증가하고 있다.

프리사이클링의 사회적 관심 증가로 관공서, 종교시설, 카페 등에서 일회용 컵 대신 다회용 컵 사용 실천이 늘어나고 있는 추세이다. 일회용품과 비교하였을 때 다회용 컵은 생산, 폐기과정에서 더 큰 환경부하가 발생하지만, 다회용 컵은 반복사용 횟수가 증가할수록 온실가스 배출 저감 효과가 뚜렷해지면서 환경개선 효과도 증가한다. 다양한 재질의 다회용 컵 중 환경호르몬이 나오지 않는 BPA FREE 소재를 사용하는 얼싱팩의 리리드컵(reread cup)은 100회 이상 사용이 가능하여 자원 선순환생태계를 구축하는 프리사이클링 실천 사례이기도 하다.

C. 업사이클링(새활용, upcycling)

재활용의 상위호환 개념이라고 보면 된다. 재활용처럼 어떤 물건에서 자원을 뽑아내서 다시 사용하는 수준이 아니라 디자인을 추가하여 전혀 새로운 가치를 만들어 내는 것을 의미한다. 예를 들어 시계의 톱니바퀴가 있을 때 그것을 다른 시계에 넣어서 다시 사용하는 것이 재사용이고, 그것을 원료로 되돌려서 다시 제품을 만드는 데 사용하는 것이 재활용이라면, 그것을 반지의 장식품으로 만드는 것이 업사이클링이다. 사실상 사람의 상상력이 허용되는 범위라면 무엇이든지 업사이클링이 가능하다는 것이다.

ISO 국제표준과
ESG 실전 가이드

ISO 국제표준을 활용한 ESG 경영

ESG 경영을 위해 중소벤처기업에서는 E(환경), S(사회적 책임), G(지배구조) 각 분야별 성과지표관리에 어려움을 겪고 있다. 이를 보완하기 위해서는 국제표준에 해당하는 ISO 인증 제도를 활용해 ESG 각 분야별로 필요한 인증을 획득하고, 이들 인증의 요구사항들을 충실히 이행하는 것도 ESG 성과지표를 체계적이고 주기적으로 관리하는 한 가지 방법이 될 수 있다. 또한 국제표준을 획득한 ISO 인증은 기업경영 활동에 유리한 환경과 조건으로 작용할 수 있는데, 해외 업체들과의 거래와 정부지원사업 신청 시 가점 요인이 될 수 있기 때문이다. 따라서 기업 자체적으로 ESG 성과지표를 만들어 관리하는 것이 어렵다면, ISO 국제표준 인증 제도를 적극적으로 활용하는 것이 좋은 방안이 될 수 있다.

ESG는 근대적 의미의 기업이 탄생한 산업혁명 시기부터 꾸준히 제기되어 온 기업경영의 주제이다. 'E'에 해당하는 환경경영은 18세기 산업혁명 초기에도 중요한 문제로 인식되었고, 1960년대부터 관심이 높아져 1990년대에 본격적으로 지구온난화, 폐기물 문제가 제기되었다. 'S'에 해당하는 인권경영, 노동존중, 공정거래, 소비자 보호, 지역사회 발전기여도 산업혁명 시기부터 시작되었다. ESG의 개념을 포함한 '지속가능발전'에 대한 논의는 UN을 비롯한 국제기구에서 오래전부터 이어져 왔다. 1948년 UN인권선언이 체결되었고, 1972년 설립된 UNEP(United Nations Environment Program, 유엔환경계획)는 기업의 환경경영과 국제사회의 환경문제 해결을 주도하고 있다. 1993년 조직된 EU(유럽연합)는 설립 초부터 기업의 사회, 환경적 책임을 EU의 법률과 규정에 반영해 ESG 경영과 평가에 영향을 미치고 있으며, 1998년 ILO(International Labor Organization, 국제노동기구)가 발표한 노동의 기본원칙과 권리는 노동권 존중의 기본 틀을 제공하고 있다. 이후 2006년 UN사회책임투자원칙 발표, 2010년 ISO(세계표준기구)의 사회책임가이드 라인 ISO26000 발표, 2015년 UN의 SDGs(지속가능발전목표) 발표, 2015년 파리기후협약, 2020년 다보스 세계경제포럼의 '이해관계자 자본주의' 실천 선언 등 지속가능한 발전을 위한 국제사회의 끊임없는 노력으로 지금의 ESG 경영의 틀이 갖추어지게 된 것이다.

특히, UN의 사회책임투자원칙에 약 2,000여 개 자산운용사, 수탁기관은 ESG 이슈를 투자분석, 투자의사결정에 반영하고, 투자 대상 기업으로부터 ESG 정보공개를 요구한다는 내용에 서명한 바 있다.

ESG 경영은 과거 재무적 성과만을 판단하던 관점에서 벗어나 기업이 환경문제, 사회문제 등에 관심을 갖고 지속가능성을 제고해야 한다는 경영철학을 담고 있다. 또한 ESG 경영은 표면적으로 착한 기업을 말하는 것 같지만, 결과적으로 보면 기업이 가진 숨은 리스크를 찾아내고, 기업의 가치를 지속가능한 방향으로 발전시키는 것이라 볼 수 있다. 글로벌 1위 자산운용사인 블랙록의 최고경영자 래리 핑크는 2020년 연례서한에서 환경(E)·사회(S)·지배구조(G) 요인을 자산운용에 적극 반영하고, 화석연료 관련 매출이 25%를 넘는 기업은 투자 대상에서 제외하겠다고 밝혔다. 국내 기업들도 2025년부터 자산 2조원 이상의 상장사에 ESG 공시를 의무화하고, 2030년부터 모든 코스피 상장사로 ESG 공시를 의무화할 예정이다. 점차 ESG 경영이 기업의 가치평가 기준으로 자리 잡아가고 있는 것이다.

ESG는 기업들의 경영 및 투자의 표준으로 떠오르고 있는 비재무적 요소를 의미한다. 국제적으로 ESG 평가가 확산되고 새로운 경영패러다임으로 등장하면서 국내에서도 ESG 경영은 기업의 선택이 아닌 필수사항이 되고 있다. ESG 경영을 이행하기 위해서는 ESG 평가지표 준비도 중요하지만 기존에 통용되고 있는 ISO 국제표준, 유엔지속가능발전목표, GRI(국제 지속가능 보고 기준) 등 글로벌 표준과 가이드라인에 대한 이해가 필요하다. 특히 ESG 평가지표가 객관성과 신뢰성을 확보하기 위해서는 국제적 합의로 제정된 ISO 국제표준 활용이 좋은 대안이 될 수 있다. ESG 경영과 관련 있는 각 분야별 대표적인 국제표준 ISO 인증을 살펴보면, 먼저 환경(E) 분야에서는 ISO14001(환경경영시스템), ISO50001(에너지경영시스템)이 있다. 사회(S) 분야에서는 ISO45001(안전보건경영시스템), ISO27001(정보보호경영시스템)이 있으며, 지배구조(G) 분야에서는 ISO37001(반부패경영시스템), ISO 37301(준법경영시스템) 등을 들 수 있다.

그림 3-1 ESG 지표와 ISO 인증 비교

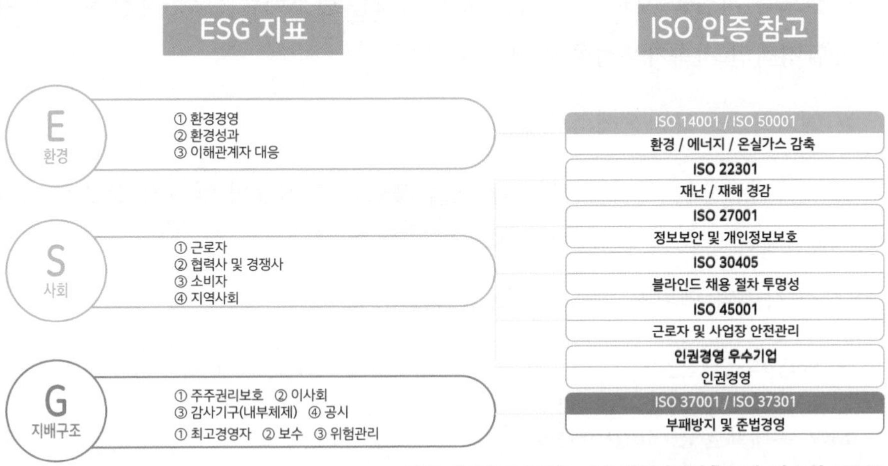

참조: 한국표준협회, 중소벤처기업진흥공단 연수원, 2023

안전보건경영과 준법경영시스템이 관련된 국제표준은 ISO45001(안전보건경영시스템)과 ISO37301(준법경영시스템)이다. ISO45001은 사업장에서 발생할 수 있는 각종 위험을 예방해 안전보건을 체계적으로 관리하기 위한 요구사항을 규정하고, 안전보건경영시스템 구축 및 안전사고를 예방해야 한다. ISO37301은 조직의 효과적인 규정준수와 관리를 위한 지침으로, 준법경영을 수행함으로써 법규위반에 대한 손실을 최소화할 수 있다. 국제표준이 ESG 대응을 위해 다른 대안보다 쉽게 접근할 수 있는 가이드가 될 수 있는 것이다.

ESG 경영은 위험요인인 동시에 기회요인이기도 하다. 사회적 책임과 환경대응 등 ESG 경영 과제에 보다 적극적으로 대처함으로써 기업들과 산업을 선진화하고 신기술을 개발해 새로운 시장개척 및 글로벌 경쟁력을 확보할 수 있을 것이다.

1) E(Environment, 환경)와 ISO 국제표준

▶ 환경적 영향 최소화

ISO 국제표준은 환경관리 시스템을 구축하여 기업이 환경적 영향을 최소화할 수 있도록 지침을 제공한다. 이를 통해 기업은 탄소배출 감소, 자원 효율성 향상 등 환경적인 지속가능성을 달성할 수 있다.

▶ 에너지 효율과 재생에너지 활용

ISO 국제표준은 에너지관리 시스템을 포함하여 기업이 에너지 효율을 개선하고 재생에너지를 적극적으로 활용하는 방법을 안내하는데, 이를 통해 기업은 온실가스 감축과 에너지 비용절감을 실현할 수 있다.

▶ 환경 리스크 관리

ISO 국제표준은 기업이 환경적인 리스크를 식별하고 효과적으로 관리할 수 있는 방법을 제시하고 있고, 또한 기업은 환경 사고예방 및 재난 대응 능력을 강화하여 환경적 위험을 최소화할 수 있다.

2) S(Social, 사회)와 ISO 국제표준

▶ 사회적 가치창출

ISO 국제표준은 사회적 책임경영을 강조하여 기업이 사회적 가치를 창출하는 효과가 있고, 기업은 사회적 요구사항을 충족시키고 사회적 이슈에 대한 적절한 대응을 통해 지속가능한 사회 기여를 실현할 수 있다.

▶ 이해관계자 관리

ISO 국제표준은 이해관계자들과의 상호작용과 관리를 강조한다. 기업은 이해관계자들의 다양한 요구와 기대에 부응하고, 투명성과 개방성을 강조하여 신뢰 관계를 형성할 수 있다.

▶ 인권과 노동권 보호

ISO 국제표준은 인권과 노동권 보호를 중요한 가치로 인정한다. 기업은 인권을 존중하고 노동권을 보호하기 위한 적절한 정책과 절차를 마련함으로써 사회적 공정성을 유지할 수 있다.

3) G(Governance, 지배구조)와 ISO 국제표준

▶ 투명성과 책임성 강화

ISO 국제표준은 기업의 거버넌스 체계를 강화하여 투명성과 책임성을 확보하는 방법을 안내하는데, 이를 통해 기업은 효율적인 의사결정과 윤리적인 경영원칙을 준수함으로써 객관성과 신뢰도를 향상시킬 수 있다.

▶ 부패방지와 윤리준수

ISO 국제표준은 부패방지와 윤리준수를 강조하며, 기업은 부패에 대한 강력한 대응과 윤리적인 경영원칙을 준수하여 투명하고 정직한 조직문화를 형성할 수 있다.

▶ 리스크 관리와 합법 준수

ISO 국제표준은 기업이 리스크를 적절하게 관리하고 법적 요구를 준수하는 방법을 안내한다. 기업은 합법적인 운영과 비즈니스 리스크를 최소화하여 거버넌스의 효과성을 높일 수 있다.

ISO 국제표준을 활용하여 ESG 경영에 대응하는 것은 기업의 지속가능성과 사회적 가치창출을 강화하는 데 도움이 된다. ISO 국제표준은 환경, 사회, 거버넌스 측면에서 기업이 지속가능경영을 실현하는 데 중요한 도구이다. ISO 국제표준을 활용하여 기업은 환경적 영향 최소화, 사회적 가치창출, 거버넌스 강화 등의 목표를 달성하며, 이는 기업의 지속가능성과 사회적 영향력을 향상시킬 수 있다. 따라서 ISO 국제표준을 적용하고 준수함으로써 ESG 경영에 대응하는 것은 기업에게 다양한 혜택을 제공하고 사회적 신뢰를 구축하는 데 이바지할 수 있다.

ESG 경영 & ISO 국제표준 역할의 상관성

ESG는 기업의 지속가능성과 사회적 영향을 측정하는 세 가지 관점에서 기업을 평가, 분석하고 잘 경영하는 기업에 투자하는 'ESG 투자'에도 활용되고 있다. ESG 투자는 친환경적이고 윤리적이며 지배구조가 바람직한 기업에 투자하는 것을 의미한다. 또한 투자하는 기업을 선택할 때 이윤창출뿐만 아니라 사회에 미치는 영향도 함께 평가하며 미래세(future generation)를 위한 투자라고 볼 수 있다. ESG를 각 항목별로 좀 더 세부적으로 정리해 보면 다음과 같다.

환경(Environment)에 해당하는 세부 항목들에는 기후변화 및 탄소배출, 대기 및 수질오염, 생물의 다양성, 폐기물 관리, 동식물 보호, 토지이용, 신재생에너지, 원자재 채굴, 환경 관련 법 규제 위험, 재활용 등이 있다. 기업이 친환경적인 생산, 판매, 경영을 전개한다면 우리 사회 전체에 큰 도움이 될 것이다.

사회(Social)에 해당하는 세부 항목들에는 고객만족, 데이터 보호 및 프라이버시, 성별 및 다양성, 직원참여, 인권, 노동기준 등이 있다. 사회적 책임이 투자에 있어 중요한 이유는 기업이 지속적인 성장을 하기 위해서는 지속적 이윤획득이 가능한 환경이 필요하기 때문이다. 사회적 책임경영은 단순한 기부활동이 아닌 기업이 활동하는 물리적·사회적 환경을 적극적으로 책임지고 관리하는 것을 의미한다.

지배구조(Governance)에 해당하는 세부 항목들에는 이사회 구성, 감사위원회

구조, 실적 악화로 직결되는 불상사의 회피, 부패 정도, 임원 성과, 보상 및 정치 기부금과 내부고발제도 등이 있다. ESG 평가를 위해 ESG와 ISO의 개념과 역할의 상관성을 살펴보면 〈표 3-1〉과 같다.

표 3-1 ESG 경영과 ISO 개념과 역할 비교

주제	ESG 경영	ISO
1. 지속가능한 경영	환경, 사회, 거버넌스 측면에서 지속가능한 경영 추구	지속가능한 경영의 지침과 프레임워크 제공
2. 통합된 접근	다양한 영역을 종합적으로 다룸	품질, 환경, 안전, 거버넌스 등 종합적으로 다룸
3. 위험 관리와 기회 식별	환경, 사회, 거버넌스적 위험 식별 및 관리	위험 관리 접근법과 프로세스 제공
4. 이해관계자 관리	이해관계자들과의 관계 적극 관리	이해관계자 관리 접근법 제공
5. 성과 측정과 보고	경제, 환경, 사회적 성과 측정 및 보고	성과 측정과 보고에 관한 가이드라인 제공
6. 사회적 영향력과 가치 창출	사회적 가치 창출과 사회적 영향력 극대화	사회적 영향력 고려와 사회적 요구 충족
7. 관리 체계의 구축과 개선	체계적인 접근 방식으로 관리 체계 구축 및 개선	관리 체계 구축과 지속적인 개선 지원
8. 국제 표준화와 비교 가능성	국제적인 표준과 지침을 활용하여 비교 가능성 확보	국제적으로 인정받는 표준화 기구의 지침 제공
9. 신뢰와 신용도 강화	신뢰성과 신용도 강화를 통한 평판 향상	국제적으로 인정받는 표준화 기구의 인증 제공
10. 지속가능한 성장과 경쟁력 강화	지속가능한 성장과 경쟁력 확보를 위한 지원	ESG 요소를 통한 지속가능성과 경쟁력 강화를 지원

▶ 지속가능한 경영

ESG 경영은 기업이 환경, 사회, 거버넌스 측면에서 지속가능한 경영을 추구하는 것을 의미한다. ISO 국제표준은 기업이 지속가능한 경영을 실현하기 위한 구체적인 지침과 프레임워크를 제공하여 ESG 경영의 핵심 원칙과 목표를 달성할 수 있도록 돕는 역할을 한다.

▶ 통합된 접근

ESG 경영은 기업의 경영전략과 운영에 ESG 요소들을 통합하여 사회적 가치창출과 지속가능한 성과를 추구하는 것이다. ISO 국제표준은 품질, 환경, 안전, 거버넌스 등 다양한 영역을 종합적으로 다루며, 기업이 ESG 요소들을 통합적으로 관리하고 개선하는 데 도움을 준다.

▶ 위험관리와 기회 식별

ESG 경영은 기업이 환경적, 사회적, 거버넌스적 위험을 식별하고 관리하는 것을 강조한다. ISO 국제표준은 위험관리 접근법과 프로세스를 제공하여 기업이 ESG 관련 위험을 식별하고 기회를 발견하여 지속가능한 성과를 창출하는 효과가 있다.

▶ 이해관계자 관리

ESG 경영은 기업이 이해관계자들과의 관계를 적극적으로 관리하고 이들의 요구사항을 충족시키는 것을 강조한다. ISO 국제표준은 이해관계자 관리 접근법을 포함하여 기업이 이해관계자들의 기대와 요구를 이해하고 반영하는 프로세스를 구축할 수 있도록 한다.

▶ 성과측정과 보고

ESG 경영은 기업의 경제, 환경, 사회적 성과를 측정하고 보고하는 것을 강조한다. ISO 국제표준은 성과측정과 보고에 관련된 가이드라인을 제공하여 기업이 투명하고 정확한 정보를 제공하고, 외부 이해관계자들에게 ESG 성과를 공개하는 역할을 한다.

▶ 사회적 영향력과 가치창출

ESG 경영은 기업이 사회적 가치를 창출하고 사회적 영향력을 최대화하는 것을 목표로 한다. ISO 국제표준은 기업이 사회적 영향력을 고려하고, 사회적 요구사항을 충족하며, 지역사회와의 협력을 강화하는 프로세스를 구축하는 데 도움을 준다.

▶ 관리체계의 구축과 개선

ESG 경영은 기업이 ESG 요소들을 관리하기 위한 체계적인 접근 방식을 구축하고, 지속적인 개선을 추진하는 것을 강조하는데, ISO 국제표준은 관리체계 구축과 개선에 관한 지침과 원칙을 제공하여 기업이 ESG 경영을 지속적으로 향상시키는 것을 돕는다.

▶ 국제표준화와 비교 가능성

ESG 경영은 국제적인 표준과 지침을 활용하여 비교 가능한 성과평가와 보고를 강조하고, ISO 국제표준은 국제적으로 인정받는 표준화 기구의 지침을 제공하여 기업이 ESG 평가와 비교 가능한 정보를 제공할 수 있도록 한다.

▶ 신뢰와 신용도 강화

ESG 경영은 기업의 신뢰성과 신용도를 향상시키는 데 중요한 역할을 한다. ISO 국제표준은 국제적으로 인정받는 표준화 기구의 인증을 통해 기업의 ESG 경영 우수성을 인증할 수 있는 역할을 한다.

▶ 지속가능한 성장과 경쟁력 강화

ESG 경영은 기업이 지속가능한 성장과 경쟁력을 확보하는 데 도움을 주는데, ISO 국제표준은 기업이 ESG 요소들을 통합하고 개선하여 지속가능성과 경쟁력을 강화할 수 있도록 지원한다.

위의 설명들을 통해 ESG 경영과 ISO 개념과 역할이 서로 어떻게 상관성을 갖고 있고, 기업이 ESG 경영을 추진하며 ISO 국제표준을 활용하여 지속가능한 경영을 실현하는 데 어떻게 도움을 주는지를 이해할 수 있다.

ISO 국제표준과 ESG 경영 상관성 가이드

ESG 경영과 ISO 인증은 서로 다른 개념이지만, 기업의 지속가능성과 사회적 책임에 관련하여 상호 보완적인 관계를 갖고 있다. 간단하게 말하면 ESG 경영은 기업이 사회적 책임과 환경, 지배구조를 고려하여 경영하는 접근 방식이고, ISO 인증은 국제표준에 따라 기업의 경영방식을 인증하는 프로세스이다. 아래에서 이 두 개념의 상관관계를 살펴보자.

▶ ESG 경영과 ISO 인증의 공통 목표

ESG 경영과 ISO 인증은 모두 기업이 지속가능한 경영을 추구하고, 사회적 책임을 수행하며, 환경에 대한 책임을 지닌 투명하고 윤리적인 경영을 실현하기 위한 목표를 가지고 있다.

▶ ISO 인증으로서의 ESG 관련 인증

ISO는 ESG 경영의 한 측면을 다루는 인증도 있다. 예를 들어, ISO 14001은 환경관리 시스템에 대한 국제표준으로, 기업이 환경 영향을 관리하고 개선하는 데 사용된다. 이런 ISO 인증을 획득하면 기업의 환경경영 능력을 인정받을 수 있고, ESG 경영의 일부로서 간주될 수 있다.

▶ ESG 경영에서의 ISO 인증 활용

ESG 경영을 추구하는 기업은 인증을 통해 기업의 환경, 사회, 지배구조에 대한 기준을 충족하는지 확인하는 데 ISO 인증을 활용할 수 있다. ISO 인증은 독립적이고 공정한 평가를 통해 기업의 ESG 관리 능력을 인증하기 때문에 이러한 인증을 통해 기업의 ESG 경영실천을 강화하고 투명성을 높일 수 있다.

요약하면, ESG 경영과 ISO 인증은 서로 다른 개념이지만, 두 가지 모두 기업이 사회적 책임과 지속가능한 경영 추구 기여에 사용된다. 기업은 ESG 경영과 ISO 인증을 함께 활용하여 사회와 환경에 대한 책임 있는 경영을 실천하고, 긍정적인 영향을 더욱 확대할 수 있다. 따라서 ESG 경영이 기업의 신뢰도와 투자 기준으로 부상하고 있는 가운데, ESG 기업가치 평가기준의 객관성과 신뢰성을 갖춘 ISO 국제표준 활용의 필요성이 주목받고 있는 것이다.

그림 3-2 ESG 경영과 평가대응을 위한 ISO-IEC 국제표준 100選 가이드

참조: 산업통상자원부 국가기술표준원, 한국표준협회, 2021

ESG 평가 대응을 위한 ISO 국제 표준 활용 12가지

표 3-2 ISO 국제표준의 주요 내용과 효과 & ESG 연관성

국제표준	주요 내용	효과	적용 대상	ESG 연관성
ISO 9001	품질관리 시스템에 대한 국제표준	품질개선, 고객만족도 향상, 프로세스 효율성 증대	모든 산업 부문	G-사회적 책임과 품질관리
ISO 14001	환경관리 시스템에 대한 국제표준	환경성과 개선, 환경 영향 감소	모든 산업 부문	E-환경 책임과 지속가능성
ISO 45001	건강 및 안전관리 시스템에 대한 국제표준	안전관리 개선, 사고예방 및 감소	모든 산업 부문	S-사회적 책임과 안전관리
ISO 22000	식품안전관리 시스템에 대한 국제표준	식품안전 확보, 위생 및 식품관리	식품 산업	E-환경 책임과 식품안전 관리
ISO 27001	정보보안관리 시스템에 대한 국제표준	정보보안 강화, 데이터 보호	모든 산업 부문	G-사회적 책임과 데이터 보호
ISO 37001	부패방지 관리 시스템에 대한 국제표준	부패방지, 윤리적 경영	모든 산업 부문	G-사회적 책임과 부패방지 관리
ISO 37301	국제표준으로서 뇌물방지 관리시스템 요구사항	뇌물방지, 윤리적 경영, 법규준수	모든 산업 부문	G-사회적 책임과 뇌물방지 관리
ISO 50001	에너지관리 시스템에 대한 국제표준	에너지 효율 개선, 에너지 사용 감소	모든 산업 부문	E-환경 책임과 자원 효율성

ISO 26000	사회적 책임 가이드라인에 대한 국제표준	사회적 책임 수립, 이해관계자 참여 증대	모든 조직 및 기업	ESG-사회적 책임 및 이해관계자 관리
ISO 31000	위험관리에 대한 국제표준	위험식별, 평가 및 관리	모든 조직 및 기업	ESG-환경, 사회 및 거버넌스 관리와 위험 관리
IATF 16949	자동차 품질관리 시스템에 대한 국제표준	품질개선, 고객만족도 향상, 자동차 품질관리	자동차 산업	G-사회적 책임과 자동차 품질관리
ISO 13485	의료기기 품질관리 시스템에 대한 국제표준	의료기기 안전성, 품질 및 규정준수	의료기기 제조업체, 의료 기관, 협력업체 등	G-사회적 책임과 의료기기 품질관리
ISO 22301	업무 지속성관리 시스템에 대한 국제표준	재해대응 및 업무중단 관리	모든 산업 부문	G-사회적 책임과 업무지속성 관리
ISO 14064	온실가스 감축 및 온실가스 관리에 대한 국제표준	온실가스 감축, 탄소발자국 관리	모든 산업 부문	E-환경 책임과 탄소발자국 관리
ISO 19011	감사활동의 지침과 원칙에 대한 국제표준	내부 및 외부감사 지침	모든 조직 및 기업	G-거버넌스와 감사 활동
ISO 20121	이벤트 지속가능성 관리 시스템에 대한 국제표준	이벤트 지속가능성, 환경 및 사회적 영향 고려	이벤트 산업, 이벤트 기획자, 주최자 등	G-사회적 책임과 지속가능한 이벤트 관리

ESG(Environmental, Social, and Governance) 평가대응을 위해 ISO 국제표준을 활용하는 것은 기업의 지속가능한 경영 및 사회적 책임과 역할을 수행하는 데 도움이 될 수 있다. ISO 국제표준은 ESG 경영분야에서 최선의 실천방법과 프레임워크를 제공하여, 기업이 ESG 경영환경을 측정하고 개선할 수 있도록 지원하는 역할을 할 수 있을 것이다.

1) ISO 9001 품질경영시스템과 ESG 경영

표 3-3 ISO 9001 품질경영시스템 & ESG 경영과의 연관성

ISO 9001 품질경영시스템			ESG 경영과의 연관성
주요 내용	**효과**	**적용 대상**	
품질관리 시스템 구축	제품 및 서비스의 품질향상	모든 산업 및 조직	사회적 책임, 제품품질, 고객만족
프로세스의 문서화와 관리	프로세스의 일관성 및 효율성 증대	기업 및 조직 내의 모든 프로세스	작업 효율성, 자원 효율성, 지속가능한 운영
위험관리	잠재적인 위험의 식별, 평가 및 관리	모든 산업 및 조직	비즈니스 리스크 관리, 환경 및 사회적 영향 관리
고객 요구사항 충족	고객만족 및 신뢰 구축	모든 산업 및 조직	제품품질, 고객서비스, 윤리적 고객 대우
지속적인 개선	프로세스 및 성과의 지속적인 개선	모든 산업 및 조직	지속가능한 성과개선, 환경 및 사회적 영향 최소화
외부 인증 및 인정	외부 인증기관에 의한 인증 및 인정	기업 및 조직의 선택적인 요구사항	공증된 품질 및 성능, 신뢰성, 고객 신뢰도, 윤리적 운영

▶ 품질관리 시스템 구축

ISO 9001의 요구사항을 기반으로 조직 내 품질관리 시스템을 구축하여 효율적이고 표준화된 운영을 실현하여 기업은 품질관리 능력을 향상시키고 고객에게 신뢰와 만족을 제공함으로써 경쟁력을 강화할 수 있다.

▶ 프로세스의 문서화와 관리

프로세스를 명확하게 문서화하고 이를 관리하여 일관된 품질수준을 유지하고 지속적인 개선을 위한 기반을 마련하여 기업은 효율성과 일관성을 향상시키고 고객에게 신뢰할 수 있는 제품과 서비스를 제공할 수 있다.

▶ 위험관리

ISO 9001의 위험관리 접근 방법을 활용하여 조직 내의 위험을 식별, 평가하고 적절한 대응을 계획하고 추진하여 품질과 조직의 안정성을 향상시킴으로써 기업은 잠재적인 위험을 줄이고 운영의 안정성과 신뢰성을 강화할 수 있다.

▶ 고객 요구사항 충족

ISO 9001은 고객 요구사항을 이해하고 충족하기 위한 프로세스를 강조하여 기업은 고객만족도를 향상시키고 긍정적인 이용자 경험을 제공하여 고객과의 관계를 강화하고 충성도를 높일 수 있다.

▶ 지속적인 개선

ISO 9001은 PDCA 사이클을 통해 지속적인 개선을 강조하여 조직은 품질관리 시스템을 통해 성과를 모니터링하고 개선 기회를 도출하여 지속적인 품질향상을 추구함으로써 기업은 효율성과 혁신성을 높이고 경쟁우위를 유지할 수 있다.

▶ 외부 인증 및 인정

ISO 9001 인증을 획득하여 외부에서 인정받는 품질관리 시스템을 구축하고 이를 통해 기업은 신뢰성과 신뢰도를 높이며, 인증을 통한 외부 인정을 통해 기업 이미지와 입지를 향상시킬 수 있다.

위 방법들을 통해 ISO 9001을 활용하여 ESG 평가에 대응할 수 있으며, 기업은 지속가능한 경영과 사회적 책임을 강화할 수 있다.

2) ISO 14001 환경경영시스템과 ESG 경영

| 표 3-4 | ISO 14001 환경경영시스템 & ESG 경영과의 연관성 |

ISO 14001 환경경영시스템			ESG 경영과의 연관성
주요 내용	효과	적용 대상	
환경관리 시스템 구축	환경성과 및 지속 가능성 향상	모든 산업 및 조직	환경적응, 지속가능한 운영, 사회적 책임
환경측면의 위험 식별 및 관리	환경적 위험 감소 및 사고예방	모든 산업 및 조직	환경 리스크 관리, 안전 및 건강, 지속가능한 운영
법규준수 및 규제 요구사항	환경 관련 법규와 규제 준수	모든 산업 및 조직	환경규제 준수, 사회적 책임, 지속가능한 경영
지속가능한 자원 사용	에너지 및 자원의 효율적 사용	모든 산업 및 조직	자원 효율성, 환경보전, 지속 가능한 운영
환경성과 모니 터링 및 보고	환경성과 추적, 평가 및 외부 공개	모든 산업 및 조직	환경성과 보고, 투명성, 사회적 책임, 지속가능성
이해관계자 협력 강화	환경 이해관계자와 의 협력 강화 및 의사소통	모든 산업 및 조직	이해관계자 관리, 사회적 영향, 지속가능한 경영
지속적인 개선	환경적인 성과 및 운영개선	모든 산업 및 조직	지속가능한 성과개선, 환경관리, 사회적 책임

▶ 환경관리 시스템 구축

조직은 ISO 14001 국제표준을 통해 체계적인 환경관리 시스템을 구축하여 환경적 영향을 종합적으로 관리하고, 이를 통해 환경적 위험을 최소화하고 관련 법규와 규제 요구사항을 준수함으로써 기업의 환경관리 역량을 강화할 수 있다.

▶ 환경측면의 위험 식별 및 관리

ISO 14001의 요구사항을 준수하여 조직은 환경측면에서의 위험을 체계적으로 식별하고 분석하며, 이를 통해 기업은 환경적 위험에 대한 사전 대비와 대응을 진행하여 평가에서의 우수한 성과를 얻을 수 있다.

▶ 법규준수 및 규제 요구사항

ISO 14001은 환경적인 법규와 규제 요구사항을 준수하는 것을 지원하고, 조직은 해당 요구사항을 충족하여 환경 책임과 규정준수에 대한 명확한 입증을 통해 비즈니스 리스크를 최소화하고 기업의 평판을 강화할 수 있다.

▶ 지속가능한 자원 사용

ISO 14001 국제표준을 활용하여 기업은 자원 사용의 효율성을 개선하고, 지속가능한 자원 관리를 실현하여 비용절감과 자원 보전에 기여함으로써 경제적 이점을 얻을 수 있다.

▶ 환경성과 모니터링 및 보고

ISO 14001의 요구사항에 따라 기업은 환경성과를 체계적으로 모니터링하고 외부에 보고함으로써 투명성을 제고하고, 이를 통해 기업의 지속가능성과 환경 책임에 대한 신뢰성을 향상시킬 수 있다.

위의 방법들을 통해 ISO 14001 국제표준을 활용하여 ESG 평가에 대응함으로써 기업은 환경관리 능력을 강화하고, 비즈니스 리스크를 최소화하며, 경제적 이점을 얻을 수 있으며, 동시에 투명성과 신뢰성을 향상시켜 경영의 지속가능성을 보장할 수 있다.

3) ISO 45001 안전보건경영시스템과 ESG 경영

표 3-5 ISO 45001 안전보건경영시스템 & ESG 경영과의 연관성

ISO 45001 안전보건경영시스템			ESG 경영과의 연관성
주요 내용	효과	적용 대상	
직장 안전 및 건강관리 시스템을 구축하기 위한 국제 표준	작업자 안전 개선, 산업재해 감소, 법규 준수, 평판 향상	모든 조직 및 업종에 적용 가능	환경(E), 사회(S), 거버넌스(G) 측면에서 조직의 책임과 지속가능성 강화
작업환경 평가 및 위험분석	작업환경 개선, 사고 감소, 생산성 향상	모든 조직 및 업종에 적용 가능	사회(S) 측면에서 안전한 작업 환경 조성과 작업자 건강 촉진
조직의 리더십과 참여	안전문화 조성, 리더십 강화, 참여 촉진	모든 조직 및 업종에 적용 가능	사회(S), 거버넌스(G) 측면에서 조직의 리더십과 참여 확대
교육 및 인식 프로그램	작업자 교육 강화, 안전 인식 향상	모든 조직 및 업종에 적용 가능	사회(S) 측면에서 작업자의 교육과 안전 인식 제고
성과평가와 개선	작업환경 및 안전성과 모니터링, 지속적인 개선	모든 조직 및 업종에 적용 가능	사회(S), 거버넌스(G) 측면에서 지속적인 개선과 성과관리

▶ 직장 안전 및 건강관리 시스템을 구축

기업은 ISO 45001 국제표준을 활용하여 안전한 작업환경과 건강관리 시스템을 구축하고, 이를 통해 작업자의 안전과 건강을 보호하여 작업자의 만족도와 생산성을 향상시킬 수 있다.

▶ 작업환경 평가 및 위험분석

기업은 ISO 45001의 요구사항에 따라 작업환경을 평가하고 위험을 분석하여 작업자의 안전에 대한 위험을 최소화하고 사고 발생 가능성을 감소시킨다.

▶ 조직의 리더십과 참여

기업은 ISO 45001의 요구사항을 충족시키기 위해 리더십을 강화하고 조직 내의 참여를 촉진하여 안전문화를 조성하고, 작업자들의 안전과 건강에 대한 관심과 참여를 높일 수 있다.

▶ 교육 및 인식 프로그램

기업은 ISO 45001의 요구사항에 따라 작업자들에게 안전교육을 제공하고 안전 인식을 높이는 프로그램을 실행하여 작업자들이 안전한 작업환경을 인지하고 위험을 인식하며 안전한 행동을 취할 수 있도록 돕는다.

▶ 성과평가와 개선

기업은 ISO 45001의 요구사항에 따라 작업환경과 안전성의 성과를 모니터링하고 지속적인 개선을 추진하여 안전관리 역량을 향상시키고, 작업자 건강과 안전을 보호한다. 이를 통해 기업은 안전한 작업환경을 제공하고 사회적 책임을 다하는 데 기여할 수 있다.

따라서 ESG 평가에 대응하기 위해 ISO 45001 국제표준을 활용하는 것은 직장 안전과 건강관리에 대한 기업의 책임과 지속가능성을 강조하는 데 중요한 역할을 한다. ISO 45001을 통해 직장 안전과 건강관리 시스템을 구축하고, 위험을 분석하며 작업자의 안전교육과 인식을 강화하고 성과를 평가하여 지속적인 개선을 이끌어냄으로써 기업은 작업자의 안전과 건강을 보호하고, 사회적 책임을 충실히 이행하며 동시에 경제적 이점을 얻을 수 있다.

4) ISO 22000 식품안전관리시스템과 ESG 경영

표 3-6 ISO 22000 식품안전관리시스템 & ESG 경영과의 연관성

ISO 22000 식품안전관리시스템			ESG 경영과의 연관성
주요 내용	효과	적용 대상	
식품안전관리 시스템을 위한 국제표준	– 식품안전보장 – 위험관리 강화 – 법규준수	식품 관련 기업 및 조직	환경(E): 식품생산과 소비의 환경적 영향 감소 및 지속가능성
		식품 공급망 참여자	사회(S): 소비자 건강과 안전보장, 사회적 책임 수행
			거버넌스(G): 식품관리 시스템의 투명성과 책임성 강화

▶ **식품안전관리시스템 구축**

기업은 ISO 22000 국제표준을 기반으로 식품안전관리시스템을 구축하여 식품생산, 가공, 유통 과정에서 안전성을 보장하고 위험을 관리한다. 이를 통해 식품안전 문제로 인한 리스크를 최소화하고 사회적 신뢰성을 강화할 수 있다.

▶ **위험분석과 관리**

ISO 22000은 위험분석과 관리를 강조하여 기업이 식품생산 과정에서 발생할 수 있는 위험을 식별하고 적절한 대응을 계획한다. 이를 통해 식품안전성을 향상시키고 사고와 사회적 문제 발생 가능성을 줄일 수 있다.

▶ **법규준수 및 규제 요구사항**

ISO 22000은 기업이 식품 관련 법규와 규제 요구사항을 준수해야 함을 강조한다. 이를 통해 기업은 법적 책임을 준수하고 사회적 기대에 부응하며, 법적 분쟁 및 규제 위반으로 인한 비용을 감소시킬 수 있다.

▶ 이해관계자 협력 강화

ISO 22000은 이해관계자의 참여와 협력을 중요시한다. 기업은 이해관계자와의 소통을 강화하고 식품안전과 관련된 이슈를 공유하며 사회적 요구에 부응한다. 이를 통해 기업의 지속가능성을 향상시키고 이해관계자와의 신뢰를 구축할 수 있다.

▶ 식품안전성 성과 모니터링 및 보고

ISO 22000은 기업이 식품안전성 성과를 모니터링하고 보고하는 것을 강조한다. 기업은 식품안전성에 대한 성과지표를 설정하고, 이를 정기적으로 평가하여 향상시키는 데 기여한다. 이를 통해 기업은 고객의 요구에 부응하고 투명성을 제고하여 사회적 신뢰를 구축할 수 있다.

따라서 ESG 평가에 대응하기 위해 ISO 22000 국제표준을 활용하는 것은 식품안전관리시스템을 구축하고 위험을 분석하며 법규준수와 이해관계자 협력을 강화하며, 식품안전성 성과를 모니터링하고 보고하는 것을 통해 기업은 식품안전과 관련된 사회적 책임을 이행하고 지속가능성을 추구할 수 있다. 이로써 기업은 식품안전 문제를 예방하고 고객의 신뢰를 확보하여 사회적 신뢰성과 경제적 이점을 얻을 수 있다.

5) ISO 27001 정보보안관리시스템과 ESG 경영

표 3-7 ISO 27001 정보보안관리시스템 & ESG 경영과의 연관성

ISO 27001 정보보안관리시스템			ESG 경영과의 연관성
주요 내용	효과	적용 대상	
정보 보안관리 시스템을 위한 국제표준	- 정보자산의 보안 보장: 기밀성, 무결성, 가용성 유지 - 위험관리 강화: 위협 및 취약점 식별 및 대응 - 법규준수: 관련 법률, 규제 준수	모든 조직 및 산업 부문	환경(E): 정보보안을 통해 자원낭비와 오염, 에너지 소비 등의 환경적 영향 감소 및 지속가능성 강화

	– 비즈니스 연속성 향상: 사고 및 재해 시 업무 중단 최소화 – 사고대응 능력 강화: 사이버공격 등의 위험에 대한 대비 및 대응		사회(S): 개인정보 보호 및 고객 신뢰 강화, 사회적 안전성 보장
정보 보안관리 시스템을 위한 국제표준	– 고객신뢰도 향상: 개인정보 및 비즈니스 정보보호	모든 조직 및 산업 부문	
	– 규제 요구사항 준수 및 법적 책임 충족: 개인정보보호법, 개인정보보호법 시행령 등 규정준수 – 비용절감: 보안사고로 인한 비용 감소 – 리스크 감소: 정보보안 위험관리를 통한 비즈니스 리스크 감소		거버넌스(G): 정보보안 시스템의 투명성과 책임성 강화

▶ **정보자산 보호 강화**

ISO 27001을 적용하여 기업은 정보자산의 보안을 강화하고 기밀성, 무결성, 가용성을 유지함으로써 사회적 책임을 수행하고, 이를 통해 개인정보 보호, 사이버 위협 대응 등을 강화하고 정보유출 및 사고로부터 회사와 이해관계자들을 보호할 수 있다.

▶ **위험관리 강화**

ISO 27001은 위험관리 접근 방식을 적용하여 기업은 정보보안 위협과 취약점을 식별하고 대응책을 마련함으로써 ESG 측면에서의 리스크를 감소시키고, 사회적 신뢰도를 높이고, 기업의 지속가능성을 강화할 수 있다.

▶ **법규준수와 규제 요구사항 충족**

ISO 27001은 관련 법률과 규제 요구사항을 준수하도록 지침을 제공하는데, 기업은 개인정보보호법, 개인정보보호법 시행령 등과 같은 규정을 준수함으로써 사회적 책임을 이행하고 법적 분쟁의 위험을 감소하는 데 효과가 있다.

► 이해관계자 신뢰 확보

ISO 27001의 적용을 통해 기업은 정보보안과 관련된 이슈에 대해 투명하게 소통하고 이해관계자들과의 신뢰 관계를 구축할 수 있다. 이를 통해 고객과의 신뢰도를 높이고 사회적 요구에 부응하는 기업 이미지를 구축할 수 있다.

► 경제적 이점

ISO 27001의 적용은 기업에 비즈니스적 이점을 제공하는데, 정보보안 사고로 인한 비용 감소, 비즈니스 연속성의 향상, 비즈니스 리스크 감소 등을 통해 경제적 이익을 창출할 수 있다. 또한 ESG 평가에서 우수한 정보 보안관리를 보여줌으로써 투자자와 협력 파트너들의 관심을 끌고 유리한 경쟁우위가 확보된다.

따라서 ESG 평가에 대응하기 위해 ISO 27001 국제표준을 활용하는 것은 정보자산 보호 강화, 위험관리 강화, 법규준수와 규제 요구사항 충족, 이해관계자 신뢰 확보, 경제적 이점 창출 등의 다양한 방법을 통해 기업은 사회적 책임을 수행하고 지속가능한 경영을 추구할 수 있다. 이를 통해 기업은 정보보안과 관련된 리스크를 감소시키고 고객의 신뢰를 확보하여 사회적 신뢰도와 경제적 이익을 얻을 수 있다. 또한, ISO 27001의 적용은 ESG 평가에서 우수한 정보보안 관리를 보여주어 투자자와 협력 파트너들의 관심을 끌고 지속가능성을 강조하는 시장에서 경쟁우위 확보가 가능하다.

6) ISO 37001 부패방지경영시스템과 ESG 경영

표 3-8 ISO 37001 부패방지경영시스템 & ESG 경영과의 연관성

ISO 37001 부패방지경영시스템			ESG 경영과의 연관성
주요 내용	효과	적용 대상	
부패방지를 위한 국제표준	– 부패 예방과 탐지 능력 향상: 부패 위험을 평가하고 탐지하는 절차 구현	모든 조직 및 산업 부문	거버넌스(G): 부패 예방 및 투명성 강화, 사회적 신뢰도와 지속가능성 증진

윤리적인 경영과 투명성 강조	- 기업 이미지 및 신뢰도 강화: 부패에 대한 강력한 대응을 통해 신뢰 구축	모든 조직 및 산업 부문	사회(S): 부패방지를 통한 공정한 경쟁환경 조성
부패 위험평가 및 대응 정책 구현	- 법적 요구사항 준수 및 벌금 회피 가능성 감소		환경(E): 윤리적 거버넌스와 투명성을 통한 사회적 신뢰 구축
외부 파트너와의 부패방지를 위한 협력 강화	- 이해관계자 신뢰 확보 및 리스크 감소		사회(S): 이해관계자 신뢰 확보를 통한 지속가능한 경영 실현

▶ ISO 37001 국제표준을 활용 부패방지 관리시스템을 구축

부패 위험을 평가하고 대응하는 절차를 도입함으로써, 기업은 부패에 대한 강력한 대응을 실시하고 신뢰를 구축할 수 있다. 이를 통해 기업은 ESG 평가에서 높은 점수를 얻을 수 있고, 사회적 신뢰도와 지속가능성을 증진시킨다.

▶ ISO 37001을 활용 윤리적인 경영과 투명성을 강조하는 정책과 절차를 수립

부패 예방을 위한 교육 및 인식 프로그램을 개발함으로써, 기업은 사회적으로 책임 있는 경영을 실현할 수 있는데, 이는 ESG 평가에서 기업의 우수한 경영 실천을 입증하고, 이해관계자들과의 신뢰를 구축하는 데 도움이 된다.

▶ ISO 37001 국제표준을 활용 외부 파트너와의 부패방지를 위한 협력을 강화

거래 및 협력 관계에서 윤리적인 원칙과 투명성을 준수함으로써, 기업은 ESG 평가에서 높은 평가를 받는다. 또한 이는 사회적 신뢰와 지속가능한 비즈니스 관계의 구축에 도움이 되며, 기업의 이미지와 신뢰도를 강화한다.

▶ ISO 37001 국제표준을 활용 부패 위험 평가 및 대응 정책을 구현

조직 내의 리더십과 참여를 강화함으로써, 기업은 부패에 대한 법적 요구사항을 준수하고 벌금 회피 가능성을 감소시킬 수 있다. 이는 ESG 평가에서 기업의 합법성과 법규준수를 입증하고, 기업의 리스크 관리 및 지속가능한 성장을 강화하는 데 도움이 된다.

▶ ISO 37001을 활용하여 부패 위험을 식별하고 예방

내부감사 및 성과평가를 수행함으로써, 기업은 지속적인 개선과 품질향상을 달성할 수 있고, 이는 ESG 평가에서 기업의 지속적인 개선 노력을 인정받고, 조직의 효율성과 경쟁력을 향상시킬 수 있다.

▶ ISO 37001 국제표준을 ESG 평가에 대응

기업은 부패방지를 위한 효과적인 관리시스템을 구축하고, 윤리적인 경영과 투명성을 강조하는 정책을 실현하고, 이를 통해 기업은 부패 예방과 탐지 능력을 향상시키고, 기업 이미지와 신뢰도를 강화하며, 사회적 신뢰와 지속가능성을 증진시킬 수 있다. 또한 ISO 37001을 적용하는 기업은 이해관계자들과의 신뢰를 확보하고, 공정한 경쟁환경 조성을 통해 경쟁우위를 제고할 수 있다. ISO 37001은 기업에게 ESG 경영의 핵심 원칙인 거버넌스(G), 사회(S), 환경(E)에 대한 관리와 투명성을 강화하는 데 도움이 된다.

7) ISO 37301 규범준수경영시스템과 ESG 경영

표 3-9 ISO 37301 규범준수경영시스템 & ESG 경영과의 연관성

주요 내용	효과	적용 대상	ESG 경영과의 연관성
부패관리 시스템을 위한 국제표준	– 윤리적 거버넌스 강화: 조직 내에서 윤리적인 경영과 거버넌스 실현	모든 조직 및 산업 부문	거버넌스(G): 윤리적 거버넌스 실현과 투명성 강화, 사회적 신뢰도와 지속가능성 증진
부패 위험관리 및 대응 절차 구현	– 부패 위험 최소화: 부패 위험을 탐지하고 대응하기 위한 절차 구현		사회(S): 부패방지를 통한 공정한 경쟁환경 조성
조직 내 외부 요구사항을 준수하는 프레임워크 제공	– 규정준수 및 평가 요구 준수: 외부 요구사항 준수 보장		환경(E): 윤리적 거버넌스와 투명성을 통한 사회적 신뢰 구축
부패관리 및 윤리 문화를 강화하는 교육 프로그램 개발	– 조직문화 개선: 부패관리와 윤리적인 행동에 대한 인식 향상		사회(S): 조직문화 개선을 통한 사회적 신뢰 구축

표 3-9 헤더: ISO 37301 규범준수경영시스템

▶ ISO 37301 국제표준을 활용하여 부패관리 시스템 구축

윤리적인 거버넌스와 투명성을 강조하는 방법을 도입함으로써 ESG 평가에 대응할 수 있는데, 이를 통해 기업은 부패 위험을 최소화하고 사회적 신뢰와 지속가능성을 강화할 수 있다.

▶ ISO 37301을 활용하여 부패 위험관리 및 대응 절차 구현

조직 내외의 요구사항을 준수하는 프레임워크를 제공함으로써 기업은 규정 준수 및 평가 요구를 충족시킬 수 있다. 이는 ESG 평가에서 기업의 법적 준수와 규제 준수를 입증하고, 사회적 신뢰를 구축하는 데 도움이 된다.

▶ ISO 37301 국제표준을 활용하여 기업은 부패관리 및 윤리문화 강화

교육 프로그램을 개발하고, 조직문화 개선을 통해 사회적 신뢰 구축에 기여할 수 있다. 이는 ESG 평가에서 기업의 조직문화와 윤리적 행동을 입증하고, 사회적 가치창출에 기여한다.

▶ ISO 37301을 활용하여 윤리적 거버넌스와 부패방지에 대한 리더십 강화

윤리적인 조직문화를 조성함으로써 ESG 평가에서 높은 평가를 받을 수 있는데, 이를 통해 기업의 이미지와 신뢰도를 강화하고, 사회적 가치창출과 지속가능한 경영을 실현 가능하다.

▶ ISO 37301 국제표준을 활용하여 외부 파트너와의 부패방지 협력 강화

공정한 경쟁환경 조성에 기여할 수 있다. ESG 평가에서 기업의 거버넌스 실현과 사회적 신뢰 구축을 입증하고, 기업의 경쟁력과 지속가능성을 강화시킬 수 있다.

▶ ISO 37301을 활용하여 부패관리와 윤리적인 거버넌스 강화

기업은 ESG 평가에서 높은 평가를 받을 수 있으며, 사회적 신뢰와 지속가능한 경영을 실현할 수 있다. 이는 기업의 이미지와 신뢰도를 향상시키고, 경쟁력과 지속가능성을 강화하는 데 기여하는 효과를 준다.

8) ISO 50001 에너지경영시스템과 ESG 경영

표 3-10 | ISO 50001 에너지경영시스템 & ESG 경영과의 연관성

ISO 50001 에너지경영시스템			ESG 경영과의 연관성
주요 내용	**효과**	**적용 대상**	
에너지관리 시스템을 위한 국제표준	– 에너지 효율 개선: 조직 내 에너지 효율을 향상시킴	모든 조직 및 산업 부문	환경(E): 에너지 효율 개선을 통한 탄소배출 저감과 자원 효율성 증진
에너지 소비 및 사용에 대한 계획 및 감시	– 에너지 비용절감: 효율적인 에너지 사용으로 비용절감		환경(E): 에너지 효율을 통한 환경보호와 지속 가능한 에너지관리
에너지 관련 법규 준수 및 기술적 요구사항 준수	– 규정준수 및 평가 요구 준수: 에너지 관련 법규준수 보장		환경(E): 에너지 관련 법규 준수를 통한 환경보호와 지속가능한 에너지관리
성과 측정과 모니터링을 통한 지속적인 개선	– 지속적인 개선 및 성과 모니터링: 에너지관리 개선 기회 도출		환경(E): 에너지 효율 개선을 통한 환경보호와 지속가능한 에너지관리
에너지관리와 관련된 인식 제고와 교육 프로그램 개발	– 조직 내 인식 제고: 에너지관리와 효율성에 대한 인식 향상		사회(S): 에너지관리 인식 제고를 통한 사회적 가치창출 및 지속가능한 경영체계 구축

▶ ISO 50001 국제표준을 활용하여 에너지관리 시스템 구축

에너지 효율을 개선하는 방법을 도입하여 ESG 평가에 대응할 수 있다. 이를 통해 기업은 탄소배출 저감과 자원 효율성 증진을 통한 환경보호와 지속가능한 에너지 관리를 실현할 수 있다.

▶ ISO 50001 국제표준을 활용하여 에너지 소비 및 사용 계획과 감시 수행

효율적인 에너지 사용으로 인한 비용절감을 이끌어낼 수 있다. 이는 에너지 효율을 통한 환경보호와 지속가능한 에너지 관리에 기여하며, 환경보호와 경제적 이점을 동시에 얻을 수 있다.

▶ ISO 50001 국제표준을 활용하여 에너지 법규준수

기술적 요구사항을 준수함으로써 규정준수와 평가 요구를 충족시킬 수 있는데, 이는 환경보호와 지속가능한 에너지 관리에 기여하고, 환경 관련 법규준수를 입증하여 사회적 신뢰를 구축하는 데 도움이 된다.

▶ ISO 50001을 활용하여 성과측정과 모니터링을 통해 지속적인 개선 추진

에너지관리 개선 기회를 도출하고 성과를 모니터링하여 지속적인 효율 개선을 실현할 수 있으며, 이는 환경보호와 지속가능한 에너지관리에 기여하는 데 도움이 된다.

▶ ISO 50001 국제표준을 활용하여 에너지관리 인식 제고

교육 프로그램을 개발하여 조직 내 인식을 제고할 수 있다. 이는 에너지관리에 대한 인식 향상과 교육을 통해 사회적 가치를 창출하고 지속가능한 경영체계를 구축하는 데 기여한다.

9) ISO 26000 사회적책임경영시스템과 ESG 경영

표 3-11　ISO 26000 사회적책임경영시스템 & ESG 경영과의 연관성

ISO 26000 사회적책임경영시스템			ESG 경영과의 연관성
주요 내용	효과	적용 대상	
조직의 사회적 책임과 지속가능성 이해	사회적 가치창출 및 지속가능한 경영 실현	모든 조직, 기업, 기관 및 단체	ESG 원칙을 기반으로 한 조직적 책임 수행
이해관계자 참여와 대화	이해관계자와의 관계 강화 및 신뢰 구축	내부 및 외부 이해관계자	이해관계자 기반의 개방적인 의사소통 및 협력
인간 권리 및 노동 실천	인권 및 노동권 보호 및 존중	직원, 협력사, 공급망, 사회집단 등	노동 기준 및 권리의 존중, 공정한 노동 관행 유지
환경보호 및 지속가능한 자원 사용	자원 보전과 환경 영향 감소	자원 사용 및 환경 영향을 미치는 조직	자원 보전과 환경관리, 탄소 배출 감소 및 환경 영향 감소
공정한 운영 및 거버넌스 실천	투명하고 공정한 조직 운영 보장	경영진, 이사회, 조직 구성원 등	투명하고 윤리적인 조직문화, 적절한 거버넌스 실천

▶ 조직의 사회적 책임과 지속가능성 이해

ISO 26000은 조직이 사회적 책임을 이해하고 지속가능한 경영을 추구하는 데 도움을 주고, 기업은 사회적 가치를 고려하고 사회적 요구를 충족시키는 방식으로 경영을 진행할 수 있다.

▶ 이해관계자 참여와 대화

ISO 26000은 이해관계자와의 관계 강화를 강조하는데, 기업이 이해관계자와의 대화를 통해 다양한 이해관계자의 의견을 수렴하고 공정하고 투명한 의사결정을 할 수 있다.

▶ 인간권리 및 노동 실천

ISO 26000은 인권과 노동권을 보호하고 존중하는 데 중요성을 부여한다. 기업은 인권과 노동권을 존중하고 공정한 노동 관행을 실천하여 노동자의 권리와 안전보장이 가능하다.

▶ 환경보호 및 지속가능한 자원 사용

ISO 26000은 환경보호와 지속가능한 자원 사용을 강조하는데, 이를 통해 기업은 환경 영향을 최소화하고 자원을 효율적으로 사용하여 환경적 영향을 관리할 수 있다.

▶ 공정한 운영 및 거버넌스 실천

ISO 26000은 공정한 운영과 거버넌스에 대한 중요성을 강조하고, 이로써 기업은 투명하고 공정한 운영을 실천하며, 적절한 거버넌스 체계를 구축하여 조직의 윤리와 책임을 강화할 수 있다.

10) ISO 31000 리스크관리경영시스템과 ESG 경영

표 3-12 ISO 31000 리스크관리경영시스템 & ESG 경영과의 연관성

ISO 31000(리스크관리경영시스템)			ESG 경영과의 연관성
주요 내용	효과	적용 대상	
위험 식별, 평가, 대응 및 모니터링을 포함한 전체적인 위험관리 접근 방법	기업의 위험을 효과적으로 관리하여 안정성 및 성과 개선	모든 조직 및 업계	기업의 지속가능한 경영과 위험관리의 연계
조직 내부 및 외부 위험 요인의 식별과 평가	불확실성 감소, 기회 식별 및 최적의 결과 도출	모든 조직, 프로젝트 및 활동에 적용 가능	위험관리를 통한 지속가능한 경영 실현
위험에 대한 적절한 대응 계획 및 실행	위험 감소 및 조직성과 향상	모든 조직, 프로젝트 및 활동에 적용 가능	위험 대응을 통한 조직의 사회적 책임 강화

▶ ISO 31000은 ESG 경영과 위험관리 측면에서 밀접한 관련

위험관리는 기업의 사회적 책임과 관련된 주요 요소 중 하나로 간주되는데, ISO 31000은 기업이 ESG 요구사항을 고려하고 사회적 가치를 창출하며, 위험을 관리하여 지속가능한 경영을 실현하는 데 도움을 준다. 이를 통해 기업은 사회적 책임과 환경보호에 대한 요구를 충족시키고 지속가능한 성장을 추구할 수 있다.

11) IATF 16949 자동차품질경영시스템과 ESG 경영

표 3-13 IATF 16949 자동차품질경영시스템 & ESG 경영과의 연관성

IATF 16949(자동차품질경영시스템)			ESG 경영과의 연관성
주요 내용	효과	적용 대상	
품질관리 시스템 설계, 개발, 제조, 설치 및 유지보수에 대한 요구사항	자동차 산업의 품질과 안전성 향상, 고객만족도 제고	자동차 제조업체 및 공급업체	고객만족도 제고 및 환경보호에 기여

공급망 협업을 통한 품질 관리의 효율화 및 공동 개선	효율적인 자동차 생산 및 공급체인 운영	자동차 제조업체 및 공급업체	지속가능한 공급망 구축 및 사회적 책임 강화
프로세스 개선을 통한 불량률 감소 및 생산성 향상	비용절감, 효율적인 생산과 공정관리	자동차 제조업체 및 공급업체	지속가능한 생산 시스템 구축 및 환경보호

▶ 품질관리 시스템 강화

IATF 16949의 요구사항을 기반으로 품질관리 시스템을 구축하고 운영함으로써 제품의 품질을 향상시키고 고객만족도를 제고할 수 있다.

▶ 공급망 협업 강화

IATF 16949는 공급망 협업을 강조하여 품질관리를 통합하고 공동 개선을 이루는 것을 목표로 하는데, 이를 통해 기업은 지속가능한 공급망을 구축하고 사회적 책임을 이행할 수 있다.

▶ 프로세스 개선과 효율화

IATF 16949는 프로세스 개선을 통해 생산성을 향상시키고 불량률을 감소시키는 것을 목표로 한다. 이는 비용절감과 효율적인 자동차 생산을 실현하며, 지속가능한 경영과 환경보호에 기여한다.

▶ 법규준수 및 규제 요구사항 충족

IATF 16949는 자동차 산업 관련 법규와 규제 요구사항을 준수하는 것을 요구하며, 이를 통해 기업은 사회적 규범을 준수하고 환경과 안전 관련 요구사항을 충족시킴으로써 ESG 경영에 일조한다.

▶ 기업 이미지 및 신뢰도 강화

IATF 16949를 적용하여 고객요구를 충족시키고 품질과 안전성을 보장함으로써 기업의 이미지와 신뢰도를 높일 수 있다.

IATF 16949 국제표준을 활용하여 기업은 품질관리 시스템을 강화하고 공급망 협업을 강화하며, 프로세스 개선과 효율화를 통해 비용절감과 경쟁력을 확보할 수 있는데, 이는 ESG 평가에 대응하고 지속가능한 경영과 사회적 가치를 실현하는 데 도움을 준다.

12) ISO 13485 의료기기품질경영시스템과 ESG 경영

표 3-14 ISO 13485 의료기기품질경영시스템 & ESG 경영과의 연관성

ISO 13485(의료기기 품질경영시스템)			ESG 경영과의 연관성
주요 내용	효과	적용 대상	
의료기기 품질관리 시스템 요구사항에 대한 가이드라인	품질향상과 안전성 강화, 규정준수, 고객 신뢰도 증가	의료기기 제조업체, 판매업체, 서비스 제공업체 등	환경보호 및 안전성 확보, 고객 신뢰도 및 이미지 강화 등
품질관리 시스템 구축, 고객 요구사항 충족, 위험관리, 규정준수, 공급망 협력, 지속적인 개선 등	제품품질과 안전성 향상, 사회적 신뢰 구축, 경영 효율성 및 경쟁력 강화	의료기기 산업 및 관련기관,조직,기업등	사회적 책임 실현, 지속가능한 경영, 환경 및 고객중심 경영 등
규정준수, 위험관리 및 안전성 보장, 고객 요구사항 충족, 인증 획득 등	품질과 안전성 확보, 규정준수 입증, 시장 접근성 확장, 경쟁우위 강화 등	의료기기 제조 및 판매업체, 의료기기 관련 조직 및 기관	환경보호, 고객 신뢰 구축, 사회적 책임 실현 등

▶ 품질관리 시스템 강화

ISO 13485는 의료기기 제조업체의 품질관리 시스템을 강화하고 표준화된 프로세스를 도입하는 것을 요구한다. 이를 통해 제품의 품질과 안전성을 향상시키고, 고객만족도 제고가 가능하다.

▶ 위험관리 및 안전성 확보

ISO 13485는 의료기기 제조업체가 위험요소를 식별하고 적절한 대응 조치를 취하는 것을 강조하는데, 이는 제품 사용 중 발생할 수 있는 위험을 최소화하

고 환자 안전을 보장할 수 있다.

▶ 규정준수 강화

ISO 13485는 의료기기 관련 규정과 법규 요구사항을 준수하는 것을 요구하며, 이를 통해 기업은 규정준수를 강화하고 사회적 규범을 준수하는 데 도움을 받을 수 있다.

▶ 공급망 협업 강화

ISO 13485는 공급망 협업을 강조하여 의료기기 제조업체와 협력사 간의 품질 및 안전성을 공동으로 관리하는 것을 목표로 하고, 또한 기업은 공급망의 효율성과 신뢰도를 향상시킬 수 있다.

▶ 기업 이미지 및 신뢰도 강화

ISO 13485 인증을 획득하여 의료기기 품질관리를 입증하고 기업의 신뢰성과 신뢰도를 높일 수 있는데, 이는 기업의 이미지 강화와 사회적 신뢰 구축에 기여한다.

ISO 13485 국제표준을 활용하여 기업은 품질관리 시스템을 강화하고 안전성을 확보함으로써 ESG 평가에 대응할 수 있으며, 규정준수와 공급망 협업을 강화함으로써 사회적 책임을 실현할 수 있는데, 이는 기업의 이미지 강화와 지속가능한 경영을 실현하도록 돕는다.

ESG 경영과 ISO 45001 안전보건경영시스템

안전보건경영시스템(OHSAS, Occupational Health and Safety Assessment Series)은 산업재해를 예방하고 최적의 작업환경을 조성·유지할 수 있도록 모든 조직 구성원과 이해관계자가 참여하여 기업 내 물적, 인적자원을 효율적으로 배분하여 조직적으로 관리하는 경영시스템을 말한다. 세계 유수의 표준화 기구 및 인증기관이 참여해 공동 제정한 단체 규격 성격의 국제인증이다. 안전보건경영시스템을 구축하는 데 있어서 사업장의 안전보건경영 방침과 목표를 설정하는 일은 가장 우선시되어야 한다. 또한, 중대재해처벌법 제정에 따라 경영자는 안전보건관리체계를 구축하고 이행해야 한다.

1) 안전보건경영시스템의 방침과 목표설정

안전보건경영시스템(Occupational Health and Safety Assessment Series, OHSAS)은 인본주의 차원에서뿐만 아니라 재해로 인한 경제적 손실을 방지하고 조직 구성원의 생산성 향상을 위해 반드시 지켜져야 할 사항이다. 또한 안전보건에 대한 노조의 요구와 정부규제가 강화되는 대내외적인 환경도 안전보건경영의 중요성을 증가시키는 요인이 되고 있다. 안전보건경영시스템은 최고경영자를 비롯한 전 직원 및 이해관계자가 참여하여 사업장에서 발생할 수 있는 위험을 사전에 예방·관리하는 시스템적 관리방법이다. 안전보건경영시스템을 통해 조직 구성원의 안전보건을 보장하고 조직의 지속가능한 성장을 도모하기 위해 활용할 수 있는 유용한 도구이다.

중대재해처벌법 시행령 제4조에 따라 사업장은 안전보건경영체계를 구축해야 한다. 체계를 구축하는 첫 번째 단계는 '**안전보건경영방침 및 목표설정**'이다. 방침은 가훈과 같은 사업장의 가치관이다. 그에 따라 세부적인 달성항목을 정하는 것이 목표설정이다.

A. 안전보건경영방침과 목표는 어떻게 설정하는가?

안전보건경영시스템 구축이란, 기준을 확립하고 그에 따른 실행 방안들이 실천되고 있는지를 점검할 수 있어야 한다. 안전보건경영의 기준은 업종과 사업장마다 다를 것이다. 업종이 다르고 근로자의 형태가 다르기 때문이다. 기준을 세웠다면 모니터링을 실시해야 하는데 방침과 목표를 설정하는 의미는 안전보건경영시스템을 구축하는 첫 단계로 상징적인 의미를 갖게 되는 것이다. 방침과 목표는 1년 단위로 업데이트하면서, 모든 항목은 전년도 데이터를 기반으로 부족한 점은 보완하고, 잘하고 있는 부분은 더 잘할 수 있도록 고도화시킨다. 2020년도 산업안전보건법 개정과 함께 시스템 구축을 위한 기반이 마련된 것이다. 그리고 2022년 1월 중대재해처벌법 시행과 동시에 안전보건경영시스템 구축에 대한 관심이 많아졌다.

산업안전보건법 제2장 안전보건관리체계 제14조(이사회 보고 및 승인 등)에 따라 상시 근로자 500명 이상의 사업장 또는 건설산업 기본법 제23조에 따른 시공능력 1천 위 이내의 건설회사는 매년 회사의 안전 및 보건에 관한 계획을 수립하고 이사회에 보고 승인을 받아야 한다고 명시되어 있다. 중대재해처벌법에서 규정하는 50인 이상의 사업장에는 해당이 되지 않지만 그 취지를 함께할 필요는 있다. 제14조의 계획 수립은 다음 내용이 포함되어야 한다.

▶ **안전·보건에 관한 경영방침**
▶ **안전·보건관리 조직의 구성·인원 및 역할**
▶ **안전·보건 관련 예산 및 시설현황**
▶ **안전·보건에 관한 전년도 활동실적 및 다음연도 활동계획**

그림 3-3 안전보건경영방침 및 목표

HSEPLANNER

안전보건경영방침

000은 안전과 보건을 핵심가치로 삼는 기업문화를
구축하기 위해 다음과 같이 안전보건경영방침을 수
립하고 안전한 일터 조성을 위해 최선을 다한다.

1. 조직의 목적, 규모 및 상황에 맞는 안전보건경영 체계를 구축한다.

2. 안전보건 법규를 준수하고, 이해관계자의 요구사항을 수렴하며, 이를
   안전보건경영 체계에 반영하고 실행한다.

3. 안전보건경영 체계는 노•사가 협의하고 참여하여 지속적으로 개선한다.

4. 업무를 수행함에 있어 철저한 사전준비로 안전사고를 예방하며 안전수
   칙과 절차를 생략하지 않는다.

5. 유해•위험 요소를 지속 개선하여, 협력사를 포함한 모든 임직원의 안전
   과 건강을 지킨다.

목 표

1. 산업재해 ZERO 유지 및 목표 재해율 ZERO

2. 전 근로자 관련 산업안전보건교육 100% 이수

3. 신규 작업 및 기계 위험 기구 관련 위험성 평가 개선 100% 달성

4. 중대재해예방 매뉴얼 작성 및 반기 1회 점검 실시

2023년   1월   1일

직책(사장 or 대표이사)   서명(날인)

참조: (재)건설산업교육원, 2023

경영방침과 목표는 사업주 경영책임자의 안전·보건에 대한 의지를 근로자에게 표현하는 수단이라고 볼 수 있다.

2) 안전보건경영시스템 ISO 45001 모델

안전보건경영시스템(OSHMS)은 최고경영자가 경영방침에 안전보건정책을 선언하고 계획을 수립(Plan)하여 이를 실행 및 운영(Do), 점검 및 시정(Check)한 뒤 그 결과를 최고경영자가 검토 및 개선(Action)하는 PDCA 순환 과정으로 지속적인 개선을 가능하게 하는 체계적인 안전보건 활동을 말한다.

그림 3-4 ISO 45001 모델

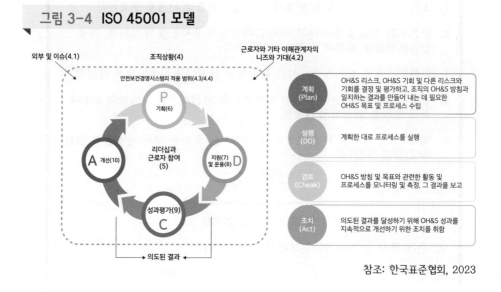

참조: 한국표준협회, 2023

위험요인에 노출된 근로자나 이해관계자에 대한 위험을 제거, 최소화하여 안전보건 수준을 개선하려는 사업장에 적용된다. 이 시스템은 사업장이 자율적으로 안전보건경영시스템을 구축하고 실행함으로써 지속적인 개선성과를 이룰 수 있도록 도와준다. 안전보건경영시스템을 구축하면 기업은 다양한 효과를 기대할 수 있다. 재해 및 사고손실 위험의 감소로 생산성 및 품질향상, 근로자 복지 등에 기여하여 기업의 가치를 높일 수 있다. 안전보건에 대한 경영자의 의지를 확고히 드러내 근로자와 원활한 의사소통으로 지속적인 안전관리가 가능하다. 또한, ISO 국제표준의 통용 수준의 안전보건경영시스템을 구축하여 급변하는 경영환경에 신속하게 대응할 수 있다.

과거 안전보건경영시스템은 임시 국제표준규격으로 OHSAS 18001을 사용하였으며, 현재는 ISO 국제표준에서 규정한 ISO 45001을 사용하고 있다. 2013년 국제표준화기구(ISO)에서 사업장에서 발생하는 위험을 사전적으로 예측 및 예방하여 기업의 이윤창출에 기여하고 안전보건의 체계적인 관리를 위해 ISO 45001을 규정했다. ISO 45001은 OHSAS 18001보다 경영진의 리더십과 실행 의지, 근로자의 참가, 안전문화 등을 더욱 강조하고 있다. 국내에서 사용하던 KO-SHA-18001도 ISO 45001을 반영하여 2019년 KOSHA-MS로 개정되었다. 국내 안전보건경영시스템은 산업안전보건법에 따라 사업장의 자율적인 안전보건경영을 지원하기 위해 안전보건경영시스템(KOSHA-MS) 인증업무 처리에 필요한 사항을 규정한다. '안전보건경영시스템(KOSHA-MS) 인증업무 처리규칙'에 따르면 '안전보건경영'과 '인증'의 뜻은 다음과 같다.

"안전보건경영"이란 사업주가 안전보건관리체제를 구축하고 정기적으로 위험성 평가를 실시하여 자율적으로 산업재해를 예방, 잠재적 위험요인을 지속적으로 개선하는 등 체계적으로 관리하는 활동을 말한다.

"인증"이란 인증심사와 인증위원회의 심의 및 의결을 통해 인증기준에 적합하다는 것을 평가하여 한국산업안전보건공단 이사장이 이를 증명하는 것을 말한다. 이 처리규칙은 모든 사업장, 국가·지방자치단체 및 공공기관, 지방직영기업, 지방공사 및 지방공단에 적용한다. 건설업의 경우에는 건설공사를 발주, 시공하는 사업장으로서 사업주가 인증신청을 하는 경우 적용하며 다음 각 호에 따라 구분하여 적용한다.

▶ 발주기관(공사를 건설업자에게 도급하는 기관 혹은 건설 사업을 관리하는 기관)
▶ 종합건설업체(종합건설업 등록을 하고 시설물을 직접 시공하거나 시공 책임을 지는 건설업체)

▶ 전문건설업체(전문건설업으로 등록하고 종합건설업체로부터 건설공사를 도급받아 시설물의 일부 또는 전문분야에 관한 공사를 하는 건설업체)

▶ 인증 절차는 신청서 접수-계약-심사팀의 구성-실태심사-컨설팅 지원-인증 심사-인증 여부의 결정-인증서와 인증패의 교부 순서로 진행된다. 인증사업장은 매 1년 단위로 사후 심사를 해야 한다. 유효기간은 인증일로부터 3년이며 매 3년 단위로 연장할 수 있다. 그러나 'KOSHA-MS 인증업무 처리규칙' 제2장 14조(인증의 취소)의 각 호 중에서 해당하는 사항이 발견되면 인증위원회 결정에 따라 인증을 취소할 수 있다.

3) ESG 안전보건경영시스템 추진 사례

A. 포스코건설 ESG 안전보건경영시스템

포스코건설의 ESG 평가모델 사례는 권장할 만한 사례에 해당한다. 포스코는 안전을 경영의 최우선 가치로 삼고 직원 주도의 자율적인 안전 활동을 추진하고 있다. 이를 위해 IoT(Internet of Things, 사물인터넷)와 같은 Smart 기술을 접목하여 좀 더 과학적이고 효과적으로 직원의 안전과 건강을 지킬 수 있는 작업 현장을 만들고 있다. 또한, '직원의 건강이 회사의 경쟁력'이라는 믿음으로 금연, 건전음주, 비만 저감, 저염식, 금화(禁火, No Stress) 캠페인 활동을 전개하고 있다. "직원이 건강해야 회사가 건강하다."라는 이념을 바탕으로 건강 증진, 작업 환경, 질병 치료, 산업위생(청결한 근무환경과 소음관리 등) 등 3개 영역에서 산업보건 업무를 중점 추진하고 있다. 포스코건설은 작업자를 둘러싼 내·외부 작업환경을 쾌적한 상태로 유지하고 직원들의 건강유지와 청결한 근무환경을 조성하기 위해 다양한 노력을 기울이고 있다. 작업 현장에서 착용하는 안전보호구 사용의 불편을 해소하기 위해 보호구 제조사와 협의해 편의와 성능을 개선해나가고 있으며, 소음에 취약한 작업 환경에는 '청력 보존 프로그램'을 시행하고 있다. 또한, 산소 농도가 부족한 밀폐 지역에는 '밀폐 공간 보건작업 프로그램' 등 보건표준을 제정해 준수하고 있으며, 화학 물질의 올바른 사용을 위해 GHS(Globally Harmonized System of

Classification and Labeling of Chemicals) 기준에 따른 물질안전보건제도(MSDS: Material Safety Data Sheet)를 엄격하게 수립하여 시행하고 있다.

포스코건설은 안전보건관리에 관한 모든 활동을 자율적이면서도 시스템적으로 운영함으로써 안전보건경영시스템의 국제표준 규격인 ISO 45001 인증을 획득하였다. 이를 바탕으로 안전보건전략 및 목표를 수립하고, PDCA Cycle에 기반하여 체계적으로 수행하며 지속적으로 안전보건활동을 통하여 안전보건경영체계를 유지하고 있다. 매년 직원 및 관계수급사 직원의 안전의식 고취 및 안전리스크를 최소화하기 위해 직원들에게 법정 필수 안전교육을 실시하고 있으며, 관계수급사 직원에 대한 교육도 지원하고 있다. 이외에도 계층별, 직무별로 반드시 갖춰야 할 안전역량을 배양하기 위하여 맞춤형 교육을 실시하고, 글로벌안전센터(안전체험관)를 운영하여 직원들뿐만 아니라 시민들에게 안전체험 기회를 부여하여 사회 전반의 안전의식 함양에도 기여하고 있다. 또한 기업신용평가사인 이크레더블과 함께 건설사 고유 특성에 맞춘 ESG 평가모델 개발에 나서 50개 평가항목으로 구성된 건설업 특화 ESG 평가모델을 개발했다. 포스코건설이 건설업 특화 ESG 평가모델을 개발한 것은 포스코건설 협력사들의 ESG 경영역량을 높이고, 협력업체와의 안전 관리역량을 강화하기 위해 안전관리 조직 및 시스템 등 안전에 대한 평가항목을 대폭 강화했다. 전체 50개 항목 중 중대재해 여부와 안전시스템, 근로조건준수 등 사회부분 안전 관련 항목이 30개를 차지하고 있다. 건설사들의 안전관리에 대한 중요성이 커지면서 관련 ESG 비용 증가와 ESG 평가결과에 더욱 민감하게 될 것이다. ESG 경영 시대에 안전보건사고는 기업의 가치평가기관에 의해 위험지수로 반영되고, 투자자나 투자기관은 이 정보를 의사결정에 반영한다. 곧, 중대재해는 준법감시 열등이라는 법률적 가치하락에 끝나는 것이 아니고, 바로 재무적 가치 하락으로 연계되는 시대이다. 협력 및 고용 형태를 떠나 같은 현장에서 일하는 모든 근로자에 대해서 원청도 책임으로부터 자유롭지 못하다는 인식의 전환이 필요한 시점이다.

B. SK그룹 ESG 안전보건경영시스템

ESG 경영 전도사라고 불리는 최태원 회장을 중심으로 ESG 경영을 선도하고 있다. 2016년부터 내세웠던 '딥 체인지(Deep Change·근원적 변화)' 기조 아래 ESG 경영을 핵심으로 삼고 미래 변화에 대비한 사업구조 혁신을 지속적으로 추구하고 있다. 이러한 경영 기조로 SK그룹은 업계에서 'ESG 우등생'으로 꼽히고 있다. 한국ESG기준원(KCGS)의 ESG 등급 평가에서 2년 연속 통합 A+ 등급을 획득했고, 특히 환경(E), 사회(S), 지배구조(G) 전 부문에서 A+ 등급을 받았다. 'T맵 운전습관' 서비스를 통한 교통사고 예방 효과와 함께 '인공지능 돌봄 서비스' 이용자 증가가 어르신들의 안전 향상에 기여한 측면이 주요 성과로 기록됐다. 이 밖에 헌혈자 건강관리 서비스 '레드커넥트'로 국내 재헌혈률 향상에 기여한 점 등도 ESG 안전경영에 해당한다.

I-FACTs ESG Service에는 IoT/무선통신/Big Data/Cloud/AI Digital 기술과 전문가 경험이 결합된 제조분야의 새로운 서비스를 통해 안전경영을 위해 매진하고 있다. 제조설비 이상 진동감지 서비스 I-FACTs PPdM이 개발되었다. 진동센서를 통해 데이터를 수집하고, 실시간 모니터링과 분석을 통해 회전기계의 이상 징후를 판단, 생산성과 품질의 향상 및 안전사고까지 예방할 수 있는 예지보전 서비스이다. 이는 설비 안전진단의 무선 Digital Transformation Solution으로 공장에서는 과거의 경험 등을 기반으로 각 시설에 대해 가동시간에 맞춰 정비·보수를 실시하던 기존의 방식에서, 진동 data 분석을 통해 주요 설비의 condition을 실시간으로 확인하고 사전 대응(Predictive Maintenance) 및 예측정비가 가능하다. 무선 방폭 가스 감지센서를 활용한 Sensing Data 수집을 통해 밀폐공간 내 유해가스를 실시간으로 감지, 질식 재해의 위험성을 획기적으로 예방하는 무인 감지 시스템은 무선통신이 가능한 IoT 모델로 석유/화학공장, 지하 건설/토목현장, 하수처리시설, 공공시설, 선박, 냉동 컨테이너, 지하시설, 정화조 등 질식과 화재·폭발 위험이 높은 모든 밀폐 공간에 SK DT Hub인 제조 분야 Digital Transformation의 새로운 서비스 장착이 가능하다.

C. 한화건설 ESG 안전보건경영시스템

한화건설은 ESG(환경, 사회, 지배구조) 경영 강화와 중대재해 제로(0) 달성을 위해 건설현장마다 특성에 맞는 아이디어 기술을 적용하고, 효과가 높은 기술을 도입하며 안전보건관리 조직을 확대했다. 안전관리 VR(가상현실)의 대표적인 현장은 대구외곽순환고속도로 제1공구 건설현장으로, 금호대교를 포함해 총 5.11km에 달하는 고속도로를 건설하는 사업이다. 이 현장은 넓은 사업구간의 안전관리를 효과적으로 진행하기 위해 드론을 도입했다. 특히 폭이 좁아 작업자 외 다른 인원이 올라가기 힘든 교량 상부 공사는 드론을 띄워 안전 점검을 진행하는 등 현장 특성에 맞는 안전 해법을 발굴하고 있다. 추락사고 위험을 예방하기 위해 근로자 신규교육과 정기교육 때마다 VR(가상현실) 기기를 활용해 위험한 상황을 시뮬레이션하며 안전의 중요성을 직접 느끼게 하고 있다. 백 마디 말보다 한 번의 실천을 우회적으로 경험할 수 있게 한 것이다.

신기술 도입과 모바일 안전관리 시스템 강화 등 안전과 기술의 융합을 적극 추진하고 있다. 이라크 비스마야 신도시 건설공사와 장교동 한화빌딩 리모델링 공사 등에는 BIM(Building Information Modeling) 설계 기술이 적용된 바 있다. 이 기술은 설계단계부터 건물의 시공과정을 입체(3D)로 확인할 수 있고 건축 부재의 속성, 공정 순서, 물량 산출 등 다양한 정보를 담고 있어 건축물에 대한 이해도를 크게 높일 수 있다. 이를 통해 설계의 잘못된 부분을 수정, 시공의 오류를 최소화하고 사전위험요소를 파악해 선제적으로 대응할 수 있다는 장점이 있다. 이와 함께 사람의 생명과 직결된 안전보건관리는 ESG 경영 중 기업의 사회(Society)적 책임을 위한 핵심 분야이다. 건설업계에서도 2022년 시행되는 중대재해처벌법의 선제적 대응 및 예방 중심의 안전시스템 구축을 위해 힘을 쏟고 있는 것이다.

특히, 2017년부터 시행하고 있는 모바일 안전관리시스템 'HS2E(Hanwha Safety Eagle Eye)'를 강화하고 현장 내 모든 구성원들의 적극적인 참여와 실천을 독려하고 있다. 한화건설이 자체 개발한 HS2E는 건설현장 내 위험요소나 안전 관련 개선사항이 있을 경우 누구나 즉시 핸드폰으로 사진을 찍어 전송하고 실시간으로

현장 전체 직원들과 협력사 직원들에게 전파·조치되는 시스템이다. 이렇게 처리된 재해예방 조치들은 데이터로 누적되며 그 분석결과는 스마트한 안전대책수립에 활용된다. 이러한 디지털 대응은 수작업부터 시스템화(단위 시스템 구축으로 최적화), 디지털화(클라우드, 사물인터넷 등, 사람과 사물이 연결된 통합 디지털 플랫폼), 자동화(소프트웨어 로봇 RPA활용, 가상인력을 통해 재경, 인사, 고객서비스 등 후선업무 자동화), 지능화(특정 이벤트 발생 시 한 눈에 모든 정보를 확인, 영향을 예측하여 신속 정확하게 대응), 자율화(AI, 머신러닝 기반 스스로 주어진 목표에 맞는 해결책을 반복 수행을 통해 찾아가는 자율적 환경) 엔터프라이즈까지의 단계와 절차를 갖고 있다. 이는 디지털 산업안전시스템 구축의 로드맵 구성에도 유용하게 사용될 수 있다.

CHAPTER

EU 공급망 실사지침 및 의무

EU 공급망 실사지침 주요내용

EU 집행위원회는 기업의 공급망 전반의 인권·환경 관련 기업 책임을 의무화하는 '기업 지속가능성 공급망 실사지침(Directive on Corporate Sustainability Due Diligence)' 합의안을 2022년 12월 발표했다. (참조: IBK 경제연구소, IBK 경제브리프)

▶ (개요) 인권과 환경에 대한 기업 책임을 의무화하는 EU 공급망 실사지침의 연내 발효 가능성이 증대됨에 따라 대비가 필요

▶ (내용) 실사지침 대상 기업은 공급망 내 인권 및 환경에 대한 실사 수행, 정보공개 의무를 가지며 위반 시 벌금, 민사상 책임을 부여하며, 공급망 내 인권·환경에 부정적 영향을 파악하고 그 영향의 최소화를 위한 구체적 절차를 내규에 명시, 실제 이행 내용을 공시해야 함

▶ (대상) 對EU 매출 4천만 유로 이상일 때 실사지침 적용 대상이며, 중소기업도 원청社가 적용 대상인 경우 실사지침의 영향권

▶ (일정) 2023년 유럽의회 표결 시 실사지침의 연내 발효 가능성이 있기 때문에 對EU 수출 중소기업의 대비가 시급함

▶ (국내 대응 현황) EU 공급망 실사지침에 대한 국내 기업이 체감하는 중요도는 상승하였으나, 대응은 미흡한 수준

▶ (인식) 국내기업, '23년 가장 큰 ESG 현안은 공급망 실사지침

- 대한상공회의소 『2023년 ESG 주요 현안과 정책과제』 조사 결과, 올해 가

장 큰 ESG 현안은 '공급망 실사'라 응답한 기업이 40.3%/2023년 1월 조사된 설문으로 조사 대상은 中企 123개社 포함한 국내기업 300개社

▶ **(실제)** 상당수 기업이 구체적 대안을 마련하지 못하고 있어 인식 대비 실제 대응 상황의 괴리가 존재함/대한상의 조사결과 원청社 48.2%, 협력社 47%가 공급망 실사에 대한 대응 조치 없다고 응답

▶ **(중소기업 영향)** 對EU 수출 중소기업 대부분 영향을 받는 가운데 일부 업종(고영향 섹터)은 특히 더 많은 영향을 받을 것으로 예상/고영향 섹터 (High-impact Sector)는 환경과 인권 문제에 상대적으로 취약한 업종으로 섬유, 농림어업, 원자재, 철강 생산 및 유통 등이 포함

▶ **(직접영향)** 섬유, 철강 등 공급망 실사지침의 고영향 섹터에 해당될 경우 실사비용, 소송비용 등 부담 발생 예상

- 지침 대상에 해당되는 기업의 경우, 공급망 실사 수행을 위한 비용 발생 및 잠재적 소송에 의한 비용 발생 등의 영향이 예상됨/무역보험공사의 수출보험 이용 對EU 수출 중소·중견기업 중 실사지침 고영향 섹터에 해당, 예상 수출기업은 110개社(산업통상자원부 '22년 3월 31일 보도자료)/기업실사의무법을 '19년에 시행한 프랑스의 경우 Total(에너지 기업), 국영전력회사(Electricite de France), Suez(수자원 기업) 위반사례에 대한 재판 진행 중

▶ **(간접영향)** 공급망 실사로 인한 제도 정비, 자료 제출, 관련 인력 및 설비 추가 등으로 중소기업 인력, 비용부담 증대 예상

- 국내 대기업은 공급망 ESG에 대한 관리를 점차 강화하는 추세이며, 중소기업중앙회 '23년 1월 보도자료에 따르면 주요 대기업 30개사 중 26개 기업이 협력사에 대한 ESG 평가 실시('19년 17개社, '20년 20개社, '21년 26개社)

- 원청社가 협력社에게 ESG 경영에 대한 내용을 계약서에 명시하는 등 ESG 경영을 더 적극적으로 요구할 것으로 예상/전경련 '22년 30대 그룹 공급망 ESG 관리 현황 조사에 따르면 44개社가 협력사의 ESG 경영책임을 명시한 협력사 행동규범(Supplier Code of Conduct)을 제정하여 윤리, 환경, 노동/인권 등 분야 행동규범에 대한 자발적 준수를 요청

| 표 4-1 | 인권 및 환경 관련 공급망 실사 지침 적용대상 |

구분	기준		대상기업 수		비고
	직원수	매출액[1]	EU 대기업	비EU 기업	
그룹1	500명 초과	1.5억 유로 초과	약 9,400	약 2,600	- 중소기업 적용 제외 - 그룹2는 그룹1 적 용 2년 후 적용
그룹2	250명 초과	4천만 유로 초과 (고위험업종[2] 비중 이 50% 이상)	약 3,400	약 1,400	

주1: EU 기업의 경우 전 세계 매출액 기준, 비EU 기업의 경우 EU 역내 매출액 기준
주2: 섬유 및 가죽, 농림어업, 식품, 금속 및 비금속 합금 제조, 기초 · 중간 광물 원자재 채굴 등
자료: EU Commission
참조: KDB산업은행 미래전략연구소, 2022

▶ **(시사점)** EU 공급망 실사지침 입법 동향 주시 및 영향 예상되는 중소기업에
대한 맞춤형 지원책 마련

▶ 시설 · 설비개선을 위한 금융 지원, 업종별 ESG 가이드라인 제공 등 수요에
부합하는 지원책 마련 및 적극적 홍보 필요/대한상의 조사결과, 정책과제
수요는 업종별 ESG 가이드라인 제공(39.3%), 세제지원확대(24.0%), ESG 전
문인력 양성(27.0%), ESG 금융지원(20.7%) 순으로 나타남

▶ 글로벌 공급망 내 인권 및 환경 보호의 중요도가 높아짐에 따라 적용 범위
는 점차 확장될 전망으로, 기업의 규모와 무관하게 국제적 기준에 부합하
기 위해 선제적인 공급망관리와 실사에 대한 대비가 필요

표 4-2 EU 공급망 실사지침 주요 내용

	주요 내용
기업 의무	공급망 내 인권 및 환경에 부정적 영향이 있거나, 있을 가능성이 있는 부분에 대한 실사 수행 및 정보 공개 의무를 적용대상 기업에 부여함* * 본 지침의 구체적 의무는 발효 후 2년 이내 각 회원국이 국내 법 적용 시 개별적으로 정함. 단, 구체적 기업 의무에 대한 세부 가이드라인은 EU 위원회 등에서 시행 2년 이내 발행 예정 - 기업 정책에 공급망 실사 의무 반영 - 인권 및 환경에 대한 부정적 영향 파악 및 평가 의무 - 실질적·잠재적 영향의 예방·제거·최소화 의무 - 피해 구제절차 마련 및 유지 의무 - 기업 실사정책 및 조치 효과 모니터링 의무 - 실사의무 이행 내용 공개 의무 - 위반 시 벌금 부과, 민사상 책임 부여
적용 대상	**(EU 역내 기업)** - ⓐ 직원수 평균 500인 이상, 직전 회계연도 전 세계 매출 1.5억 유로 이상 - ⓑ 250인 이상, 직전 회계연도 전 세계 매출 4천만 유로 이상이며, 그중 2천만 유로 이상이 고영향 섹터*인 경우 - ⓐⓑ의 상태가 2년 연속 지속될 경우 * 고영향 섹터(High-impact Sector): 섬유 및 가죽 생산, 유통; 옷, 신발; 농업, 임업, 어업, 음식품업 생산, 유통; 원유, 천연가스, 석탄 등 원자재 생산, 유통; 철강 생산, 유통 **(EU 역외 기업)** - ⓐ 연합 내 매출 1.5억 유로 이상 - ⓑ 연합 내 매출 4천만 유로 이상이고 1.5억 유로 미만이며, 그중 2천만 유로 이상이 고영향 섹터인 경우 - ⓐⓑ의 상태가 2년 연속 지속될 경우
적용 시기	- 1,000인 이상, 총매출 3억 유로 이상 역내 기업과 역내 매출 3억 유로 이상 역외 기업은 지침 발효 3년 후 우선 적용 - ⓐ 경우 지침 발효 4년 후 적용, ⓑ 경우 지침 발효 5년 후 적용
SME 관련	간접적 영향이 예상되는 SME에 대한 EU 회원국 차원의 지원을 지침에 명시 1) 웹사이트, 플랫폼 등을 통해 공급망 실사지침에 대한 정보 제공 2) 재정적 지원 정책 제공 3) 공급망 실사지침 적용 대상인 기업은 공정하게 그리고 단계적으로 자신의 공급망에 포함된 SME를 지원*할 필요가 있음을 지침에 명시 * 직접 파이낸싱, 저이자 대출, 지속적 파트너십, 실사지침 대응 가이던스 지원 등

주요 용어	기업활동사슬(chain of activity)* 개념으로 공급망을 정의하여 EU 공급망 실사지침의 초기 발의안에서 공급망 개념이었던 가치사슬(value chain)에 비해 규제 대상 완화 * 기업의 모든 가치사슬(full value chain)을 포함하는 개념이 아닌 공급사슬(supply chain) 개념

주: Proposal for a Directive of the Europea Parliament and of the Council on Corporate Sustainability Due Diligence and Amending Directive - General Apporoach(Council of the European Union) 자료 내용 재구성

참조: IBK경제브리프, IBK경제연구소, 2023

글로벌 'ESG 공급망' 관리 법률로 의무화

세계적인 글로벌 기업들이 지속가능발전의 중요성을 인식하고 ESG 지속가능경영의 공급망관리(SCM, Supply Chain Management) 구축에 관심을 갖고 있다. 공급망관리(SCM)란 제조, 물류, 유통업체 등 유통 공급망에 참여하는 모든 기업체들이 협력을 바탕으로 정보기술을 활용해 재고를 최적화하고, 조달 리드타임을 대폭적으로 감축해 결과적으로 양질의 상품 및 서비스를 소비자에게 제공함으로써 고객 가치를 극대화하기 위한 21세기 기업의 생존 및 발전전략이라고 할 수 있다. 지난 과거부터 효율성과 이익극대화를 추구하기 위한 공급망관리는 계속 발전해 왔다. 그러나 최근에는 지속가능경영의 측면에서 제품과 서비스의 생명주기 전반에 걸쳐 경제적·사회적·환경적 영향을 관리하는 활동으로, 협력업체에 대해 일정 수준 이상의 기업의 사회적 책임(CSR, Corporate Social Responsibility) 활동을 요구하는 공급망 CSR이 대두되기 시작했다. 공급망 CSR 관리 등장 배경에는, 기업의 규모 및 영향력이 증대됨에 따라 전 세계적으로 CSR에 대한 관심이 커지면서 기업의 역할을 강화해야 한다는 요구가 있다. 그동안 CSR 활동은 글로벌 기업들의 전유물로만 여겨졌지만, 갈수록 치열해지는 경영환경에서 글로벌 아웃소싱 증가와 공급시장이 복잡해짐에 따라 리스크 관리 차원에서 산업계 전방위적으로 그 중대성이 커지고 있다.

그림 4-1 **공급망관리의 범위**

| 공급자 (원료채취) | 공급자 (상품제조) | 제조 (최종제품) | 운송/판매 | 소비자 (사용) | 폐기 |

UP-STREAM　　　　　　　　　　　DOWN-STREAM

녹색구매, 공정무역, ROHS, 분쟁광물 금지 등　　　　그린물류, WEEE, EPR, 재활용

☑ WEEE: 폐 전기전자 제품에 대한 생산자의 회수, 재활용 의무에 관한 규정
☑ EPR: 제품 생산자나 포장재를 이용한 제품의 생산자에게 그 제품이나 포장재의 폐기물에 대하여
　　일정량의 재활용 의무를 부여하여 재활용하게 하는 제도

참조: K-biz중소기업중앙회, 2021

공급망관리의 범위는 최초 원료 채취에서부터 제조, 운송, 판매, 사용, 회수, 폐기까지 제품 라이프사이클 전반에 걸친 모든 범위를 포함하고 있다. 최종제품 제조를 기준으로 크게는 상류(Upstream) 단계와 하류(Downstream) 단계의 두 가지로 구분된다. 제품제조 이전 과정인 상류(Upstream) 단계에서 중요하게 다뤄지는 이슈들은 녹색구매, 공정무역, 유해물질제한지침(RoHS, Restricted Hazardous Substances), 분쟁광물 구매금지 등이 있다. 제조 이후 하류(Downstream) 단계에서의 중요 이슈들은 녹색물류, 전기·전자장비 폐기물처리지침(WEEE, Waste Electrical and Electronic Equipment), 생산자책임재활용제도(EPR, Extended Producer Responsibility), 자원 재활용 등을 들 수 있다. 글로벌 ESG와 관련한 기업 동향 중 지속가능한 공급망 생태계 구축을 위한 ESG 공급망관리 강화가 특히 주목을 받고 있는데, 이는 공급망 내 기업들이 E(환경), S(사회), G(지배구조) 각 분야별로 발생될 수 있는 다양한 변수들에 의해 공급 차질이 생길 수 있기 때문에 이에 대한 사전적 대응 차원의 전략으로 볼 수 있다. ESG 공급망 리스크는 기업들이 환경 규제에 제대로 대응하지 못

해 발생될 수 있는 사업 중단, 인권·노동문제로 인한 조업 중단으로 생기는 생산 차질과 공급 중단, 친환경 및 사회적 책임 활동을 위한 의사결정구조 부재에 따른 지속가능한 성장동력 약화 등을 들 수 있다.

중소벤처기업 측면에서 인권과 환경을 중시하고 책임 있는 공급망관리를 위해서는 지속가능한 비즈니스를 위한 중요과제이기 때문에 전사 차원에서 윤리적이고 투명한 공급망관리 대응과 이를 위한 경쟁력 있는 중장기 ESG 경영 차원의 사업전략 수립이 필요한 시점이다. 아무리 글로벌 대기업이나 공급망 내 상위기업이 ESG 공급망관리 강화를 선언한다고 할지라도 협력업체의 사업 현장에서 ESG 경영이 실현되지 않는다면, 결국 ESG는 실효성 없는 외침에 그치고 말 것이다. 이러한 관점에서 현재 유럽연합(EU) 의회는 기업들에게 '공급망 전체'의 환경과 인권 등 현황에 대한 실사를 의무화하는 'EU 공급망 실사 의무화 법안(기업 지속가능성 공급망 실사지침, Directive on Corporate Sustainability Due Diligence)'을 2022년 12월 발표했다.

이외에도 해외 각국에서는 환경, 인권, 노동, 윤리, 지배구조 분야에 다양한 결의안, 지침, 가이드라인 등을 발표하고 있으며 점진적으로 하나씩 채택해 나가고 있다. 이런 현상은 한국에서도 대기업뿐만 아니라 공급망관리에 속해있는 중소벤처협력업체에 적용될 것이며, 우리가 생각하는 것보다 훨씬 빠르게 다가올 것으로 예상된다. 이와 동시에 그 강도 면에서도 공급망관리는 지금보다 더 강력한 법률과 규제의 형태로 의무화될 것으로 보인다.

현재는 EU 국가에 사업장이 없고 법률적으로 직접 적용되지 않는 국내기업이라 하더라도 상기 규제들이 어떤 형태로 영향을 미칠지 실제 어떤 형태로 법률에 반영되는지 결과를 지켜봐야 하겠지만, ESG 공급망관리에 대한 책임이 강화되고 있는 글로벌 흐름이 바뀔 것으로 보이지는 않는다. 따라서 국내기업들은 공급망 관리에 관한 전략 수립을 지금부터라도 신속히 해야 한다. 특히 공급망 내기업들의 인권, 노동, 환경에 관한 사전 체크와 위험요소의 식별과 예방책, 이를 개선하기 위한 정책 방안을 심도 있게 고민해야 한다.

표 4-3 **EU 회원국의 국내법 및 EU 의회의 결의안 요약**

구분	프랑스	네덜란드	독일	EU회의
명칭	모기업과 위탁기업의 경계의무에 관한 법	아동노동 실사의무법	기업 공급망 실사법	기업실사지침안
실사 항목	인권 전반	아동노동	인권 전반	인권·환경·지배구조
주요 국제 기준	UN기업과 인권 이행지침	ILO 아동노동협약 ILO 최저나이협약 UN 기업과 인권 이행지침	UN 기업과 인권 이행지침 OECD 기업실사 지침	UN 기업과 인권 이행지침 OECD 기업실사 지침 SDGs·EU 그린딜· 파리협정
적용 대상	(프랑스 내 본사) 임직원 5,000명 이상 (본사 위치 무관) 임직원 10,000명 이상	네덜란드 소비자에 게 상품 및 서비스 를 제공하는 '모든 기업'	임직원 3,000명 이상(2024년부터 1,000명 이상)	EU에서 활동하는 대기업 및 상장 중소기업
실사 범위	자사 사업장 모든 자회사 공급· 협력 업체	全공급망 (throughout supply chain)	자사 사업장 全공급망 (throughout supply chain)	자사 사업장 사업 관계사
의무 사항	기업실사의 수립과 이행에 대한 연례 보고	아동노동 근절 및 예방에 대한 성명서 제출	공급망 실사 수립· 이행 및 결과보고서 제출	① 無연관 성명서 제출 ② 기업실사 실행 및 결과보고서 제출
법적 제재	최대 3,000만 유로	① 최대 82만 유로 또는 총매출액의 10% ② 책임자 징역(2년 이하)	① 최대 800만 유 로 또는 총매출 액의 2% ② 3년간 공적조달 제외	① 총매출액 기준 벌금 ② 공공조달 및 공 적자금 지원에서 제외
한계점	대기업 한정	아동노동 한정	기존의 500인 이 상 적용보다 낮아 진 기준	

자료: <세계경제 포커스(EU 의회 기업실사지침안의 주요 내용과 시사점)> 내용 중 각국 법(안) 및 법(안)의
번역본: European Commission(2020. 2), "Study Due Diligence Requirements through the
Supply Chain, Part Ⅲ: Country Reports: European Parliament(2021.3.10.),"(Resolution)
Corporate due diligence and corporate accountability 토대로 작성

03 공급망 내 생존을 위한 중소벤처기업 ESG 경영

중소벤처기업진흥공단에서 발간한 〈KOSME 이슈 포커스〉 2021.8월호의 중소기업 ESG 경영 대응동향 조사내용을 보면, 중소기업 50% 이상이 ESG 경영은 필요한 것으로 인식하고 있다. 그러나 조사기업 4곳 중 1곳만 준비가 되어있거나 준비 중이라는 결과가 나왔다. 글로벌 ESG 트렌드와 함께 한국도 정부 주도의 ESG 경영 확산을 위한 정책이 강화되고 있는 가운데 중소벤처기업의 ESG 준비상태는 매우 미흡한 상황이다. 대다수의 중소벤처기업은 거래 특성상 공급망 관리(SCM, Supply Chain Management) 어느 곳에서 중간자 역할을 하고 있으며, 고객사와 협력업체의 허리 역할을 담당하고, 싱·하 거래처 모두의 요구사항에 대응해야 하는 경우가 많다. 일반적으로 B2B 거래에서 고객사에 해당하는 대기업은 과거부터 ESG 경영을 도입해 수행하고 있으며, ESG 성과지표를 통해 협력업체들을 체계적으로 관리하고 있다. 하지만 공급망 중간에 위치한 중소벤처기업은 ESG 경영 준비가 미비한 상태이기 때문에 고객사의 ESG 경영 요구사항에 대응하기에도 힘든 상황에서 하위 협력업체를 관리해야 하는 이중고를 안고 있는 실정이다. 공급망 ESG 측면에서 고객사의 ESG 경영 요구사항을 충족시키기 위한 기업 자체적인 활동 노력보다는 ESG 경영에 대한 이해가 부족한 하위 협력업체의 ESG 관리가 더 어렵고 힘들 수도 있는 것이다.

그림 4-2 공급망 협력사와의 관계도

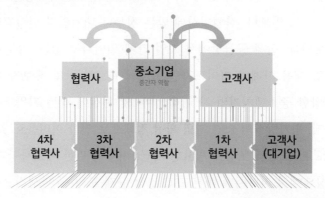

참조: K-biz중소기업중앙회, 2021

아직 많은 중소벤처기업이 ESG 경영과 관련해 환경적(E), 사회적(S), 지배구조(G)의 규제와 요구가 기업발전과 생존에 영향을 미치는 가장 중요한 위험(Risk)과 기회(Opportunity) 요인으로 다가오고 있음을 인식하지 못하고 있다. ESG 경영 도입 시 중소벤처기업의 애로사항은 크게 세 가지로 요약할 수 있다.

첫 번째는 ESG 경영을 바라보는 시각과 가치관의 문제이다. 기업경영을 단기적 이윤 극대화에만 집중하는 경영진의 태도가 문제가 된다. 기업의 경쟁력 강화를 위해 ESG 경영으로 접근하는 전략적 시각이 부족함을 들 수 있다. 중소벤처기업은 위기상황이 현실적인 문제로 닥치지 않으면 이를 무시하거나 간과하는 경향이 있고, ESG 경영을 통해 새로운 기회를 포착할 수 있는 가치창출에 대한 적극적인 의지가 부족한 것이다.

두 번째는 ESG 경영을 위한 기업 내부 인프라의 문제이다. ESG 경영에 대한 전문성이 부족한데, 효율적인 운영과 시스템 구축을 위한 전담인력이나 담당부서를 추가적인 부담으로 생각한다. 이는 ESG 경영활동을 생존을 위한 투자라는 관점보다 어쩔 수 없이 행하는 일회성 비용으로 간주하기 때문에 방어적이고 수동적으로 접근하게 되는 것이다.

세 번째는 ESG 경영 지원방식에 대한 문제이다. 중소벤처기업 ESG 경영 확산정책 초기단계에서 통제와 규제 위주의 정책에 중소벤처기업은 법률적·기술적 부담을 느끼고 있으나, 산업현장에 맞는 정부나 대기업의 현실적인 지원노력이 부족해 보인다. 실제 공급망에서 기업 간에 일어나고 있는 ESG 경영에 관한 중소벤처기업 대응 사례와 가이드라인 형태의 자료보급 및 홍보가 부족한 상황이다. 또 다양한 중소벤처기업 간 거래 상황 및 현실에 맞는 지원보다는 획일화된 통제, 규제, 평가방식의 ESG 경영 확산 정책으로 인한 어려움도 있다.

이외에도 ESG 경영 도입에 필요한 자금, 비용에 관한 애로사항과 아직 준비가 미흡한 상태에서 지나치게 빠른 ESG 경영 규제 도입 등 파생적으로 발생되는 문제들도 있다.

표 4-4 **ESG 도입 시 중소벤처기업 애로사항**

ESG 도입 시 중소벤처기업 애로사항		
시각의 문제	– 단기 이윤 극대화에만 집중하는 경영진 – 기업경쟁력 강화에 대한 중장기적인 시각 부족	▶	– 현실적 문제로 닥치지 않을 경우 이를 무시 및 간과 – ESG를 통해 새로운 기회, 가치창출에 대한 의지 부족
인프라 문제	– ESG에 대한 전문성 및 효율성 부족 – 전담부서, 시스템 구축 등에 대한 부담	▶	– ESG를 투자라기보다는 비용으로 간주 및 방어적·수동적 – 초기 효율성 극대화를 위한 투자의 중대성 인식 부족
지원의 문제	– 통제와 규제에 대한 부담 – 정부, 대기업의 현실적 지원 노력 부족	▶	– 실제 비즈니스 측면에서의 사례와 가이드라인 보급 부족 – 현실적 지원보다는 통제, 규제, 평가방식의 ESG 확산 정책

중소벤처기업은 저마다 각기 다른 다양한 기업환경에서 사업을 영위하고 있기 때문에 모든 상황을 고려한 해결책을 마련하기는 어렵겠지만, 좀 더 효과적인 중소기업 ESG 경영 도입확산을 위해서는 몇 가지 선행되어야 할 것들이 있다.

가장 먼저 해야 할 것은 ESG 경영 인식확산을 위해 산업계 전반에 걸친 폭넓은 교육과 홍보 프로그램이 필요하다. 그러나 아직도 국내 산업현장에서는 CSR·ESG 용어조차도 모르는 중소벤처기업이 생각보다 많다. 따라서 중소벤처기업을 위한 ESG 경영에 관한 교육내용은 일반적인 대기업 수준의 왜 해야 되는지에 대한 필요성만을 강조하는 ESG 교육이 아니라 E(환경), S(사회), G(지배구조) 각 분야별로 관계된 협력사들과는 무엇을 준비하고, 어떻게 대응하고 활동하는지 등과 같은 구체적인 방법론에 대한 실천적인 ESG 경영 교육지원이 필요하다.

이를 위해서는 중소벤처기업 임직원 대상의 ESG 경영교육도 중요하지만, 수많은 중소벤처기업이 처해있는 환경과 여건에 맞는 교육 진행이 가능한 전문가 양성도 함께 병행되어야 보다 효과적일 것이다. 또한, 중소벤처기업 ESG 경영을 위한 경영전략 및 성과지표 관리와 같은 구체적이고 기술적인 프로그램 실행을 위해서는 기업 자체적인 담당인력이 절실히 필요하다. 그러나 짧은 기간에 ESG 경영 전문가 양성과 충원은 현실적으로 매우 어려운 일이다. 이를 위해서는 정부나 대기업에서 중소벤처기업 수준에 맞는 전문가를 연결하고, 필요시 파견근무 형태의 실질적 도움이 될 수 있는 지원사업이 진행되어야 중소벤처기업의 ESG 경영 전환이 좀 더 빨리 이뤄질 수 있을 것이다.

ESG 경영과 공급망에 대한 중요성이 대두되고 있는 가운데 국내 중소벤처기업의 ESG 경영 도입에는 해결해야 할 많은 어려움이 E(환경), S(사회), G(지배구조) 각 분야에 산적해 있는 것이 사실이다. 그러나 글로벌 흐름으로 볼 때 미룬다고 될 일이 아니다. 여러 가지 규제와 무역장벽 등으로 전 산업군에 걸쳐 영향을 끼치고 있기 때문에 공급망 내 생존을 위해서라도 중소벤처기업 스스로 ESG 경영을 실천하기 위한 선제적인 노력이 필요하다. 이와 함께 중소벤처기업의 현실을 고려한 정부 정책과 지원이 절실히 필요한 상황이다.

대기업 공급망 실사 이슈와 ESG 경영실천

　글로벌 대기업들이 자사 공급망에 있는 협력사에 대해 ESG 경영을 요구하고 있다. 애플은 전 세계 공급망 협력사에 'RE100' 제품 생산을 요구하고 있으며, 마이크로소프트는 탄소배출량 공개를 요구하는 행동강령을 제정해 공급업체에 요구하고 있다. 삼성전자는 신규 협력사를 선정할 때 환경안전·노동인권 등의 영역 평가를 실시하며, LG전자는 협력사 제품 및 부품에 포함된 주요 광물의 채굴과정에서 노동인권 침해, 환경훼손을 유발하는 광물을 사용하지 않도록 원산지 모니터링을 실시하고 있다. 중소벤처기업들이 ESG 경영을 직접 행하지 않더라도, 이해관계자나 관계사들이 ESG 경영을 요구할 경우 공급망 ESG 관리차원에서 그 요구를 피할 수 없는 환경이 된 것이다. ESG 경영실천을 할 때에는 ESG 목표를 설정하고, ESG 실행을 한 후, ESG 정보공시와 ESG 경영평가로 이어지는 프로세스를 거치게 된다. 또한 ESG 경영 프로세스에는 글로벌 가이드라인이 마련되어 있으며, 이를 참고하면 보다 수월하게 ESG 경영을 실천할 수 있을 것이다.

　국내외적으로 ESG(환경, 사회, 지배구조) 경영이 대기업·중소벤처기업을 포함해 다양한 조직 및 기관에서 화두로 부상하고 있지만, 주요국 대비 상대적으로 한국의 ESG 경영 대응책 마련은 아직 미흡한 것으로 평가받고 있다. 기업들의 ESG 경영실천을 지원하고, 특히 대기업 공급망과 연계돼 있는 중소벤처기업을 집중 지원해야 한다는 지적이 이어지고 있다. 대외경제정책연구원에서 발행한 〈국제

사회의 ESG 대응과 한국의 과제〉보고서를 통해, 국내외적으로 정보공개 차원에서 ESG 경영이 특히 강조되고 있으며, 주요 경제활동의 중요한 고려요소로 강조되는 국제사회의 추세를 면밀히 검토해 대응방안을 찾아야 된다고 주문하고 있다.

EU와 미국은 기업의 지속가능성에 대한 의무공시 기업을 확대하거나, 공시해야 하는 정보의 범위를 확대하는 방식으로 ESG 경영 생태계를 조성하고 있다. 아시아 국가도 ESG 경영 정보나 지속가능보고서에 관한 공시규정과 공시지침을 연이어 도입하는 추세이다. 주요 국가들의 ESG 경영 제도와 정책을 보면, 기업이나 투자자의 공시제도, 투자 결정에 ESG 통합, 금융상품 관련 제도, 지속가능 금융전략, 스튜어드십코드, 분류체계(Taxonomy) 등으로 나타나고 있다.

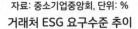

그림 4-3 국내 중소기업 공급망 ESG 대응현황

국내 중소기업 공급망 ESG 대응현황

자료: 중소기업중앙회, 단위: %

거래처 ESG 요구수준 추이

점차 약화되고 있음 0.8
변동없음 48.4
점차 강화되고 있음 50.8

중기이코노미

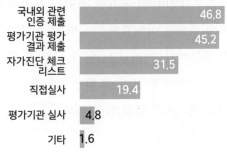

거래처의 ESG 요구형태

구분	비율
국내외 관련 인증 제출	46.8
평가기관 평가 결과 제출	45.2
자가진단 체크 리스트	31.5
직접실사	19.4
평가기관 실사	4.8
기타	1.6

참조: K-biz중소기업중앙회, 2021

최근 EU·미국과 같은 국가 혹은 지역별로 다양한 형태의 공급망 규제들이 도입되고 있다. 보고서는 이러한 요인들이 기업의 글로벌 공급망 참여에 상당한 제약요인으로 작용할 수 있다. 특히 다국적기업들의 경우, 국가별로 서로 다른 공급망 실사 의무를 부담해야 하기 때문에 규정준수 비용이 크게 확대될 가능성이 있다. 따라서 공급망 전반에 걸친 ESG 경영과 정보공시 분위기가 확산되고, 소비자와 투자자의 의사결정에 ESG 요소의 영향력이 확대되고 있어, 중소벤처 기업의 ESG 경영실천과 대응 노력이 필요하다. ESG 경영실천 프로세스를 요약해 보면 다음과 같다.

1) ESG 경영목표 설정

UN이 채택한 SDGs(지속가능발전목표)를 참고해 ESG 경영목표를 설정할 수 있다. SDGs는 17개 목표와 169개의 세부목표로 구성돼 있다. 사회적 포용, 경제성장, 지속가능한 환경의 3대 분야를 유기적으로 아우르며 인간중심의 가치지향을 최우선시하고 있다. ESG 경영의 궁극적 지향점을 제시하고 있다.

2) ESG 경영실천 ISO 26000

ESG 경영실천에는 ISO 26000이 기준이 될 수 있다. ISO 26000은 국제표준화기구가 2010년 공표한 조직의 사회적 책임에 관한 국제표준으로, 사회적 책임을 이행하고 이해관계자 식별 및 이해관계자와의 커뮤니케이션을 제고하는 지침을 제공한다. 거버넌스, 인권, 노동 관행, 환경, 공정운영 관행, 소비자 이슈, 지역사회 참여와 발전 등에 걸친 7대 핵심 주제와 하위 36개 이슈 등에 대한 고려사항과 권고지침 등을 담고 있다.

3) ESG 경영공시 글로벌 가이드라인

ESG 공시 글로벌 가이드라인으로는 GRI, SASB, TCFD, ISSB 등이 있다.

▶ GRI(Global Reporting Initiative)

전 세계 대다수 기업이 참조하는 ESG 정보공시 가이드라인으로, 미국의 환경단체인 CERES와 UN환경계획 등이 중심이 돼 1997년 설립한 비영리기구다.

GRI는 기업의 지속가능경영 성과 공시에 대한 가이드라인을 지속적으로 제시하고 있으며, 2021년 개정판을 발표했다. 전 세계 1만 5,000개 이상의 조직이 GRI 가이드라인에 따라 지속가능경영보고서를 발간하고 있으며, 한국의 기업도 90% 이상이 GRI 가이드라인을 따라 지속가능경영보고서를 발간하고 있다.

▶ SASB(Sustainability Accounting Standards Board)

투자자들의 산업별 ESG 이슈에 대한 기업의 성과를 비교할 수 있는 표준이다. 77개 산업별 지속가능성 보고 표준과 산업별 중대이슈에 대한 정보공개를 요구하고 있다. 블랙록의 래리 핑크 회장은 2020년 연례 서한에서 지속가능성 정보공개를 요구하면서, SASB 기준을 지지한 바 있다.

▶ TCFD(Task Force Climate-Related Financial Disclosure)

SASB와 마찬가지로 투자자들의 요구로 인해 주목받고 있는 ESG 정보공시 기준이다. 기업이 기후변화와 관련해 직면한 리스크 및 기회 요소를 파악하고 이를 리스크 관리체계와 전략에 반영한 후, 예상되는 재무적 영향을 수치화해 외부에 공개하도록 권고하는 것이 핵심내용이다. 기후변화와 관련한 기업의 거버넌스 전략, 리스크 관리, 정량적 지표 및 목표 공개를 요구하고 있으며, 전 세계 1,700개 이상의 기업이 TCFD 기준에 따라 공시하고 있다.

▶ ISSB(International Sustainability Standards Board)

IFRS 재단이 설립한 정보공시 기준이다. ESG 이슈를 주도하는 투자자 그룹을 중심으로 기업의 비재무적 가치에 대한 명확하고 일관된 판단을 위해 정보공시 기준을 표준화해야 한다는 요구가 커졌고, ISSB는 SASB, TCFD, CDSB 등 기존의 공시기준을 통합하면서 공개초안에 대한 전 세계 의견수렴을 거쳐 올해 2월 최종안을 발표했다. 2025년부터는 ISSB 기준을 적용한 공시가 본격화될 것으로 예상된다.

4) ESG 경영평가

ESG 경영평가에 대한 글로벌 가이드라인은 MSCI와 에코바디스 등이 있고, 국내에는 KCGS가 마련돼 있다.

MSCI(Morgan Stanley Capital International Index)는 전 세계에서 가장 대표적인 글로벌 ESG 평가지표로, 전 세계 8,500여 개의 상장기업을 대상으로 ESG 평가를 하고 있다.

KCGS(Korea Institute of Corporate Governance and Sustainability)는 국내 기업이 가장 주목하는 ESG 평가지표로 한국ESG기준원의 ESG 평가지표이다. 국내 900여 개 상장기업을 평가대상으로 하며, 기업의 공시자료를 기반으로 ESG 영역별 18개 대분류, 281개 핵심 평가항목을 기준으로 기본평가를 시행하고, 58개의 핵심항목에 대한 심화평가를 거쳐 총 7개 등급으로 평가결과를 부여한다.

에코바디스(EcoVadis)는 공급망의 지속가능성을 Web솔루션 기반으로 평가하는 기관이다. 150개 산업을 대상으로 환경, 노동관행, 공정운영, 지속가능 조달 등 4가지 주제의 21개 이슈를 토대로 평가를 진행하고 있다. 전 세계적으로 5만여 개 이상의 거래업체를 평가했으며, 특히 유럽에 수출하는 국내기업들이 관심을 갖고 대응하고 있는 평가지표 중 하나다.

기업들의 공급망 ESG 지원을 위해 국내에는 다양한 지원사업이 있다. 주요 금융기관에서는 ESG 우수기업에 따라 금리 및 대출 한도를 우대한다. 한국무역협회는 ESG 수출역량 자가진단 서비스를 제공하고 있으며, 대한상공회의소는 ESG 실사 및 피드백 서비스를 제공하고 있다. 중소기업중앙회는 ESG 수준 진단 및 피드백 서비스를 제공하며, 동반성장위원회에서도 진단서비스를 지원한다. 중소벤처기업과 중견기업의 ESG 경영역량을 강화하기 위해 정부 및 다양한 기관의 지원사업과 컨설팅 등을 적극적으로 활용하는 것이 좋다.

05

공급망 ESG 경영의 에코바디스 (EcoVadis) 평가 대응

에코바디스(EcoVadis)는 프랑스에 본사를 둔 2007년에 설립된 세계 최대 규모의 공급망 ESG 솔루션 기업이다. 에코바디스는 글로벌 클라우드 기반 SaaS 플랫폼을 통해 기업의 환경, 사회, 윤리성과를 평가하는 총체적 지속가능성 평가 서비스를 제공하는 기관이다. 에코바디스 평가 인증은 B2B 기업 대상으로 공급망 편입 시 자격요건으로 활용되고 있어 인증 획득을 통해 글로벌 기업들 사이에서 시장 지위와 평판 및 경쟁력을 향상시킬 수 있다. 각 기업은 환경, 노동 및 인권, 윤리, 지속가능한 조달의 영향을 포함한 광범위한 비금융 관리 시스템을 대상으로 기업의 규모, 위치 및 산업과 관련된 중요한 이슈에 대해 평가를 받는다. 기업의 지속가능성 대처를 평가하고, 업계의 벤치마크나 기타 부문의 기업과 비교하는 스코어 카드를 제공한다. 또한 공급업체와 바이어가 지속가능성 성과를 관리하기 위한 협업 플랫폼을 제공한다. 이를 통해 기업은 지속가능한 관행을 개선하고 성과를 이해관계자에게 전달하며, 공급망에 대한 보다 객관적인 의사결정을 내릴 수 있다.

2021년을 기준으로 170여 개국, 200여 개 산업, 10만 개 이상 기업을 대상으로 환경, 노동 및 인권, 윤리 및 공정거래, 지속가능한 조달 등 4가지 분야를 평가하며 결과에 따라 평가단계는 5단계로 무등급(None), 브론즈(Bronze), 실버(Silver), 골드(Gold), 플래티넘(Platinum)으로 구성되어 있다. 점수는 100점 만점으로 점수에 따라 플래티넘(상위 1%), 골드(상위 5%), 실버(상위 25%), 브론즈(상위 50%) 등급을 받게 되며, 점수 유효기간은 1년으로 매년 갱신해야 한다. 상당수 글로벌 기업이 협력사에 에코바디스 평가점수를 요구하며, 점수를 제출하지 않거나 일정 기준에 미달하면 협력사에서 배제된다. 다국적 기업들은 글로벌 공급망의 지속가능성을 증진하기 위해 에코바디스와의 협력을 통해 준법을 넘어 거래업체를 압박하기 위한 "선을 위한 힘"으로서 영향을 활용할 수 있다. 평가 기업은 같은 업계의 벤치마크와 비교하여 자사의 스코어가 어떤지 볼 수 있다. 스코어카드 결과와 개선점 결과를 결합하면 모든 업계가 세계 최고의 관행을 위해 경쟁하는 "최고를 향한 경주"에 들어서게 된다.

1) ESG 경영과 공급망관리

최근 핫이슈로 부상하고 있는 공급망실사법은 공급망에서의 인권침해, 환경파괴, 노동악화 등의 문제를 방지하고 사회적 책임을 강화하기 위해 제정된 법이다. 글로벌 대기업들이 자사 공급망에 있는 협력사에 대해 ESG 경영을 요구하고 있다. 애플은 전 세계 공급망 협력사에 'RE100' 제품 생산을 요구하고 있으며, 마이크로소프트는 탄소배출량 공개를 요구하는 행동강령을 제정해 공급업체에 요구하고 있다. 삼성전자는 신규 협력사를 선정할 때 환경안전·노동인권 등의 영역평가를 실시하며, LG전자는 협력사 제품 및 부품에 포함된 주요 광물의 채굴과정에서 노동인권 침해, 환경훼손을 유발하는 광물을 사용하지 않도록 원산지 모니터링을 실시하고 있다.

과거에는 기업들이 자사의 이익을 위해 공급망에서 불법노동, 인권침해, 환경파괴 등을 저지르는 경우가 많았다. 이러한 문제는 기업의 명예와 이미지를 훼손시키고, 공급망 내의 각 단계에서 일하는 노동자들의 인권과 안전에 대한 심각한 피해를 야기시키고 있다. 또한 이러한 문제는 기업과 소비자 간의 신뢰를 떨어뜨리고, 산업계 전반에 부정적인 영향을 끼치는 등 사회적으로 매우 위험한 결과를 초래한다. 따라서 공급망실사법은 이러한 문제를 예방하고, 기업의 사회적 책임을 강조하며, 안전하고 공정한 공급망을 구축하기 위해 제정되었으며. 이를 통해 기업들은 공급망 내의 모든 단계에서 인권, 노동자 권리, 환경 등을 보호하며, 기업과 소비자 간의 신뢰를 높이고, 사회적 책임을 다하도록 유도하고 있다.

이러한 공급망 ESG 실사법의 영향으로 인해 공급망 ESG 경영평가 제도가 강화되었고 이에 따라 에코바디스(EcoVadis) 평가를 받는 기업이 늘어나고 있다. 에코바디스는 모기업의 리스크 요인 사전예방을 위한 협력업체 자체 평가의 대안으로 확산되어 거래유지 또는 거래중지 조건으로 에코바디스 평가 등급을 요구하면서 자체 역량이 부족한 중소벤처기업들이 대응하는 데 어려움을 겪고 있는 실정이다.

2) 에코바디스(EcoVadis) 평가내용 구성

에코바디스(EcoVadis) 평가는 환경, 노동 및 인권, 윤리 및 공정거래, 지속가능한 조달 등 4가지 분야로 구성되어 있다. 평가결과는 기업에서 지속가능성 성과의 강점과 약점을 보여주는 스코어카드로 작성된다.

A. 환경

▶ 에너지 및 온실가스 배출

재생 가능 에너지(Renewable Energy) 사용 및 에너지 효율성 개선 노력을 포함하여 에너지 소비 및 온실가스 배출을 줄이기 위한 기업의 노력을 평가한다. 재생에너지는 화석연료와 원자력을 대체할 수 있는 무공해 에너지로, 일반적으로는 대체에너지를 구성하는 한 요소로 이해된다. 한국에서는 대체에너지 개발 및 이용·보급 촉진법 제2조에서 대체에너지를 석유·석탄·원자력·천연가스가 아닌 11개 분야의 에너지로 규정하고 있다. 11개 분야는 크게 태양열·태양광발전·바이오매스·풍력·소수력·지열·해양에너지·폐기물에너지 등 재생에너지 8개 분야와 연료전지·석탄액화가스화·수소에너지 등 신에너지 3개 분야로 구분하고 있다.

▶ 물 사용 및 폐수관리

물 소비를 줄이고 폐수를 효과적으로 관리하려는 노력을 포함하여 기업의 물 관리 관행을 평가한다.

▶ 생물다양성 및 생태계 서비스

자연 서식지를 보호하고 보존하려는 노력을 포함하여 생물 다양성 및 자연 생태계에 대한 기업의 영향을 평가한다. 생물다양성은 보통 '어떤 지역의 유전자, 종, 생태계의 총체'로 이해되지만 좀 더 자세한 정의로는 1989년 세계자연보호재단이 규정한 '수백만여 종의 동식물, 미생물, 그들이 가진 유전자, 그리고 그들의 환경을 만드는 생태계 등을 모두 포함하는 이 지구상에 살아 있는 모든 생명의 풍요로움'이 있다. 모두 생명 현상의 다양함에 대한 개념이며 보통 유전자, 종, 생태계 수준을 포함한다. 최근에는 분자 수준까지 덧붙이기도 한다.

▶ 자원 소비 및 폐기물 관리

자원 소비 및 폐기물 관리에 대한 기업의 접근 방식을 평가한다. 여기에는 폐기물 감소, 재활용 증가, 원부자재 효율성 개선 노력이 포함된다.

▶ 환경 혁신 및 공급업체 환경 관행

상기 환경 기준과 관련된 기업의 혁신활동과 공급업체의 환경 관련 혁신활동을 장려하고 지원하려는 노력을 평가한다.

B. 노동 및 인권

▶ 고용 관행 및 노동권

기업의 고용 관행과 공정한 임금, 안전한 근무조건 및 결사의 자유와 같은 문제를 포함하여 근로자의 권리를 보호하고 증진하기 위한 노력을 평가한다.

▶ 건강 및 안전

작업장 위험을 식별 및 관리하고 안전문화를 촉진하는 활동을 포함하여 근로자의 건강과 안전을 보장하기 위한 기업의 노력을 평가한다.

▶ **교육 및 경력개발**

직원 학습 및 경력개발을 지원하기 위한 노력을 포함하여 직원 교육 및 개발에 대한 기업의 활동을 평가한다.

▶ **다양성 및 차별**

차별을 방지하고 다양하고 포용적인 직장을 조성하기 위한 노력을 포함하여 다양성, 형평성 및 포용성에 대한 기업의 활동을 평가한다.

▶ **인권 및 공급망관리**

강제 노동, 아동 노동 및 기타 인권 유린을 방지하기 위한 노력을 포함하여 공급망 전체에서 인권을 존중하는 기업의 활동을 평가한다.

C. 윤리

▶ **반부패**

뇌물 수수, 부패 및 관련된 정책 및 절차를 갖추고 있는지 등 부패를 방지하고 윤리적 비즈니스 관행을 촉진하기 위한 기업의 실적을 평가한다.

▶ **책임 있는 로비 및 정치활동**

정부관리 및 정치 조직과의 상호작용 과정에서 투명하고 윤리적인 노력을 하였는지 등 정치활동에 대한 기업의 실적을 평가한다.

▶ **책임 있는 마케팅**

윤리적이고 투명한 방식으로 제품 및 서비스를 홍보하려는 노력 등 책임 있는 마케팅 관행에 대한 기업의 실적을 평가한다.

▶ **데이터 프라이버시 및 보안**

데이터 수집, 저장 및 사용과 관련된 정책 및 절차를 갖추고 있는지 등 개인

데이터의 프라이버시 및 보안을 보호하기 위한 기업의 실적을 평가한다.

▶ 공급망 투명성 및 사회적 책임

공급업체 관행을 모니터링 관리하고 공급망 투명성을 보장하기 위한 노력을 했는지 등 공급망 전반에 걸친 사회적 책임과 관련되는 기업의 실적을 평가한다.

D. 지속가능한 조달
▶ 공급업체 선택 및 위험관리

지속가능성 기준에 따라 공급업체를 평가 및 선택하고 공급업체 관행과 관련된 위험을 관리하려는 노력 등 공급업체 선택 및 위험관리에 대한 기업의 실적을 평가한다.

▶ 책임 있는 조달 및 환경기준

책임 있는 조달과 관련한 기업실적과 공급업체 선택 및 관리에서 환경기준을 촉진하려는 노력을 평가한다.

▶ 공급업체 관계 및 참여

공급업체와 강력한 관계를 구축하고 공급망의 지속가능성과 관련한 이슈에 참여한 기업의 실적을 평가한다.

▶ 모니터링 및 후속 조치

공급업체의 성과 및 지속가능성에 영향을 주는 업무관행을 모니터링하고 후속 조치한 기업의 실적을 평가한다.

에코바디스(EcoVadis) 평가는 문서검토, 데이터 수집 및 이해관계자 참여를 조합하여 기업의 성과를 평가한다. 그 결과 에코바디스 점수는 지속가능성 성과를 반영하며 고객, 투자자 및 기타 이해관계자가 지속가능성 성과를 평가하는 데 사용한다.

E. 에코바디스(EcoVadis) 평가 등급

에코바디스는 기존과 같이 등급을 동일하게 나누되 무등급(None), 브론즈(Bronze), 실버(Silver), 골드(Gold), 플래티넘(Platinum) 등급을 각각 전체 기업 중 100점 만점으로 점수에 따라 플래티넘(상위 1%), 골드(상위 5%), 실버(상위 25%), 브론즈(상위 50%)에 해당하는 성과기준으로 평가하고 있다.

그림 4-4 에코바디스(EcoVadis) 평가 등급

Top 1%

Top 5%

Top 25%

Top 50%

참조: ecovadis.com

3) 에코바디스(EcoVadis) 평가를 통한 기대효과

대기업이 ESG 경영 측면에서 공급망관리를 어떻게 하고 있는지를 평가받을 때 그 내용은 공급망과 연결된 공급업체, 제조공장, 유통센터, 도소매 할인점 등의 ESG 성과이다. 실제 공급망의 사회적 논란으로 큰 타격을 입는 기업들이 많아짐에 따라 공급망관리 차원으로 1, 2차 협력회사에 ESG 경영활동을 요구하는 대기업이 많아지고 있다. 대기업은 공급망과 연결된 업체들에게 ESG 경영성과를 요구하게 되고, 이때 필요한 것이 에코바디스(EcoVadis)이다. 왜냐하면 에코바디스는 공급망 관련 업체들의 ESG 경영성과를 평가하는 도구이기 때문이다. 기업들이 에코바디스 평가를 통해 얻을 수 있는 기대효과는 다음과 같이 요약할 수 있다.

▶ 지속가능성 성능 향상

에코바디스는 지속가능성을 측정하기 위한 프레임워크를 제공한다. 이 프레임워크는 기업이 개선해야 할 영역을 특정하고 운영과 공급망에서 보다 지속가능한 프랙티스(practice)를 구현하는 데 도움이 된다.

▶ 투명성과 신뢰성 향상

에코바디스의 평가는 기업의 지속가능성 성능에 대해 신뢰할 수 있는 독립적인 평가를 제공한다. 또한 에코바디스 평가결과를 이해관계자에게 전달할 수 있는 공유 서비스를 제공하고 있다.

▶ 경쟁우위

지속가능성이 고객 및 투자자에게 점점 더 중요해지고 있는 업계에서 기업을 경쟁사와 차별화하는 데 에코바디스 등급을 사용할 수 있다.

▶ 리스크 완화

에코바디스 등급은 기업이 공급망 내 환경 및 사회적 위험, 평판 위험, 법적 및 규제 위험 등의 위험을 식별하고 경감하는 데 도움이 된다.

▶ 공급업체 관계 개선

에코바디스 평가는 공급업체와 연계하여 공급망 전체에서 지속가능성 성능을 향상시키는 데 사용할 수 있다. 이를 통해 공급업체와의 관계가 강화되어 보다 지속가능하고 책임 있는 공급망을 구축할 수 있다.

▶ 브랜드 가치 향상

에코바디스 평가는 지속가능성과 책임 있는 비즈니스 관행에 대한 헌신을 보여줌으로써 기업의 브랜드 가치를 높일 수 있다. 이는 고객 로얄티 향상과 브랜드 인지도 향상으로 이어진다.

SK이노베이션의 ESG 공급망관리 사례

SK이노베이션은 'Carbon to Green' 전략의 실현을 위해 2020년에 ESG 관점으로 체계화한 공급망관리 기준과 평가의 실행력을 한층 강화하고 있다. 2021년에는 협력사 ESG 행동규범 준수 동의율 81%를 달성하였으며, 해외 협력사를 대상으로 하는 ESG 행동규범 준수 동의 확대를 위해 구매시스템 개선에 착수하였다. 또한 ESG 행동규범 및 윤리실천서약서에 서명한 업체를 대상으로 거래가 가능하도록 공급망관리 정책을 적용하고 있다. 이와 함께 핵심 협력사를 대상으로는 제3자 전문기관을 통해 ESG 심화평가 및 실사를 시행하였으며, 평가결과가 협력사들의 실제 ESG 리스크 개선으로 이어질 수 있도록 2022년부터 협력사 지원 프로그램과 인센티브 등을 제공하고 있다.

1) ESG 공급망관리 범위 및 분류

SK이노베이션은 2020년부터 전략적 중요도와 ESG 리스크를 기준으로 3년 내 거래 실적이 있는 협력사를 4개 그룹으로 구분하고, 핵심 협력사로 분류된 협력사를 집중 관리해 왔다. 2022년에는 SK이노베이션의 사업 확장에 따른 사업별 다양한 협력사의 분포와 거래 특징(거래주기, 규모)이 있는 점을 고려하여 협력사 선정기준을 직전 연도와 당해 연도에 거래실적이 있는 협력사로 개편했다. 이를 통해 협력사 대상 ESG 리스크 평가가 단순 평가에서 그치지 않고 협력사가 당면한 ESG 현안 문제개선 및 실질적인 ESG 성과로 이어질 수 있도록 한다.

표 4-5 2022년 적용 공급망 분류 체계

구분	대상
Tier 1 협력사(2,632개사)	직접 거래 협력사(전년도 및 당해 연도 발주 협력사)
– 핵심협력사(249개사)	전략적 중요도와 ESG 리스크 노출도가 모두 높은 협력사
Tier 2 협력사(240개사)	일정 구매금액 이상 거래를 진행한 1차 협력사의 중간 도급업체

표 4-6   전략적 중요도 및 ESG 리스크 판단기준(핵심협력사)

품목	전략적 중요도	ESG 리스크 노출도
원자재	연간 발주액 기준	SHE 관리 대상, 분쟁광물, 하도급 업체, 화학물질 관련 제조업체 등
기자재		
공사, 용역	울산, 인천 지역전담 설비협력사 중 자재 단가계약업체 등	
Battery IET(소재)	핵심기술, 대체 불가능 업체 등	
Commodity	전략적 구매 아웃소싱 업체	

2) 협력사 ESG 평가 및 관리 항목

SK이노베이션은 환경, 안전보건, 인권, 노동, 윤리, 거버넌스 등의 협력사에서 발생할 수 있는 ESG 리스크에 대한 평가를 통해 이를 관리하고 있다. 평가기준은 공통적으로 공정투명 거래 동의서, 구매윤리규범, 협력사 행동규범(Code of Conduct)의 내용을 포함하고 있으며, 국내 업체의 경우에는 구매기본계약서에서, 해외 업체의 경우 GTC(General Terms & Conditions)에서 관련 내용을 확인할 수 있다. 협력사 ESG 리스크 관리 강화를 위해 신규 협력사를 대상으로 구매시스템 회원 가입 시 ESG 사전평가를 진행하고 있으며, 기존 협력사를 대상으로 정기 및 상시 ESG 리스크 평가를 진행해 왔다. 2022년에는 Tier1 협력사를 대상으로 좀 더 체계적이고 정기적으로 ESG 정기평가가 이루어질 수 있도록 사전·정기평가 방식을 개편 및 구매시스템 고도화를 통해 이를 2023년부터 적용한다.

핵심 협력사의 경우, 제3자 전문기관을 통한 심화평가를 실시하여 평가결과를 기반으로 등급을 나누고 이에 따른 조치를 진행할 것이라고 한다. 고득점 협력사에게는 포상과 인센티브 등 혜택을 부여할 예정이며, 고위험 협력사 대상으로는 추가 실사 및 제3자 검증을 시행하고 자체 개선 계획서를 제출하도록 요구하고 차년도 평가 시 이에 대한 이행 여부를 점검하는 등 실질적인 ESG 리스크 개선이 이루어질 수 있도록 지원한다.

표 4-7 협력사 ESG 리스크 평가 요소

구분		협력사 ESG 리스크 평가 요소
Environment	환경	• 환경규제, 법령위반, 화학물질 관리, 폐기물처리, 대기오염 관리 • 에너지 자원 절감 계획, 환경오염 저감 활동, 친환경 정책
Social	안전	• 산업안전, 산업재해 및 질병 예방, 작업환경 • SHE 관리 체계 및 시스템 도입, 비상상황용, 사고관리
	사회	• 인권 고용의 다양성, 차별금지, 인재양성, 강제노동금지, 아동노동금지 • 노동 근로기준법 준수, 퇴직급여 및 최저임금보장, 비정규직 보호, 기타 노동 인권
	윤리	• 불공정거래, 윤리 법규위반, 담합, 사회공헌활동, 개인정보보호 • 계약 과정의 구매윤리규범, 협력사 행동규범 위반 • 분쟁광물관리 역량
Governance	경제	• 신용등급 재무정보변동(제3자 모니터링), 행정처분 등 재무적 리스크 • 2차 협력사에 대한 대금 현금지급율 및 지급기일
	경영시스템	• 근로자 참여 및 협력 증진 • 기업 및 경영진의 의무 외 책임 • 위험평가 및 관리 체계, 시정조치 프로세스

3) 공급망 ESG 리스크 평가 및 수준

잠재 협력사는 ESG 사전평가를 통과해야만 BiOK에 회원 가입이 가능하도록 하여 업체 사전평가율을 항상 100%로 유지하고 있다. 사전평가의 경우 각 구매담당 구성원들의 책임하에 협력업체를 100점 만점 기준으로 평가하여 60점 이상을 획득한 경우에만 업체 등록이 되도록 평가시스템이 마련되어 있다. 또한 공정투명거래 동의서와 안전, 보건, 환경 관련 법령을 준수할 것을 요구하는 구매기본계약서를 의무적으로 체결해야 협력사로 등록할 수 있으며, 협력사 ESG 행동규범에 대한 체결도 요구하고 있다.

표 4-8 2021년 ESG 리스크 정기평가 결과

구분		평가 협력사	
		범위	요소별 리스크 높은 협력사
Environment	환경	전체 1차 협력사 2,632개	182개(6.91%)
Social	안전		
	사회		
	윤리		
Governance	경제		122개(4.64%)
	경영 시스템		

SK이노베이션은 ESG 측면에서 발생 가능한 협력사의 주요 리스크를 파악하기 위해 ESG 리스크 평가를 자체적으로 시행하고 있으며, 2022년에는 기존 사전평가와 정기평가 방식을 개편했다. ESG 정기평가의 경우 매년 1회 당해 연도 최초 발주 전 BiOK를 통해 진행하며, 기준 점수 미달 시 거래 불가하도록 조치하고 있다. 또한 핵심 협력사 중 지역전담 협력사를 대상으로는 기존과 같이 에너지 절감, 환경오염 저감, 사회적 기업 구매 등 평가항목에 대한 증빙 제출 절차를 강화한 서면 평가를 진행하고 실사를 통한 방문 평가를 시행하고 있다.

구분	평가 협력사	
	대상	결과별 협력사 수(비율)
평가	핵심협력사 204개 (전체 핵심협력사의 82%)	• Leader: 28개(13.7%) • Average: 134개(65.7%) • Laggard: 42개(20.6%)
실사	핵심협력사 30개 (ESG 심화평가 핵심협력사의 15%)	
개선계획 수립	Laggard 등급 협력사 42개	Laggard 등급 협력사 42개 (100%)

표 4-9 2021년 ESG 리스크 심화평가 결과

SK이노베이션은 제3자 전문기관을 활용하여 핵심 협력사 대상 심화평가를 진행한다. 평가결과는 7단계의 등급으로 나누어 관리하고 대상 협력사와 공유하며, Leader 등급 고득점 협력사는 우수협력사로 선정하여 포상 및 인센티브 제공을, Average 등급 협력사에게는 E, S, G별 취약 분야 맞춤형 컨설팅을 제공한다. Laggard 등급 협력사를 대상으로는 자체 개선계획 수립을 요청하고 개선계획 이행 지원을 위해 관련 교육 및 통합 컨설팅을 제공하며, 이행 여부는 차년도 평가 시 점검하는 것을 원칙으로 하고 있다. 개선계획을 제출하지 않거나 제출 이행하지 않는 협력사의 경우 차기 계약 시 물량을 줄이거나 입찰을 제한하는 조치를 취하여 참여율을 제고하며, 2년 이상 Laggard 등급을 취득한 협력사에 대해서는 입찰 참가 제한 등의 불이익을 부여한다. 2021년에는 시범적으로 204개 핵심 협력사 대상 심화평가를 시행하였으며, 이 중 전략적 중요도 및 ESG 리스크 기준으로 선정된 약 15%의 협력사 대상 실사를 시행하였다. 평가 및 실사 결과 Laggard 등급을 부여받은 협력사는 42개사이며, 100%가 단기, 중기, 장기별 자체 개선 계획서를 제출한다. 개선 계획서에 기재된 단기 과제로는 인권정책수립 및 취업 규칙 보완, 주기적 임직원 간담회 실시, 인권·노동 신고채널 도입, 안전보건관리 담당자 임명, ISO 450001 안전인증 취득 등이 있으며, 중장기 과제로는 근로시간 관리시스템 구축, 재해율 달성목표 수립 및 운영, 회사 재해 건수 지표 관리 등이 있다.

4) 협력사의 ESG 리스크 주요 개선계획

2021년에는 SK이노베이션과 협력사 공동의 노력으로 ESG 리스크가 높은 협력사 중 약 31%의 리스크 요인이 개선되었다. 반면 ESG 리스크 평가결과 심각한 수준의 위반이 있거나 시정 조치 요구에 응답하지 않는 협력사의 경우에는 제재를 가하고 있다. 제재는 SK이노베이션의 제재심의위원회에서 제재 여부와 수준을 결정하여 조치한다. 제재 내역은 시스템을 통해 투명하게 관리하고 있고, 절차상 적법성을 담보하기 위해 협력사에 이의 제기의 기회를 제공하고 있다. 협력사 진단과 평가 결과에 따라 2021년에 제재를 받은 협력사는 총 30개였다.

표 4-10 2021년 ESG 리스크 주요 개선계획 유형

구분	평가항목	주요 개선계획 유형
Environment	에너지 자원 및 환경지표 관리	• 환경경영 규정 및 측정 • 신재생에너지 전환 및 탄소 저감 • 온실가스 배출량 관리
Social	노동, 안전, 고용, 교육	• 근로시간 관리제도 • 성과평가 체계 • 윤리신고채널 • 산업안전보건법 조직 구성
Governance	경제 및 경영시스템	• 공급망 인권 및 노동 증진활동 • ESG 정보공개 투명성

5) 책임 있는 구매를 위한 공급망관리

전기차 시장의 성장과 함께 주요 원재료로 사용되는 광물을 채굴할 때 발생하는 환경파괴와 인권침해 등에 대한 사회적 우려 역시 증가하고 있다. SK이노베이션은 전기차 배터리 Value Chain의 일원으로서 윤리적이고 지속가능한 조달 관행의 중요성을 인식하고 이에 대한 책임을 다하기 위해 노력하고 있다. 공급망

전체의 참여를 위해 협력사 행동규범에 분쟁광물 사용 금지를 명시하였으며, 이를 회사 구매 시스템(BiOK)을 통해 협력사에 공유하고 있다. 또한 OECD의 공급망 실사 지침을 기반으로 한 'SK Responsible Sourcing Guidelines'을 수립하고, 배터리 사업 내 주요 협력사를 대상으로 해당 내용 준수에 대한 동의서를 수령하여 적극적인 협력을 장려하고 있다.

　SK이노베이션은 OECD의 공급망 실사 지침에 따라 공급망 정보를 수집하여 위험요소를 평가하고, 이를 관리하는 절차를 지속적으로 강화하고 있다. 그 일환으로 코발트 공급망 내 주요 협력사에 대해 제3자 외부 실사 수행과 실사 결과에 따른 개선 계획의 공유를 요청하여 협력사의 공급망 정책 등을 점검한 바 있다. 또한 윤리적 구매를 준수하는 원재료 회사들을 중심으로 장기 공급계약을 체결하여 안정적으로 물량을 확보하고 있다. 향후에도 리스크 평가와 관리 절차 강화를 위해 공급망 내 주요 제련소 정보, 분쟁 지역에서의 조달 여부 등을 보다 적극적으로 검토하고, 이니셔티브 정보를 활용하는 등 공급망관리 체계를 고도화해 나갈 예정이다.

　SK이노베이션은 글로벌 배터리 연합인 GBA(Global Battery Alliance)에 가입하고, GBA의 '지속가능한 배터리 Value Chain 구축을 위한 10대 원칙'에 참여할 것을 선언하였다. 10대 원칙에는 배터리 재활용을 통한 순환경제 추진, 재생에너지 사용 증대, 아동·강제노동 금지, 책임 있는 무역 및 반부패 관행 등이 포함되어 있다. 단순한 지지 선언을 넘어서 배터리 라이프 사이클에 기반한 BaaS(Battery as a Service) 플랫폼 사업을 추진하는 등 지속가능한 배터리 Value Chain에 기여할 수 있는 신성장 사업 기회를 확보해 나갈 예정이다.

　또한 SK이노베이션은 광물 관련 글로벌 협의체인 RMI(Responsible Minerals Initiative) 협회에 가입하여 공급망에 대한 제3자 기관 검증의 신뢰도를 제고하고자 노력하고 있다. RMI 가입을 통해 공급자(마이닝 업체)와 사용자(소재 업체, 셀 메이커, 완성차 업체 등)를 연계한 네트워크 기반을 확보하였으며, 이를 활용하여 다양한 광물에 대한 리스크 관리를 체계적으로 발전시켜 나갈 계획이다.

CHAPTER

지속가능경영의
도입 배경과 중요성

지속가능경영의 도입 배경

1) 지속가능한 발전

'지속가능경영(CSM: Corporate Sustainable Management)'이란 지속가능한 발전을 위한 기업의 역할이 강조되면서 요구되는 새로운 경영환경이자, 경영방식 또는 경영패러다임이다. 기업이 경영에 영향을 미치는 경제적, 환경적, 사회적 이슈들을 종합적으로 균형 있게 고려하면서 기업의 지속가능성을 추구하는 경영활동이다. 즉, 기업들이 전통적으로 중요하게 생각했던 매출과 이익 등 재무성과뿐만 아니라 윤리, 환경, 사회문제 등 비재무성과에 대해서도 함께 고려하는 경영을 통해 기업의 가치를 지속적으로 향상시키려는 경영기법이다. 따라서 경제, 환경, 사회적 가치가 지속가능경영의 3대 축(TBL·Triple Bottom Line) 역할을 하며 지속가능경영은 사회책임경영, 윤리경영, 이해관계자경영 등으로도 불린다. 지속가능경영은 기존의 재무성과 위주의 경영에 비해 중장기적 성과를 중시하고 미래고객을 포함하며 정보공개를 전략적으로 실시하고 커뮤니케이션도 기업 외부로 확대하는 경향을 보인다. 기업의 지속가능성 여부를 판단하는 지수 중 대표적인 것으로는 다우존스 지속가능성지수(DJSI)가 있다.

기업은 사회를 이끌어가는 중요한 구성원으로서 역할을 하고 있으며, 기업의 지속가능경영은 사회를 지속가능하도록 만드는 발전 태동과 밀접한 관련이 있다. 산업혁명 이후로 200년간의 산업 활동은 지구의 생존을 보장할 수 없을 정도의 위기를 불러오고 있다. 대량생산, 대량소비, 대량폐기로 대변되는 산업사회는 막대한 에너지를 소비하고 있으며 그 결과 1초당 78제곱미터의 목초지가 사막으로 변하는 사막화 현상이 계속되고 있다고 한다. 세계 인구는 저개발 국가를 중심으로 2050년까지 30억 명이 증가하는데, 현재 인류가 사용하는 자원이 모든 분야에서 급격한 발전으로 인해 적정 사용량보다 훨씬 많은 양을 소모하는 현실에서 향후 인구 증가에 따른 자원 소모는 급격하게 증가할 것이다. 지금과 같은 인구증가 추세와 저개발국의 삶의 질 향상의 욕구를 감안했을 때 현재와 같은 기후위기, 자원 소모, 생산방식, 생활방식 등으로 인류의 지속적인 삶의 질을 높일 수 있는가에 대한 심각한 문제에 직면하게 되었다. 거대기업들의 무분별한 개발로 인한 폐해가 드러나면서 자유시장 원리에 따르면 **"보이지 않는 손(invisible hand, 영국의 고전파 경제학자인 애덤 스미스가 사용한 말로서 개개의 모든 이해(利害)는 궁극적·자연적으로 조화를 이룬다는 사상)"**에 의해서 전반적인 사회의 균형이 맞추어진다는 경제학자 아버지 애덤 스미스(Adam Smith, 1723~1790)의 명언은 더 이상 맞지 않는 이야기가 되어 버렸다.

산업화와 도시화가 급속도로 진전된 20세기 중반부터 지구의 환경오염이 심각해짐에 따리 경제발전과 환경이 조화를 이루는 방향으로 추진되어야 한다는 생각이 형성되기 시작하였다. 또한, 1970년대 두 차례의 석유파동을 겪으면서, 환경오염 문제뿐만 아니라 천연자원의 고갈이 산업의 확대재생산을 통한 경제적 삶의 윤택함을 빼앗아갈지도 모른다는 우려가 확산되었고, 이에 따라 환경도 보호하고 자원을 효율적으로 사용하면서 경제성장도 유지하는, 즉 **"지속가능한 발전(SD: Sustainable Development)"**에 대한 개념이 등장하였다.

여기서 **첫째,** 우리가 원하는 것을 충족한다는 것은 우리 세대 모든 인류의 풍족한 삶을 추구하는 것을 의미하고 **둘째,** 다음세대(coming generation, next generation)가 원하는 것을 충족한다는 것은 현세대의 잘못된 경제활동이나 생활방식 때문에 우리의 후손이 어려움을 겪지 않도록 한다는 것이다. 즉 적어도 현재 수준의 환경과 물질자원을 남겨 주어야 한다는 것을 의미한다. 지속가능한 발전은 지속가능한 경제적 성장을 통하여 환경개선, 사회적 형평성, 그리고 빈곤의 경감을 추구하고자 하는 것이다. 지속가능한 발전은 1992년 브라질 리우데자네이루에서 개최된 세계환경정상회담에서 **"리우선언**(1992년 6월 지구 정상회의에서 채택한 환경과 개발에 관한 기본 원칙을 담은 선언문, 1972년 스웨덴의 스톡홀름에서 인간 환경선언이 있은 지 20년 만에 지구인의 행동강령으로서 150여 개국 대표가 서명하여 채택되었으며, 27개 원칙으로 구성되어 있다.)"**과 실천전략인 의제21**을 채택하여 국제적인 협약과 실천과제로 구체화하기 시작하였다.

2) 지속가능경영의 시작

지구환경이 중요한 이슈로 떠오르기 전까지 기업이 추구하는 전통적인 목표는 이윤 극대화와 경제적 측면의 성과향상이었지만, 환경과 사회적인 이슈가 등장하면서 환경이나 사회적인 측면을 간과하였을 때 기업이 지속적으로 경영성과를 창출할 수 있는가에 대한 깊은 성찰이 대두하게 되었다. 한때 농업혁명의 일등공신으로 불리던 제초제가 지금은 대형화학회사의 지속적인 성장에 가장 큰 장애가 되고 있고, 값싼 노동력을 경쟁우위의 원천으로 삼았던 제조업체가 아동노동 등 인권문제를 소홀히 한 탓에 기업존립에 심각한 타격을 받고 있기도 하다. 선진국 재무관리기법으로 인식되는 다양한 회계와 재무기법이 결국은 시장과 사회의 신뢰를 잃어 자본주의 시장경제체제 근간을 뒤흔들며 세계적인 경제위기를 불러일으키기도 하였다. 경제적 성과가 기업의 당연한 목표라는 사실은 변함이 없으나 환경과 사회적인 이슈가 부각되지 않았던 예전의 경영방식을 탈피하지 못하고는 장기적으로 지속적인 이익을 창출할 수 있는가에 대한 심각한 도전이 시작된 것이다.

지속가능경영은 기업과 산업 활동에 새로운 부담이 되기도 하지만 기존의 경영방식 전반을 다시 검토해야 하는 전환기의 새로운 경영패러다임으로 점차 자리 잡아 가고 있는 것이다. 지속가능경영은 지속가능한 시대에 기업을 경영하는 방식이자 새롭게 달라지는 경쟁의 양상으로 이해된다. 지속가능한 발전에서 추구하는 중요한 3가지 축(triple bottom line)인 환경, 사회, 지배구조 이 세 가지를 통해 기업은 지속적인 성과를 내고 궁극적으로 경쟁우위를 확보하여 기업의 가치를 증진시키는 기업 본연의 목적을 충족시키는 동시에, 투명한 경영을 바탕으로 환경자원을 보전하고 인류의 보편적인 가치를 추구할 수 있는 사회적인 책임을 포함하여 경제적인 성과까지 창출하고자 하는 경영방식으로도 이해할 수 있다. 이러한 글로벌 흐름에 따라 다국적 선진기업 160여 개 기업의 연합체인 "지속가능발전세계기업협의회(World Business Council for Sustainable Development)"가 결성되었고, WBCSD는 경제적 성장, 생태적 균형, 사회적 발전이라는 세 가지 기둥을 통한 지속가능한 발전을 달성하는 데 힘을 쏟고 있으며, 우리나라의 경우도 2002년에 "지속가능발전기업협의회(Korean Business Council for Sustainable Development)"가 설립되어 지속가능한 국가발전, 환경과 경제의 상생 구현, 기업가치의 극대화 등의 활동을 하고 있다.

지속가능경영의 필요성

현대 경영의 기본원칙 중 하나는 **"측정할 수 없는 것은 경영할 수 없다"**라는 것이다. 기본 경영원칙을 잘못 이해한 경영자는 장기적이고 가치 있지만 눈에 보이지 않는 것을 쉽게 간과하는 경향이 있다. 남이 모방할 수 없는 자산이나 가치는 쉽게 측정되지 않기 때문에, 미래를 예측하는 현명한 경영자란 가치 있는 자산과 눈에 보이지 않는 성과를 측정하고 이해하기 위하여 노력하며, 한 발 앞선 사고를 가진 경영자가 현명한 경영자라 할 수 있다. 실제로 환경경영, 윤리경영, 투명경영, 지속가능경영 등 기존의 경영패러다임으로 이해할 수 없는 경영방식에 대한 끊이지 않는 질문은 **"그것이 과연 성과를 가져오는가?"**에 대한 것이다. 일반적으로 경영자는 환경이나 사회적 성과를 창출하기 위하여 투입되는 자원을 기회비용이라고 생각하지 않고 매몰비용이라고 생각하면서 단순히 규제에 순응하기 위하여 어쩔 수 없이 투입되는 불필요한 것이라는 점이기 때문에 환경규제 수준이 낮고 사회적 비용이 적게 드는 저개발국에게 경쟁력을 잃게 될 것이라고 경고해 왔다. 투자의 귀재인 워런 버핏(Warren Edward Buffett)은 **"한 기업이 명성을 쌓는 데는 20년이 필요하지만 그것을 무너뜨리는 데는 5분도 채 걸리지 않는다."**라고 말하였다.

하지만 **마이클 포터**(Porter, Michael E.: 하버드 경영대학원 교수로 피터 드러커, 톰 피터스와 함께 현대 경영학의 3대 대가로 평가받는 인물이며 경영전략의 선구자로 알려져 있다.)를 비롯한 다른 학자들은 **"지속가능성=비용"**이라는 전통적인 견해를 비판하면서 높은 수준의 환경규제는 기업의 혁신 동기가 될 뿐 아니라 글로벌스탠더드를 통하여 상대적인 경쟁력을 가질 수 있을 것이라고 주장하였다. 이를 '**포터가설**'이라고 하는데, 최근의 연구결과는 지속가능경영을 추구하는 초기에는 비용이 들지만 어떤 시점을 지나면 기업성과로 이어진다는 결론으로 집약된다고 볼 수 있다.

그 이유로는 첫째, 지속가능경영은 무시할 수 없는 시대적 흐름이고 경쟁의 장으로 나아가기 위한 필수적인 요소라는 점이다. 금지물질인 카드뮴이 검출되어 2,000억 원 이상의 손실을 보았던 2001년 소니의 플레이스테이션 사례, 동남아 저개발국가에서 아동노동 착취를 통하여 생산된 신발을 판매하여 시장의 거센 불매운동을 겪었고 결국 30% 이상의 판매 손실을 기록했던 나이키와 아디다스의 사례, 분식회계로 결국 파산할 수밖에 없었던 엔론과 "**재정결산보고 관련 규정 위반**"으로 1,000만 달러의 벌금을 물었던 제록스의 사례 등을 통하여 환경적·사회적 책임을 다하지 못하면 결국 기업의 생존이 위협받는다는 사실을 확인할 수 있다. 국내 굴지의 전자부품회사가 자체 추정한 바에 따르면 현재 생산되는 제품으로는 강화되는 유럽 환경규제를 맞출 수 없고, 결국 1조 2,000억 원에 달하는 손실을 입을 수 있다고 하였다. 이렇듯 지속가능의 가치를 무시한 기업들의 사례를 통해 사회 전반적으로 지속가능경영은 기업이 생존하고 경쟁하기 위한 필수조건으로 점차 인식되고 있다.

둘째, 지속가능경영을 통한 다양한 기회를 창출할 수 있다는 점이다. 글로벌 선진기업의 경우 지속가능경영이 필요한지에 대한 진부한 논쟁에서 벗어나 지속가능경영을 새로운 경쟁무기로 이용하는 전략을 추구하는 형태로 발전하고 있다. 포춘지 선정 250대 기업 중 45%에 해당하는 120개 기업이 자신들이 어떻게 지속가능한 경영활동을 전개하고 있는지 매년 '**지속가능성보고서**'를 통하여 외부에 공표하고 있고, 그 수는 계속 늘어가고 있는 추세이다. 환경적·사회적 책임을 다하는 회사가 실제로 경제적인 성과도 높으며 주주에게도 훨씬 높은 수익을 안겨준다는 것이 속속 밝혀지고 있는 것이다. 그러므로 지속가능경영은 비용이 아닌 투자로 받아들이고, 적극적·능동적으로, 다른 기업보다 먼저 받아들여야 하며, 기회와 가치로 인식해야 할 것이다.

1) 지속가능경영(CSM)의 정의

지속가능경영을 정의하기 전에 용어에 대한 정의를 하면 아래 표와 같다.

표 5-1 지속가능경영 용어에 대한 정의

Sustainable Management (Swiss Re(2004))	지속가능발전을 위한 환경, 경제, 사회의 통합적 책임을 지는 것
Corporate Sustainable (Reed(2001))	주주가치를 제고시키는 동시에 외부 이해관계자들에 대한 사회 및 환경적 가치를 부가하려는 기업전략
Corporate Social Responsibility (WBCSD(2002))	근로자, 그들의 가족, 지역사회와 사회전반의 삶의 질을 개선시키며 이들과 더불어 지속가능한 경제적 발전을 하기 위한 기업들의 노력

참조: 박상준·변지연, 기업의 지속가능경영 활동이 신뢰지각에 미치는 영향, 한국경영학회 통합학술발표논문집, 2016

지속가능경영에 대한 주요 요소를 살펴보면, 기업가치와 환경, 경제, 사회를 포괄하는 기업의 책임으로 볼 수 있다. 지속가능경영이란 **"지속가능발전의 환경, 경제, 사회 지속가능성을 위해 기업이 노력하는 동시에 이에 따른 리스크를 최소화하고 주주가치를 포함한 기업가치를 제고시키려는 경영활동"**이다.

2) 지속가능경영의 핵심내용

핵심내용을 표로 나타내면 아래와 같다.

표 5-2 지속가능경영의 핵심내용

구분	핵심 개념	내용
환경적 지속가능성 (Environmental Sustainability)	에코효율성 (Eco-Efficiency)	청정생산 전 과정 관리(친환경 공급망관리, 제품 책임주의) 기후변화 대응 환경 리스크 관리

		생물 다양성 보호 제품의 서비스화
사회적 지속가능성 (Social Sustainability)	사회적 책임 (Social Responsibility)	사회공헌활동 준법경영 인권경영 안전보건활동
경제적 지속가능성 (Economic Sustainability)	경제의 질적 성장 (Economic Quality Growth)	지역사회 경제기여 기업 투명성(회계 투명성, 정보공개) 공정경쟁 혁신(경영혁신, 기술혁신)

A. 환경적 지속가능성(Environmental Sustainability)

에코효율성이란 WBCSD(World Business Council for Sustainable Development)에서 기업의 환경보전과 경제개발을 동시에 달성할 수 있는 지속가능의 관점에서 보다 현실적이고 목표지향적인 개념으로서 제시한 것이다. 즉, 환경적 효율성(Ecological Efficiency)과 경제적 효율성(Economic Efficiency)을 동시에 달성하는 것을 의미하는 개념으로 환경에 대한 부정적인 영향은 줄이며 경제적 성과를 제고시키는 것을 의미한다.

① 청정생산(Cleaner Production)

기존 산업계는 전통적인 경영패러다임에 따라 생산활동에서 배출되는 오염물질 및 폐기물의 양을 줄이거나 적절하게 처리하는 등 환경관리에 큰 비중을 두어왔고 사후처리 중심의 접근 방식이었다. 그러나 환경경영이 새로운 경영패러다임으로 등장함에 따라, 사전 예방적 접근에 따라 오염물질이나 폐기물의 발생을 원천적으로 축소 또는 제거하려는 것이다. 이는 기존의 사후처리 중심 접근 방식(end-of-pipe pollution approach)이 법 규제준수에 머무는 수동적 태도였다면 환경경영에 입각한 사전 예방적 접근 방식(pollution prevention approach)은 법규 기준 이상의 환경성과를 통해 환경적 차별성을 확보함으로써 기업경쟁력을 높이려는 전략적 접근이라 할 수 있다. 청정생산이 지향하는 궁극적인 목표는 생산공정에서 발생되는 오염물질이나 폐기물의 양을 최소로 줄이고 가능한 모든 폐기물은 새로운 형태로 재활용하거나 재조합하여 다시 자원으로 만드는 순환형 구조를 구축하는 것이다.

② 전 과정 관리

기업의 생산활동은 기본적으로 천연자원을 사용하여 제품과 서비스를 제공하고, 생산된 제품과 서비스가 소비자에 의해 사용된 후에는 폐기물의 형태로 자연으로 되돌아가는 사이클을 가지고 있다. 물론 이 과정에서 창출되는 부가가치나 효용가치는 현대 산업사회의 필수적인 요소임이 분명하지만, 환경적 관점에서 보면 생산 및 소비활동은 결국 천연자원을 폐기물로 변환시키는 과정에 불과하다. 그러나 최근 지속가능한 삶을 보장하는 전제 조건으로 거론되는 지속가능경영은 이러한 환경 파괴적 자원의 흐름을 지양하고, 자원순환형 구조로의 복원 필요성을 제기하고 있다. 따라서 생산활동을 통해 자원의 변환을 주도하고 있는 기업의 책임범위가 단순히 생산현장에 국한되지 않고, 제품의 전 과정으로 확대되고 있다.

즉, 전통적인 경영패러다임에서 기업의 책임이 생산 및 판매단계에 한정되었으나, 환경경영 중심의 전 과정 관리에서는 "요람에서 요람까지(cradle to cradle)"라는 표현으로 기업의 생산과정이 처음 원료 조달에서부터 생산, 판매, 사용 및 폐기를 거쳐 다시 원래 시점의 원료 조달과정까지 전 과정에 걸쳐 체계적으로 관리가 되어야 함을 의미하는 것으로 자원순환형 전 과정 관리라 할 수 있다. 전통적인 기업 활동은 주로 생산, 판매 및 사후서비스를 대상으로 이루어져 왔으나, 에코효율성의 측면으로는 그 책임영역이 생산활동이나 서비스에 투입되는 원재료의 환경측면은 물론 생산, 유통, 사용, 그리고 폐기단계 등을 망라한 전 과정(whole life cycle)에서 비롯되는 환경문제로 확대된다.

③ 친환경 공급망관리

친환경 공급망관리(SCEM: Supply Chain Environmental Management)란, 원자재 및 부품, 소모품 조달단계 및 협력업체(납품업체, 유통업체 등) 선정단계에서 환경성을 평가하여 기업의 구매계약과 공급망관리를 환경 친화적으로 운영하는 기업 활동이다. 이는 기존 기업의 공급망관리에서 환경성에 대한 기준을 원재료 및 부품을 공급하는 공급업체들에게까지 전 과정 관리의 범위를 확대시킴으로써 과거 최종생산기업의 공급망관리 범위가 직접구매 관계에 있는 1차 공급업체였던 것에 반해 직간접구매 관계에 있는 2, 3차 구매 관계의 공급업체들까지 그 범위로 하는 것을 의미한다. 이는 과거 환경경영을 주도하였던 대기업과는 달리 중소기업들의 환경성과가 크게 미흡했던 이유 중의 하나가 인적, 물적자원이 부족하다는 지적에 따라 정부차원에서 별도 기업에 대한 관리가 아닌 공급망 전체를 관리하였을 때 현실성이나 효과성 측면에서 크게 우수하다는 판단하에 지원하게 된 배경이기도 하다. 기업 측면에서 보았을 때, 공급업체의 환경성과와 이들이 공급하는 부품과 물질이 최종제품의 환경품질을 결정하기 때문에 친환경 공급망관리에 의한 공급업체들의 적극적인 참여와 환경성 개선 노력이 없다면 최종 생산기업은 아무리 환경경영 노력을 하더라도 제품의 환경성과 환경품질 개선이 한계에 부딪힐 수밖에 없다. 따라서 기업의 전 과정의 범위가 단순히 자사의 생산공정과 사후처리에 그치는 것이 아니라, 관련 공급업체들까지 그 범위로 하는 친환경 공급망관리로 에코효율성 중심의 기업 환경성과를 제고해야 한다.

④ 제품책임주의

과거에는 기업 활동의 산출물인 제품은 일단 소비자에게 팔리면 기업의 책임은 그만이었고, 거기서 한 단계 더 나아간 기업 활동이 A/S나 리콜을 통한 제품의 수리 또는 교환 정도이었다. 환경과 관련한 기업 활동으로서 제품책임주의(Product Stewardship)란 기업의 제품에 대한 포괄적 책임을 소비자에게 판매한 후에도 지는 것을 의미한다. 즉 적극적 의미의 생산제품에 대한 기업의 책임을 의미하는 것으로 기업 전 과정 관리의 한 측면으로 평가되는데, 기업들에 대한 포괄적 환경 책임을 요구하는 것으로 해석할 수 있다. 이는 기업이 생산하는 제품 및 서비스가 생산되어 소비 내지 폐기될 때까지 제품 생애 기간 동안에 발생할 수 있는 환경에 대한 부정적 영향을 최소화함을 의미한다. 즉, 제품책임주의 실천이란 기업이 생산하는 모든 제품의 생애평가를 전제로 해서 가능해진다고 정의 내릴 수 있다.

또 제품의 전 과정 평가(LCA: Life Cycle Assessment)란 제품이 생산되기 전 단계에서부터 사용 후 최종 폐기단계까지 제품 또는 공정에 관련된 자원이나 에너지의 사용 흐름을 분석하여 환경적 영향의 총량을 산출하는 기법이다. 이러한 제품 전 과정에 대한 환경영향평가가 정확하게 이루어질 경우 기업은 대내외 신뢰도를 바탕으로 제품, 공정 디자인, 환경위험관리, 연구개발은 물론이고 제품마케팅 활동에까지 활용할 수 있는 반면, 제품 전 과정에 대한 평가가 부정확할 경우에는 이를 활용한 제품광고, 환경위험관리능력 등에 대한 대외적 신뢰도가 하락하여 회사 이미지에 큰 손상을 줄 수가 있다.

⑤ 기후변화 대응

지구환경문제가 크게 대두되면서, 오존층 파괴와 지구온난화에 따른 지구적 재난에 대해 국가적 차원이 아닌 글로벌 차원에서 협력해야 할 필요성이 제기되고 있다. 1992년 브라질의 리우데자네이루에서 개최한 유엔 환경개발회의 (UNCED: United on Environment and Development)를 계기로 리우선언 및 Agenda 21을 통해 기후변화협약에 대한 전 지구적 의지를 표출하였다.

오존층 파괴에 대한 우려가 심화되면서 대표적인 산업계 화학물질 가운데 하나인 염화불화탄소(CFC)가 이제 금지 물질로 선정되어 더 이상 사용되지 않도록 촉구되고 있는 실정이며 이미 상당 국가의 산업계에서 사용 금지하고 있다. 그동안 염화불화탄소로 인한 오존층 파괴를 막기 위해 유엔환경계획(UNEP: United Nations Environment Program)에서는 오존층 보호를 위한 정보교환 및 연구협약 등을 주요 내용으로 하는 비엔나협약을 1985년 3월에 채택하도록 하였다. 더욱 구체적으로 1988년 3월 몬트리올 의정서를 채택함으로써 CFC 5종과 할론가스 32종을 규제하고 CFC 생산을 50% 수준으로 감소시키는 노력을 전 지구적으로 확산시키는 역할을 하였으며, 1989년 헬싱키 제1차 가입국회의, 1990년 런던 제2차 가입국회의를 거치면서, 규제대상 품목이 증가하였을 뿐만 아니라, 2000

년부터 전면 사용 금지를 의결하였다. 몬트리올 의정서는 CFC는 물론 CFC가 포함된 제품, 심지어는 CFC를 사용해서 제조한 제품까지의 무역규제가 명시되어 있다. 우리나라도 이미 1992년 가입국이며 이에 대한 준수를 의무사항으로 하고 있다.

오존층 파괴와 더불어 기후변화를 촉발시키는 지구온난화 현상 또한 전 지구적 대응이 요구되는 사항이다. 2001년에 발간된 IPCC(Inter-governmental Panel on Climate Change)에 따르면, 1990년 대비 $1.4 \sim 1.8°C$가 높아질 것으로 예측하고 있으며, 2100년 세계의 해수면은 최대 88cm가 상승할 것으로 예측되고 있다. 지구온난화의 주요 요인들은 CO_2를 중심으로 CH_4, N_2O 등의 물질농도가 높아져 이들 가스가 우주로 방출되는 열을 흡수, 차단하여 지구를 둘러싼 대기권이 하나의 온실역할을 하게 되기 때문이다. 지구온난화에 대한 과학적 근거가 필요하다는 인식에 따라 1992년 리우회의에서 국제기후변화협약이 채택되어 1994년 3월에 발효되었다.

제3차 당사국 총회가 1997년 일본의 교토에서 열렸으며 교토 의정서를 제안했고, 2001년 7월 독일의 본에서 제6차 회의가 속개되어 미국을 제외하고 교토 의정서를 극적으로 합의하게 되었다. 교토 의정서는 온실가스 저감에 대해 법적 구속력이 있는 국제협약이다. 기후변화협약은 전 세계 국가들이 지구 기후변화 방지를 위해 노력하겠다는 약속에 불과하였으나, 그 이행을 위해 얼마만큼 또 어떻게 줄일 것인지에 대한 문제를 결정한 것이 '교토 의정서'라고 할 수 있다. 그 주요 내용은 온실가스 저감을 위해 경제적이며 유연성 있는 수단을 인정하였고, 국가별로 부과된 차별화된 목표와 온실가스 대상 물질 등을 명시하였다. 교토 의정서는 온실가스를 효과적이고 경제적으로 감소하기 위하여 청정개발체제(CDM: Clean Development Mechanism), 공동이행제도(JI: Joint Implementation), 배출권 거래제도(ET: Emission Trading)와 같은 유연성 체제를 도입하였고, 이를 교토 메커니즘이라 일컫기도 한다.

⑥ 리스크 관리

리스크(Risk)란 어떤 사고에 대한 발생 및 결과의 개연성은 아주 낮고 불확실하지만, 어떤 결과가 발생했을 경우 중대한 위험을 줄 수 있는 가능성으로 정의될 수 있다. 이러한 리스크에 대한 관리는 시장에 맡겨 수요-공급의 원칙에 따른 자동적인 균형유지와 시장 내에서의 신호에 따른 리스크의 재분배 등으로 자연적으로 리스크 관리가 이루어지는 것이 가장 이상적일 수 있다. 그러나 현실적으로 이러한 리스크 관리는 기업체가 직면하는 환경리스크에 대한 관리를 해결해 줄 수 없다. 기업들이 직면하는 환경리스크는 화학물질, 폐수 등에 의한 환경오염의 리스크를 가질 수 있는데, 이를 방지하기 위해 기업들은 폐수처리, 배기가스처리, 폐기물처리 등을 하고 배출된 것을 적절히 처리하고 있다. 또한 약물, 폐수, 기름 등의 저장시설에 대하여는 자연화재, 설비고장, 사고 등 만약의 사태에도 환경을 오염시키지 않도록 리스크 관리를 포함한 대응책을 마련하고 있다. 화학 산업계의 Responsible Care 프로그램의 적극적 도입 및 활용은 이러한 환경리스크를 글로벌 수준에서 관리하겠다는 업계 전체의 적극적인 의사표명으로 평가받고 있다.

환경리스크 관리는 기본적으로 관련 법률준수 이상을 의미하는데, 소니 그룹의 경우 각국에서의 법률준수는 물론 다양한 자유기준을 설정하여 환경오염방지를 하고 있다. 특히 소니의 환경리스크 관리는 배출처리나 저장시설 등뿐만 아니라 제품의 설계나 생산 공정 등을 포함한 대책과 제품평가, 환경오염물질의 저감 등도 리스크 관리의 일환으로 추진하고 있다. 이는 결국 환경리스크 관리는 기업 생산활동의 전 과정에 걸쳐 이루어져야 함을 의미하며, 이는 또한 기업가치 제고에 직간접적인 영향을 미치는 것으로 평가받고 있다.

⑦ 생물다양성 보호

현재 지구상에는 약 1,000만~3,000만 종의 많은 종류의 생물이 존재하고 있는 것으로 추산되며, 인간이 확인한 것은 약 200만 종에 불과하다. 이들 생물종의 대부분은 열대우림에 살고 있으며, 남미의 아마존 강 유역, 인도네시아의 보르네오 섬, 말레이시아 등의 열대림 보존이 중요시되고 있는 것은 이 때문이다. 그런데 인구 증가와 생활공간 확대 등으로 인한 지구환경 파괴로 이들 생물종은 급속도로 사라지고 있다. 멸종하는 생물종의 수가 1900년 초에 1년에 1종에 불과하던 것이 1975년경에는 1,000종으로 늘었고, 오늘날에는 하루 30종, 일 년에 약 1만 종씩 멸종되고 있다. 현재 우리나라에는 동물 9,200여 종, 식물 1만 6,000여 종, 합계 2만 5,000여 종이 살고 있는 것으로 확인되고 있다. 그러나 감소 추세종이 20종, 희귀종이 111종, 멸종 위기종이 43종, 멸종된 종이 5종인 것으로 밝혀지고 있다.

생물종을 보존하기 위한 대표적인 국제환경협약이 생물다양성협약(Convention on Biological Diversity)과 멸종 위기에 처한 동식물의 국제교역에 관한 협약(CITES: Convention on International Trade in Endangered Species)이다. 생물다양성협약은 최근 유전공학의 발달로 각종 유전자에 대한 새로운 경제적 가치가 발견되면서 인구 증가 및 인류의 개발행위로 인한 생물자원의 멸종 방지를 위해 채택되었다. 이 협약은 지난 1990년 11월부터 6차례에 걸친 정부 간 협상회의를 통해 마련된 것으로 리우회의에서 기후변화협약과 함께 채택되었다.

⑧ 서비스화

과거 전통적 경영활동은 일반적으로 제품 생산, 특히 기능에 중심을 둔 제품 생산에 노력해왔던 반면에, 최근에 환경경영에 입각한 에코효율성 중심의 경영활동은 제품이 아닌 서비스의 제공, 즉 효용 중심의 고객관점에 입각한 제품의 서비스화를 요구받고 있다. 이는 과거에는 제품을 생산하는 기업이 주도적으로 시장에 제품을 제공하던 흐름에서 고객의 관점에서 욕구를 파악하고 이를 충족시키기 위한 서비스를 제공하는 것으로 바뀐 것이다. 특히 동일한 비용을 들이더라도 효용이 극대화되는 방향으로 서비스화가 이루어진다는 점이 두드러진다. 또한 자원소비중심의 제품 생산은 에코효율성의 측면에서 보았을 때 한계가 있다. 이에 따라 제품 자체가 아닌 제품을 사용하는 서비스의 판매, 온라인 서비스, 내구성 및 제품수명이 획기적으로 늘어난 제품의 서비스 제공 등의 서비스 경제로의 전환이 요구되는 것이다.

미국의 Interface사의 경우 카펫을 전문적으로 제공하는 기업으로, 1990년대 후반부터 에코효율성을 경영활동 전반에 도입하면서부터 단순히 제품인 카펫을 고객들에게 판매해 오던 기존의 경영활동을, 기능이 아닌 효용 중심의 극대화와 비용효율적인 측면을 요구하는 고객들의 관점에서 획기적인 변화를 가져오게 되었다. 카펫이 깔려있는 사무실이나 개인 가정집 등에서 카펫이 헤지는 부분은 전체의 약 15%에 불과한데, 이를 위해 카펫 전체를 새로 구입해야 한다는 점이 고객들의 관점에서는 효율적이지 못하며, 이는 또 카펫을 재활용하지 않을 경우 전부 폐기해야 하는 환경적으로 매우 위험한 결과를 가져온다는 점을 Interface사는 착안하였다. Interface사는 제품이 아닌 서비스를 고객들에게 제공한다는 개념에서 서비스화를 시도하였고, 카펫의 부분적인 교체와 전반적인 카펫 관리를 정기적으로 제공하는 서비스를 함으로써 자원활용을 극대화하는 동시에 비용도 절감하는 윈-윈(Win-Win) 효과가 있을 수 있었다. 이는 에코효율성 개념에 입각한 서비스화를 통해 효용극대화를 가져옴으로써 비용효율성도 동시에 성취할 수 있음을 시사한다.

B. 사회적 지속가능성(Social Sustainability)

기업이 사회적 책임을 가진다는 것은 결국 기업이 사회적으로 영향력을 행사할 수 있는 기업권력을 보유하고 있거나 이를 행사했기 때문에 제기되는 것이다. 즉, 기업이 자기에게 부여된 책임은 회피하고 자신의 권력만 행사할 경우, 일반대중이나 관련 이해관계자들에게 직간접적 피해를 줄 수 있기 때문에 사회는 기업이 행사하는 권력과 균형을 이룰 수 있는 책임 있는 기업행동을 요구하게 되는 것이다. 사회적 책임을 몇 가지로 나누어서 분석해 보면 다음과 같다.

① 사회공헌활동

기업의 사회공헌활동이란 기업의 본질적 활동으로 인식되던 경제적 활동에서 한 걸음 더 나아가 보다 적극적으로 사회발전에 기여하고자 하는 일련의 대

사회활동을 일컫는다. 기업의 사회공헌활동은 일반사회와의 관계에 초점을 둔 대외적 활동을 함에 있어서 "해서는 안 되는 일"을 소극적으로 하지 않는 것보다는 "하면 할수록 좋은 일"을 긍정적이고 적극적으로 수행하는 것을 말한다. 즉, 사회공헌활동은 사회가 기업에게 기대하는 경제적인 역할차원을 넘어 보다 적극적인 차원에서 수행되는 것이며, 기업이 보유하고 있는 자원과 능력을 적극 활용하여 사회와 보다 바람직한 관계를 형성하고자 하는 의도에서 행하여진다.

기업의 사회공헌활동의 개념은 사회의 산업화과정에서 발생한 빈곤층의 사람들에 대해 기업이 "자선적 기부활동"의 전개를 통해 시작되었으나 최근에 와서는 교육, 환경, 복지 및 문화활동을 지원하는 등 그 범위가 점차 확대되고 있는 추세이며, 이는 기업의 사회공헌활동이 경영외적 활동이 아니라 경영의 추적 기능으로 인식되고 있기 때문이다. 따라서 기업의 사회공헌활동은 재정적 기부활동뿐만 아니라 지역사회를 위하여 직접적으로 관련을 맺는 경향이 두드러지고 있다.

그러나 국내 기업들은 아직까지 사회공헌활동에 수동적인 것이 현실이다. 이는 사회공헌활동이 자발적이기보다는 사회적 압력에 의해 마지못해 참여하는 경향이 있으며, 기업의 특성과 관계없이 일률적인 공헌활동과 사회공헌 담당 부서의 전문성 결여로 조직 내 위상이 낮게 책정되어 있다는 점, 그리고 경제적 책임을 법과 윤리준수보다 강조하는 문화 등이 지적되고 있다.

따라서 적극적 의미의 사회적 참여인 사회공헌활동에 대한 기업들의 체계적이고 지속적인 관심과 전문성을 갖춘 관리 등을 통해 기업 내외의 다양한 이해관계자들로부터 신뢰를 확보하기 위해 노력해야 한다.

② 준법경영

준법경영은 경영활동의 옳고 그름을 구분해 주는 규범적 기준을 사회의 윤리적 가치체계에 두는 경영을 의미한다. 구체적으로 말하면 기업이 적법의 테두리를 넘어 입법의 취지와 사회통념까지도 감안하여 기업윤리를 준수하는 경영방식이라고 할 수 있다. 예를 들어, 법적 책임이 없어도 사회의 윤리적 기준과 상충

하면 사회가 요구하는 윤리기준을 선택하는 경영방식이며 기업이 스스로 지키고 추구해야 할 중요한 목표 중의 하나이다.

기업에 대한 사회적 기대가 증가함에 따라, 준법경영의 도입을 요구받고 있다. 기업의 준법성의 결여로 인해 발생하는 사건의 경우, 업무 혼란이나 종업원의 사기 저하는 물론 고객 이탈, 과징금과 소송을 우려한 투자자들의 주식투매 등 막대한 비용을 발생시킨다. 그러나 이것을 단순히 비용으로 인식할 것이 아니라 사회적 투자(Social Investment)로 판단하여 기업의 준법경영 활동을 전략적이며 집중적으로 할 필요가 있다.

준법경영의 경우, 기업 내부적으로는 최고경영층의 의지가 특히 강조되며, 준법경영이 일관적이며 지속적으로 실행될 수 있는 실천시스템이 구축되어야 한다. 이를 위해 기업 내 제도적 지원 장치가 필요하며, 기업 외부적으로는 NGOs, 지방자치단체 등과 파트너십을 맺어 사회적 네트워크를 구축할 필요가 있다. 또한 정부와 사회로부터의 지원을 이끌어내는 것도 중요하며, 준법경영을 실천하는 기업을 대상으로 정부조달 및 발주사업 입찰 시 우대하는 방안과 신용평가 시 가산점을 주는 방안 등이 검토될 필요가 있다. 이는 결국 준법경영을 통해 경쟁력을 확보하기 위해 사회로부터 격려를 이끌어 낼 필요가 있는데, 언론을 포함한 사회의 적극적인 관심은 기업 준법경영의 성과를 사회로 환원시키는 중요한 동기부여를 제공하는 것으로 평가된다.

③ 인권경영

국제화에 수반해 기업의 사회적 책임을 중시하는 움직임이 활발해지고 있다. 그 사례로는 1992년 2월 세계경제 포럼에서 코피 아난 유엔 사무총장이 기업경영자에게 인권, 노동, 환경을 고려한 기업 활동을 실시하도록 호소하였으며, 이것을 기본으로 2000년 7월 UN Global Compact의 9개 원칙이 만들어져 다국적 기업의 참가 지원을 요구하고 있다. 기업경영의 범위와 경제범위가 글로벌화되고, 기업경영 활동 또한 국내뿐만 아니라 다양한 국가들을 대상으로 하게 되었다. 이에 따라 국내 근로자들의 인권수준이 선진 국가들을 대상으로 하였을 경우와 상대적 후진 국가들을 대상으로 하였을 경우 상당한 차이를 드러내고 있음이 밝혀지고 있다.

GRI(Global Reporting Initiative)가 제시한 지속가능보고서 가이드라인을 따르고 있는 선진 기업들의 경우, 인종, 종교, 성별, 학벌, 나이 등에 따른 차별을 금지하고 있으며 이를 어길 경우 엄격한 제재를 가하고 있다. 이는 평등한 기회를 모든 근로자들에게 제공한다는 점과 기업이 사회구성원의 하나로서 책임 있는 행동의 하나로 취할 수 있는 경영정책 가운데 하나이다. 이는 곧, 인종과 종교의 다양성을 인정함으로써 세계화된 기업문화를 보여주며 성별과 학벌에 따른 차별을 없앰으로써 공평하고 투명한 기업경영을 대내외적으로 공표하는 것이다. 해외 사업장에서 외국인 근로자를 고용하고, 또 국내 사업장에서 외국인 근로자를 고용할 경우에도 내국인과 동일한 기준을 적용하여 고용하는 것도 기업의 지속가능경영의 인권경영활동의 중요한 부분이다. 싱가포르의 경우 이러한 원칙을 철저히 지키고 있으며, 이러한 기업문화를 통해 능력과 경쟁에 의한 시너지효과를 거두어 기업성과와 지속가능한 성장에 기여할 수 있는 풍토를 조성해 가고 있다.

④ 보건안전

안전이라 함은 사고의 가능성과 위험을 제거할 목적으로 하는 인간의 행동변화와 물리적 환경의 설계에서 발생한 상황 혹은 상태를 말하며, 보건이라 함은 건강을 유지, 발전시키기 위해서 계획적인 노력을 통해서 질병을 예방하고 수명을 연장시키며, 신체의 건강과 능률을 증진시키는 것을 의미한다. 따라서 안전보건은 사고의 가능성과 위험을 제거하고 건강을 유지 및 증진시킬 목적으로 인간의 행동과 물리적 환경의 상태를 설계하는 활동을 뜻한다. 그러나 안전은 나타나고 있는 현상 자체에 관심이 많은 반면, 보건은 예방적인 성격이 강하다. 안전보건의 하위 영역인 산업안전보건은 사업장에서 인간존중과 생산성 향상을 전제로 인명과 재산을 재해로부터 보호하기 위한 활동이다. 이러한 활동은 근로자에게 작업에 대한 불만을 제거해 줌으로써 보다 애착과 열의를 가지게 하고, 경영자에게는 생산성 저하나 기업 재산의 손실을 방지해 줌으로써 보다 크고 안정된 이윤을 보장해주며 궁극적으로 경제발전과 인류 복지의 증진에 기여함을 목표로 하고 있다.

기업이 근로자의 안전보건에 대한 책임을 진다는 것은 작업장에 상존하는 유해하고 위험한 요인을 제거하는 조치를 취함으로써 보장해 줄 수 있다. 그러기 위해서는 불안전한 요소를 파악하여 그 원인을 찾아내고 적절한 대책을 세우는 동시에 구성원들과 이에 대한 공감대를 형성하는 과정을 거쳐 작업으로 인해 야기되는 사고 및 질병 발생 확률을 저감시키는 방향으로 개선하려는 노력이 지속적으로 추진되어야 한다.

C. 경제적 지속가능성(Economic Sustainability)

과거 성장 위주의 경제개발정책에 따라 저임금을 바탕으로 한 노동집약적 산업에 치중하였고, 결과적으로 계층 간 빈부격차 확대와 근로조건 문제 등이 발생하게 되었다.

① 경제의 질적 성장(Economic Quality Growth)

과거에는 성장 위주의 경제개발정책에 따라 저임금을 바탕으로 한 노동집약적 산업에 치중하였고, 결과적으로 계층 간 빈부격차 확대와 근로조건 문제 등이 발생하게 되었다. 이러한 외적 성장 위주의 경제발전에서 이제는 내적, 특히 질적 성장으로의 경제발전으로 전환이 이루어져 가고 있는 시점에서 기업경영의 선진화 또한 글로벌 스탠더드에 맞출 것을 기업의 지속가능경영 차원에서 요구받고 있다. 특히, 지역사회에 대한 기여, 투명경영에 대한 요구와 공정경쟁 및 혁신을 통한 선진화가 경제적인 차원의 기업 지속가능경영의 주요 내용이다.

② 지역사회 경제기여

지역사회는 기업의 대표적인 2차적 이해관계자로서 기업경영 활동의 터전을 제공해 주고 있다. 기업이 지역사회의 일원으로 경제사회적 권리와 의무를 가지고 있는 존재임에도 불구하고 많은 기업들이 지역사회 관계의 중요성을 간과하는 경우가 많이 있다. 지역사회에 대한 기여, 특히 경제적 기여는 결국 지역사회의 발전에 자발적으로 참여함으로써 기업 자신에게 혜택이 들어온다는 인식하에 적극적으로 참여할 필요가 있다. 기업이 해당 지역 사업장을 통해 지역주민을 고용하고, 관련 협력업체들과 더불어 공급망을 형성함으로써 간접고용 효과가 있다. 또한 해당 지역정부는 풍부한 세금을 통해 지역사회의 질을 향상시키는 데 투자를 하며, 이를 통한 직간접적 혜택을 기업과 더불어 지역사회 전체가 공유할 수 있는 기반을 형성할 수 있다. 지역주민의 생존과 주민생활의 질적 향상에 직접적으로 기여하며, 경제적 삶의 질을 향상시키고자 하는 이념으로서 지역주민, 지역행정기관, 지역단체, 기업 등이 실천주체가 되어 조직적으로 노력하면 지역현안을 함께 해결해 나갈 수 있을 것으로 평가된다.

그러나 부정적인 측면에 대한 신중한 접근이 필요하다. 기업의 지역사회에 대한 경제적 지배문제로 특정 지역에 경제력이 편중되거나 특정 산업의 기형적 성장의 문제 등이 발생할 수 있다. 특정 지역에 경제력이 편중되면 진출지역과 인근지역 간의 경제력 차이 발생으로 인구밀집과 같은 도시화문제를 발생시키거나 지역적 불균형을 초래할 수 있다. 또한 특정 산업이 지역에 편중될 경우, 해당 산업이 쇠퇴하게 되면 그 지역경제도 함께 소멸할 수 있는 위험도 존재한다.

③ 기업 투명성

국내 경제와 기업의 본원적 경쟁력 향상을 위해 가장 시급한 문제 가운데 하나가 기업경영의 투명성 확보이다. 투명성은 기업의 의사결정과 행동 등에 대한 정보가 접근 가능하고 가시적이며 이해 가능하도록 만들어진 상태를 의미한다. 기업이 정보를 고의적으로 축소, 확대 및 변경하는 행위를 반복하게 되면 투명성이 결여된 상태라고 볼 수 있다.

최근 기업 투명성을 요구하는 투명경영에 대한 요구는 점점 더 강조되고 있다. 시장에서 신뢰를 받는 기업은 자금조달 규모와 자본시장 접근 가능성 등에서 차별적 우위를 누릴 수 있지만 시장에서 신뢰를 상실하면 자금조달에 차질을 빚을 수 있고 파산할 가능성도 있다. 이런 가능성은 2001년 3/4분기 저조한 실적발표 이후 2001년 12월 두 달 만에 파산하고 만 미국 에너지 기업인 엔론사 사태에서 극명하게 드러나고 있다.

국제적인 수준에서 평가하면 한국 기업의 경영 투명성은 아시아 12개국 가운데서 인도네시아보다 낮은 9위에 머무르는 것으로 나타났다(Standard & Poors, 국제금융포럼, 2001.4). 회계상 투명성이 보장되지 못하고 있는 점이 한국에 대한 신용평가에서 가장 큰 문제였다. 국가와 기업의 부패문제는 외국 투자자의 투자를 주저하게 하고 경제성장을 저해한다.

오늘날 기업경영의 추세가 주주가치와 현금흐름을 강조하는 방향으로 나아가고 있다. 주주가치가 명확하게 반영되기 위해서는 회계 투명성, 즉 투명한 재무제표가 필요하다. 따라서 주주들은 기업에게 투명성을 높이도록 요구하고 있으며 그 결과 감사위원회, 사외이사 등의 제도적 장치가 도입되었다.

경영 투명성은 기업의 내부 효율성과 대외 경쟁력을 증진시켜 기업성과를 극대화함으로써 기업의 이해관계자의 편익을 향상시킨다는 인식이 높아지고 있다. 정보공개를 통한 투명경영은 이해관계자의 신뢰와 지원을 확보하고 유지하여 핵심경영자원의 조달에 우위를 가지 수 있으며, 경영위기 시 우호세력을 확보할 수 있게 한다. 기업 투명성은 외부의 요구뿐만 아니라 기업 스스로의 경영성과 향상을 위해서도 꼭 필요하다. 왜냐하면 투명경영은 정보공유의 기업문화를 형성하여 경영혁신과 성과를 향상시키기 때문이다.

④ 공정경쟁

국제 거래에 있어서 뇌물 관행이 공정한 시장거래 질서를 저해하고 있다는 지적이 있어, 공정경쟁 환경 구축을 위해 제도적 규제 장치를 마련하고, 특히 독점규제 및 공정거래에 관한 법률 등 공정거래 관련 법규를 자발적으로 준수해야할 노력 및 필요성이 업계들을 중심으로 나타나고 있다. CP(Compliance Program, 공정거래법 자율준수 프로그램)를 국내 기업들이 도입하여 가시적인 성과를 거두고 있는 것으로 평가되고 있으며, 그 세부 내용은 최고경영자의 의지표명과 더불어 자율준수편람의 제작 및 배포, 정기적 직원교육, 공정경쟁 감시 및 제재를 통해 기업의 내부적인 공정경쟁 노력을 가속화해가고 있다. 기업 내부적으로 실천강령

(Code of Conduct)의 개발과 산업계 확산을 통해 국가적 이미지 개선과 신뢰도 회복에 기여할 수 있다.

⑤ 혁신

지속가능한 기업 활동을 위해 장기적 관점에서 기업의 가용자원을 효과적으로 사용할 수 있는 기술과 시스템 개발을 통해 미래의 환경변화에 대한 적응력 및 대내외적 충격에 대한 내구성을 높여야 하며, 시장기회를 창출할 수 있도록 제품 및 서비스의 경쟁력을 높여나가야 한다.

기업의 사회공헌과 활용 방안

오늘날 소비자들의 교육수준, 사회참여율의 증가, 정보 접근성의 향상 등으로 인해서 과거에 비해 각 기업이 어떠한 역할과 행동을 하고 있는지에 대해서 쉽게 알 수 있다. 이러한 상황하에 오늘날 기업이 살아남기 위해서는 과거 기업이 사회에 제공하였던 기본적인 역할 이외에 또 다른 책임을 요구받고 있다. 이러한 사회적 변화에 발맞추어서 각 기업이 실천하고 있는 것이 바로 사회공헌을 통한 적극적인 사회환원 활동이다. 하지만 이러한 사회공헌활동으로 단순히 모금액을 기부하는 것만으로는 뚜렷한 목적의식과 방향성이 없어 실패하기 십상이다. 이 지속가능경영의 소주제이자 기업 성공의 필요조건이 되어버린 기업의 사회공헌활동을 어떻게, 어떠한 방향으로 진행시켜나가야 하는지에 대한 방향 제시를 하는 것이 최종 목표이다.

1) 기업의 사회공헌 정의

기업의 사회공헌은 기업의 사회적 책임의식을 바탕으로 영리추구를 위한 기업 본연의 활동 이외에 기업이 보유하고 있는 자원인 제품, 서비스, 기술, 자금, 인재, 노하우, 시설, 판촉수단 등을 활용하여 사회를 보다 풍요롭고 활기차게 만드는 활동이라고 정의할 수 있다. 기업 사회공헌은 이윤창출의 원천인 사회에 대해 이익의 일부를 환원함으로써 기업의 도덕적 의무를 수행함과 아울러 기업과 사회의 동반 성장을 꾀한다는 데 이론적 바탕을 두고 있다.

GRI(Globla Reporting Initiative)의 보고기준에 의하면 한 기업의 지속가능성을 경제, 사회, 환경으로 분리하는데, 기업의 사회공헌은 사회영역의 핵심을 차지한다고 볼 수 있다. 세계적으로 존경받고 있는 일류 기업들도 사회 전체의 번영과 발전을 위한 사회공헌활동에서 두드러진 성과를 나타내고 있다. 이들 일류 기업들은 '기업과 사회의 상생'이라는 인식하에 기업이 가진 물적, 인적자산을 활용하여 사회공헌활동을 수행하는 것을 경영의 중요한 전략요인으로 간주하고 있는 것이다. 이와 같은 추세를 전통적인 사회공헌활동과 구분되는 전략적 사회공헌활동이라고 정의하고 있다. 오늘날 대부분의 기업이 전략적 사회공헌활동을 활용하고 있다. 이제 사회공헌이 기업의 선택사항이 아니라 기업의 회생에 있어서 결정적인 역할을 하는 수단이 된 것이다.

2) 기업의 사회공헌 필요성

소비자, 사회로부터의 기업에 대한 인식 변화와 기업의 사회공헌 의미에 대해서 알아보았다. 그러면 기업의 사회공헌이 어떠한 긍정적 효과를 주는지 분석하고 기업은 이를 전략적으로 활용하는 것이 중요하다. 여기서는 기업의 사회공헌이 어떠한 효과를 내는지에 대해서 알아볼 것이다.

A. 기업 내부의 인적자원 개발에 효과

세계자원봉사자협회(IAVE) 전 회장인 켄 알렌(Kenn Allen)은 기업의 사회봉사활동이 인적자원 개발에 매우 효과적이라고 밝혔다. 그는 기업의 사회봉사활동이 인적자원의 개발에 매우 효과적임을 강조하며 새로운 지식과 기술, 리더십, 자신감 그리고 자아성취 등이 자원봉사를 통해 전략적으로 개발될 수 있다고 설명했다. 또 그는 기업의 자원봉사활동이 지역사회의 문제해결과 신기술 및 자원 제공 등의 활동을 통해서 직원들의 자기계발, 자아만족, 그리고 자사에 대한 만족도가 향상된다고 설명했다.

즉, 기업은 사회공헌을 통해서 소비자나 사회에 무엇인가를 항상 주기만 하는 공급자만이 아니라 그들을 통해 회사 내부의 인적자원 개발이라는 커다란 효과를 얻는 수혜자가 될 수 있다는 인식의 전환이 필요한 것이다.

B. 기업의 긍정적 이미지 형성

기업 본연의 활동 외에 능동적이고 지속적인 사회공헌활동을 추구함으로써 사회의 구성원으로서 소비자들에게 좋은 이미지를 심어 준다. 기업의 사회공헌은 소비자들의 기업 판단기준에 영향력을 행사하고, 그들에게 좋은 이미지를 심어 주어서 잠재적인 고객을 만들 수 있는 장점이 있다.

C. 건전한 자본주의 정착에 기여

기업의 사회공헌활동은 복지체계 개선책 마련과 건전한 자본주의 정착에 일조한다. 이는 경쟁을 기본 원리로 한 자본주의 사회에서 기업 스스로가 나눔을 실현함으로써 정부차원에서 지원하지 못한 곳까지 다양하고 체계적으로 사회복지를 실현할 수 있다는 긍정적인 효과를 불러일으킬 수 있다.

D. 지역사회와의 연계를 통한 기업의 이미지 개선

전략적 사회공헌활동을 추구함으로써 소비자와의 신뢰 구축, 지역사회와의 유대 강화에 적극으로 활용할 수 있다. 지역사회와 연계된 사회공헌활동은 기업의 이미지를 홍보하며 지역사회와 잠재적 소비자를 핵심고객으로 끌어올릴 수 있는 가장 효과적인 공익마케팅 방법이다. 한 가지 예로 '토요타 코리아'는 한국에 인문학 연구와 시민단체(NGO)를 후원하는 토요타 재단을 설립하기도 했다. 이는 토요타의 사회공헌재단을 설립함으로써 일본이라는 국가 브랜드에 대한 한국인들의 거부감을 일소하고 한국 사회 내에 토요타를 '기술 속의 브랜드'로 남게 하겠다는 기업 마케팅 전략이 깔려 있었던 것이다.

3) 소비자와 사회의 기업 평가기준의 변화

과거 소비자는 기업은 단지 이윤창출을 통한 기업의 경제적 책임으로서 사회가 필요로 한 재화와 서비스를 생산하는 곳이라고 생각했다. 여기에 더하여 가장 기본적으로 법을 지켜야 하는 법적 책임으로서, 기업이 사회적 합의인 법을 지키고 이 테두리 안에서 경제적 사명을 수행하는 것으로 기업의 역할을 한정하였다. 하지만 오늘날 소비자들은 위의 기업의 두 역할을 제외하고 사회공헌의 책임으로서 기업의 장기적 역할, 그리고 기업경영상 윤리경영 등을 기업이 실천할 것을 요구하고 있다.

미국에서 기업의 사회적 책임과 사회공헌의 개념이 도입된 것은 대공황이 시작된 1929년이며, 본격적으로 관심을 가지게 된 것은 1960년대부터이다. 공황을 극복한 이후 미국 경제는 1945년 이후 기업의 규모가 커지면서 기업의 자유활동과 사회와의 갈등이 지속적으로 발생하였고, 이에 따라서 사회의 기업역할에 대한 논의가 본격화되었다. 그동안 이윤추구에만 혈안이 되어 공동체의 일원으로서 역할을 외면하였던 기업이 사회 내부에서 미치는 정치·경제·사회적인 영향을 무시할 수 없게 되었다. 즉, 기업은 오늘날 더 이상 이윤추구만 하는 곳이 아니라 사회에 무엇인가를 해야만 하는 곳으로 그 역할 확대를 강요받게 되었던 것이다.

이제까지 지속가능경영(CSM)에 대해 살펴보았다. 과거에 기업이윤을 위해서만 활동하던 기업들이 상생에 눈을 뜨고 사회, 환경, 경제에 두루두루 좋은 영향을 미치기 위해 많은 활동을 하는 것을 알 수 있다. 특히 그중 사회부분인 기업의 사회공헌활동과 환경활동에 대해서 살펴보았다.

오늘날 국경과 장벽이 사라진 글로벌 시대에 기업은 여러 경쟁에 노출되어 있다. 이러한 시대적 상황하에 기업은 이제까지 인식되어 왔던 역할 이외에 또 다른 것을 요구받고 있는 것이다. 기업은 단순 이윤추구를 넘어서서 사회와 경제, 환경에 대한 책임이 증가되고 있는 것이다. 사회공헌활동은 기업의 이미지 개선, 잠재적인 고객의 형성, 기업 내부 인력자원의 능력 개발, 글로벌 시대의 능동적인 대처 등 기업에 여러 가지 긍정적인 효과를 불러 일으킨다. 단기간의 이윤추구가 아닌 장기화된 기업으로 꾸준히 살아남기 위해 현재 꼭 필요한 경영혁신의 일부이기도 하다. 여러 대기업 및 주요 기업은 이러한 시대적 요구를 인식하고 시회공헌활동을 펼치고 있다. 앞으로 기업은 단순히 이미지를 고려해서가 아닌, 진정한 마음에서 우러나오는 사회공헌활동이나 환경경영, 윤리경영을 할 때 지속가능경영을 실천하고 있다고 볼 수 있다.

UN-SDGs(유엔 지속가능발전목표)와 중요성

지속가능개발목표 또는 지속가능발전목표(SDGs, Sustainable Development Goals)는 2000년부터 2015년까지 시행된 MDGs(Millennium Development Goals, 밀레니엄개발목표)를 종료하고, 2016년부터 2030년까지 새로 시행되는 유엔과 국제사회의 최대 공동목표이다. 인류의 보편적 문제(빈곤, 질병, 교육, 성 평등, 난민, 분쟁 등)와 지구환경문제(기후변화, 에너지, 환경오염, 물, 생물다양성 등), 경제사회문제(기술, 주거, 노사, 고용, 생산 소비, 사회구조, 법, 대내외 경제)를 2030년까지 17가지 주 목표와 169개 세부목표로 해결하고자 이행하는 국제사회 최대 공동목표이다. 유엔에서는 공식적으로 "Global Goals"라는 다른 이름으로도 불리고 있다.

1) 새로운 지속가능발전목표의 형성 과정

새로운 지속가능발전목표는 전문가와 관료만이 참가하여 시민사회와 주민당사자의 목소리를 제대로 반영하지 못한 MDGs(밀레니엄개발목표)의 태생적인 한계를 극복하기 위해 시민사회를 포함한 다양한 주체의 참여를 적극적으로 보장하고자 노력했다. HLPF(United Nations High-level Political Forum on Sustainable Development, 유엔 지속가능개발 고위급정치포럼) 보고서의 경우 고위급 패널들이 5,000개가 넘는 시민사회단체와 250여 개 기업의 CEO로부터 의견을 수렴했고, 공개작업반 회의와 HLPF에서도 공동의장과 함께 시민사회의 주요 조직을 포함한 여러 이해관계자들이 각 세션마다 아침에 1시간의 브리핑 시간을 가지거나 회원국과 시민사회가 참여하는 조정회의를 개최하는 노력을 기울였다.

그림 5-1 UN 지속가능발전목표(UN-SDGs) 17가지

참조: 지속가능발전포털, 2023

2) UN-SDGs(유엔 지속가능발전목표) 17가지와 중요성

A. 모든 곳에서 모든 형태의 빈곤 퇴치

2000년 이래 세계 빈곤 비율은 절반으로 낮아졌지만, 개발도상국의 10명 중 1명은 여전히 하루에 1.9달러의 국제 빈곤선(최저 생활비) 이하의 생활비로 살고 있으며, 일일 금액보다 더 적게 버는 사람은 수백만 명 이상 존재한다. 동아시

아, 남동아시아 지역에서 두드러진 진척을 보였으나, 사하라 이남 아프리카 인구의 42%에 해당하는 사람들은 여전히 극심한 빈곤으로 고통받고 있다. 빈곤은 지속적인 생계를 보장하기 위한 수입과 자원의 부족에 그치지 않는 그 이상의 결핍을 의미한다. 사회적 보호체계는 재난 위험이 있는 국가들의 고통을 완화하고 경제적 위기극복을 위해 지원이 필요하며, 이러한 제도는 재해발생 시 예상치 못한 비용손실로 고통받는 사람들의 대응력을 강화시키고 궁극적으로 절대빈곤 지역의 극심한 빈곤을 종식시키는 데 도움이 될 것이다.

B. 기아 종식, 식량안보 달성, 영양상태 개선 및 지속가능한 농업강화

우리가 어떻게 음식을 재배하고, 유통하고, 소비하는지 다시 생각해 볼 때이다. 제대로만 한다면 농업·임업·어업은 모든 사람에게 영양가 있는 음식을 제공할 수 있고, 상당한 수준의 소득을 창출할 수 있으며, 동시에 국민 중심의 농촌발전을 지원하고 환경을 보호할 수 있다. 현재 토양, 담수,
바다, 산림의 훼손으로 생물다양성은 급격히 감소되고 있다. 기후변화는 우리가 의존하는 자원에 치명적인 영향을 미치고 있고, 가뭄이나 홍수와 같은 재난 위험을 증가시키고 있다. 많은 농민들은 더 이상 그들의 땅에서 생계를 유지할 수 없어 기회를 찾기 위해 도시로 이주해야 하며, 열악한 식량안전보장은 심각한 영양실조로 수백만 명의 아이들의 성장을 저해하거나 수명을 단축하고 있다. 세계적으로 영양결핍에 시달리는 인구는 8억 1,500만 명, 2050년까지 추가적으로 20억 명의 인구가 영양결핍에 시달릴 것으로 예상되며, 이들을 부양하려면 세계 식량과 농업시스템의 근본적인 변화가 필요하다. 농업에 대한 투자는 농업 생산력 발전에 필수적이며 지속가능한 식량생산 시스템은 영양결핍 발생 위험을 줄이는 데 필요하다.

C. 전 연령층의 건강한 삶 보장과 웰빙 증진

전 연령대의 건강한 삶을 보장하고 복지를 증진하는 것은 지속가능한 발전에 필수적이다. 인류의 기대 수명은 늘어나고 영·유아 및 임산부 사망률은 감소하는 등의 상당한 진전이 이루어졌지만 2030년까지 10만 명당 70명 미만의 임산부 사망률 감축 목표를 위해서는 전문적인 출산관리 시스템 개선이 필요할 것이다. 다양한 질병을 완전히 퇴치하고 지속적으로 발생하는 건강 문제를 해결하기 위해서는 많은 노력이 필요하다. 의료시스템에 대한 보다 효율적인 자금 지원, 개선된 위생 및 위생법, 의료 서비스 접근성 확대, 환경오염 방지에 대한 정보 제공 등에 중점을 둠으로써 수백만 명의 생명을 살리는 데 상당한 진전을 이룰 수 있다.

D. 모두에게 포용적이고 공평한 양질의 교육보장 및 평생학습 기회 증진

질 높은 교육을 받는 것은 지속가능한 발전을 위한 토대이다. 포괄적인 교육의 제공은 삶의 질을 향상시키는 것 외에도, 현지인들이 국제 현안에 대한 혁신적인 해결책을 찾는 데 필요한 창의적 사고를 갖추도록 도울 수 있다. 현재 2억 6,500만 명 이상의 아동이 학교를 중퇴했고, 그들 중 22%는 초등학생밖에 안 되는 나이이다. 게다가 학교에 다니는 아동들조차 읽기와 수학에 있어서 기본적인 능력이 부족하다. 지난 10년 동안 전 과정 교육에 대한 접근성 확대와 학교 입학률을 높이기 위한 주요 진전이 이루어졌다. 기본적인 문맹 퇴치는 비약적으로 높아졌지만 보편적인 교육목표 달성과 진전을 이루기 위해서는 더 많은 노력이 필요하다.

E. 성 평등 달성과 여성·여아의 자력화

새천년개발목표(MDGs)에 따라 성 평등과 여성의 권익에 대한 진전을 이루었지만, 여성 및 소녀들은 세계 각지에서 차별과 폭력을 계속적으로 겪고 있다. 성 평등은 인간의 기본적 인권일 뿐만 아니라 평화와 번영을 추구하는 지속가능한 세상에 필요한 필수 토대이다. 15세에서 49세 사이의 여성 5명 중 1명에 해당하는 수가 조사일자로부터 12개월 이내 친밀한 파트너에 의해 물리적 폭력 또는 성폭력 피해를 당한 경험이 있다고 진술했고, 현재 49개국은 가정폭력으로부터 여성을 보호하는 법을 가지고 있지 않다. 여성 및 소녀들에

게 교육, 건강관리, 양질의 일자리 제공과 정치적·경제적 의사결정 과정의 참여 확대는 지속가능한 경제와 사회 그리고 인류에게 전반적인 이익을 가져다 줄 것이다. 직장 내 여성의 평등에 관한 새로운 법체계를 마련하고 여성을 대상으로 한 유해관행을 근절하는 것은 전 세계 많은 나라에서 성차별을 종식시키는 데 있어 매우 중요한 역할을 할 것이다.

F. 모두를 위한 물과 위생설비에 대해 가용성과 지속가능한 유지관리 보장

안전한 물과 건전한 담수 생태계 관리는 인류 건강에 필수적이며 이를 달성하기 위한 충분한 양의 신선한 물이 지구상에는 존재한다.

하지만 경제난이나 열악한 사회기반시설 때문에, 어린이들을 포함한 수백만의 사람들이 물 부족이나 위생문제로 인한 질병으로 매년 사망한다. 물 부족, 수질 악화, 부적절한 위생시설로 인해 전 세계 빈곤가정의 식량안보, 생계수단 및 교육기회에 부정적인 영향을 미친다. 현재 20억 명 이상의 사람들이 담수 고갈의 위험을 안고 살고 있으며, 2050년까지 최소한 4명 중 1명은 만성적이고 반복적인 물 부족의 영향을 받으며 살게 될 것이다. 이는 최빈국 중 일부에 고통을 가해서 배고픔과 영양결핍을 악화시킬 것이다. 다행히도 지난 10년 동안 식수와 위생에 관한 상당한 개선이 이루어져, 현재 전 세계 인구의 90% 이상이 개선된 식수 공급원에 접근하고 있다. 수질환경 향상 및 공급 접근성을 개선하기 위해 사하라 사막 이남 아프리카, 중앙아시아, 남아시아, 동부아시아 및 동남아시아의 여러 개발도상국에서는 지역의 수생태계 및 위생시설 관리에 대한 투자를 확대해야 한다.

G. 신뢰할 수 있고 지속가능하며 현대적인 에너지에의 접근 보장

에너지는 오늘날 세계가 직면하고 있는 주요한 도전과 기회의 핵심이다. 일자리, 안보, 기후변화, 식량생산 또는 소득증대를 위해서는 에너지 이용이 필수적이다. 이 목표를 향해 노력하는 것은 다른 지속가능발전목표와 연계되기 때문에 특히 중요하다. 기후변화와 같은 환경문제에 대해 보다 지속가능하고 포괄적인 복원력을 창출하기 위해서는 에너지 활용의 보편화, 에너지 효율 증대, 새로운 경제 및 일자리 창출을 통한 재생에너지 사용 증가에 중점을 두어야 한다.

H. 모두를 위한 지속적·포용적·지속가능한 경제성장, 생산적인 완전고용과 양질의 일자리 증진

5.7%의 세계 실업률 속에서 전 세계 인구의 절반은 여전히 하루에 약 2달러의 돈으로 살아가며, 직업을 갖는 것이 가난으로부터 탈출할 수 있는 능력을 보장하지는 않는다고 생각한다. 더디고 불균등한 진보는 우리에게 빈곤퇴치를 목표로 경제적·사회적 정책을 재고하고 재조정할 것을 요구한다. 계속되는 일자리 부족, 불충분한 투자 그리고 소비 과소화는 민주사회에 기반을 둔 사회자본의 침체로 이어진다. 노동 생산성 감소와 실업률 상승으로 인한 임금하락으로 생활수준이 떨어지고 있다. 지속가능한 경제성장은 환경을 해치지 않으면서도 경제를 부양하는 양질의 일자리를 가질 수 있는 조건을 필요로 한다. 전체 근로연령 인구에 일자리 기회와 양질의 근로조건의 필요와 소득관리, 자산저축, 생산투자를 위해서는 금융서비스에 대한 접근성이 강화되어야 한다. 무역·은행·농업 기반시설에 대한 노력이 수반되어야 빈곤지역의 생산성을 높이고 실업률을 낮추는 데 도움이 될 것이다.

I. 지속가능한 산업화 증진 및 혁신 장려

교통, 관개, 에너지, 정보 및 통신기술 등 인프라에 대한
투자는 많은 국가에서 지속가능한 발전을 달성하고 지역사
회에 힘을 실어주기 위해 중요하다. 생산성 및 소득 증대, 건
강 및 교육 향상은 기반시설에 대한 투자를 필요로 한다는
것은 오래전부터 인식되어 왔다.

제조업은 경제성장, 고용, 사회 안정성의 주요한 원동력이다. 북미와 유럽에
서 1인당 4,500달러의 제조업 가치가 부가되었고 개발도상국의 경우 100달러 정
도인 것으로 나타났다. 고려해야 할 다른 중요한 요인은 제조과정의 이산화탄소
배출이다. 지난 10년 동안 많은 나라에서 탄소배출량이 감소했지만 감소 추세가
전 세계적으로 이루어지지는 않았다. 효율성을 높이기 위해 제조제품을 관장하
는 첨단제품에 더 많은 투자가 필요하고, 사람 간의 연결을 강화하는 모바일 서
비스에 초점을 맞춰야 한다.

J. 국내 및 국가 간 불평등 완화

국제사회는 빈곤퇴치 과정에서 상당한 성과를 거두었
다. 개발도상국에서 불평등을 줄이려는 노력이 한창이다.
하지만 여전히 보건, 교육, 자산관리 부문에서 불평등은 계
속되고 있다. 경제 성장이 포괄적이지 않고, 경제적·사회
적·환경적 차원의 지속가능발전의 3요소를 포함하지 않는

다면, 경제성장이 빈곤을 줄이는 데 충분하지 못하다는 공감대가 커지고 있다.
다행히도, 소득불평등은 국가 간과 국가 내에서 모두 감소되었다. 현시점의 데이
터를 가진 94개국 중 60개 국가의 1인당 소득이 국가 평균보다 더 빠르게 증가했
으며, 저개발 국가들로부터의 수출에 유리한 조건을 만드는 것에 대한 조금의 진
전이 있었다. 불평등을 줄이기 위해 정책은 원칙적으로 보편적이어야 하며, 취약
계층과 소외된 사람들의 요구에 주의를 기울여야 한다.

K. 도시와 주거지를 포용적이며 안전하고 복원력 있고 지속가능하게 보장

도시는 아이디어·상업·문화·과학·생산성·사회개발 등을 위한 허브 역할을 하며, 사람들이 사회적·경제적으로 발전할 수 있도록 해주었다.

도시화로 인한 과제를 해결하기 위해서는 효율적인 도시계획과 관리방식이 마련되는 것이 중요하다. 토지와 자원에 부담을 주지 않으면서 일자리 창출과 공동 번영 방식으로 도시를 유지하는 데는 많은 어려움이 있다.

일반적인 도시문제로는 도시혼잡 외에도 부족한 관리운영 비용, 주택 부족, 생활 인프라 감소, 대기오염 증가 등의 문제들이 있다. 도시 내 고형 폐기물의 안전한 수거 및 관리와 같은 도시문제는 자원 사용을 개선하고 오염과 빈곤을 줄여 지속적으로 성장할 수 있는 방식으로 극복할 수 있다.

L. 지속가능한 소비와 생산 양식 보장

지속가능한 소비와 생산은 자원과 에너지 효율을 높이고, 지속가능한 인프라를 조성하며, 기본적인 서비스는 물론 친환경적이고 적절한 일자리를 제공하며, 모두에게 더 나은 삶의 질을 제공하는 것이다. 그 실행을 통해 전반적인 개발계획을 달성하고, 미래의 경제·환경 및 사회적 비용을 줄이고, 산업경쟁력을 강화하며, 빈곤을 감소시키는 데 도움이 된다. 현재 천연자원의 소진은 특히 동아시아 지역 내에서 증가하고 있다. 또한 국가들은 대기, 수질 및 토양 오염과 관련된 문제들을 계속해서 다루고 있다. 지속가능한 소비와 생산은 "적은 비용으로 더 많은 것을 얻고 더 잘하는 것"을 목표로 하고 있기 때문에, 삶의 질을 높이면서도 자원낭비나 오염을 줄임으로써 경제적 활동으로 인한 복지혜택을 증가시킬 수 있다.

M. 기후변화와 그로 인한 영향에 맞서기 위한 긴급 대응

기후변화는 이제 대륙 전반의 모든 국가에 영향을 미치고 있다. 국가경제를 혼란에 빠뜨리고 삶에 영향을 미치며, 오늘날과 미래의 사람들, 공동체 및 국가에 큰 손실을 주고 있다. 날씨 패턴은 변화하고 해수면은 상승하며 기상이변은 잦아지고, 온실가스 배출량은 현재 최고 수준에 도달했다.

이는 가난하고 위험에 취약한 사람들에게 가장 많은 영향을 주고 있다. 경제적이고 확장 가능한 해결방안을 모색함으로써 국가는 더욱 청렴하고 탄력적인 경제국으로 도약할 수 있다. 더 많은 사람들이 재생에너지 사용방안을 모색하고, 온실가스 배출량 저하 및 적응방안을 도모함에 따라 변화의 속도는 빨라지고 있다.

N. 지속가능발전을 위한 해양, 해양자원의 보존과 지속가능한 사용

지구의 해양은 온도, 화학반응, 조류, 생명력 등 지구를 인간이 살기에 좋은 서식지로 만들고 있다. 빗물, 식수, 날씨, 기후, 해안선, 음식, 심지어 우리가 숨 쉬는 공기의 산소까지도 결국 바다에 의해 제공되고 규제된다. 역사를 통틀어, 대양과 바다는 무역과 수송에 필수적인 통로였다. 이 필수적인 세계자원을 신중하게 관리하는 것은 지속가능한 미래의 핵심이다.

O. 지속가능한 육상생태계 이용을 보호·복원·증진, 산림을 지속가능하게 관리

산림은 지구 표면의 30.7%를 차지하며 식량안보와 보호지역을 제공하는 것 외에도 기후변화에 대처하고 생물다양성과 토착민들의 집을 보호하는 데 핵심적인 역할을 수행한다. 산림보호를 통해 우리는 천연자원 관리를 강화하고 토지 생산성을 높일 수 있을 것이다.

P. 지속가능발전을 위한 평화롭고 포용적인 사회증진, 모두를 위한 정의에의
접근 제공, 모든 수준에서 효과적이고 책임성 있고 포용적인 제도 구축

국제 살인사건, 어린이 폭력, 인신매매 그리고 성폭력 위협은 지속가능한 발전을 위한 평화적이고 포괄적인 사회를 촉진하기 위해 다루어야 한다. 유엔과 국제사회는 모두를 위한 정의에 대해 접근성을 제공하고 모든 단계에서 효과적이고 책임 있는 기관을 건설할 수 있는 길을 열어주어야 한다.

Q. 지속가능발전을 위한 글로벌 파트너십 활성화

성공적인 지속가능발전 계획은 정부·민간·시민사회 간의 협력을 필요로 한다. 원칙과 가치, 비전 및 인류와 지구를 중심으로 하는 공동목표를 바탕으로 한 이러한 포괄적인 파트너십이 전 세계적·지역적·국가적·지역 차원에서 필요하다.

17개의 목표 모두 각각 우리 생활에 다양한 영향을 행사하고 있다. 그중 3개의 측면으로서 우리 생활에 영향을 미치고 있다.

첫째는 소비 측면에서 바라보면 우리가 매일 사용하는 휴대폰, 노트북, 옷, 가방 등의 재화는 자원과 기술, 유통 시스템과 인력이 합쳐진 결과물이다. 이러한 재화의 사용은 자원을 채취하고 운반하며 폐기물을 발생시키기 때문에 환경과 직접적인 관련이 있다. 결국 소비는 환경, 경제, 사회와 유기적으로 연결된다. 따라서 균형적인 발전을 고려하는 지속가능발전의 실천 노력은 소비에서부터 적극적으로 시작하며 소비자들은 이를 실천하기 위해 노력해야 한다.

두 번째는 의식주 중 '식'의 측면에서 바라보아야 한다. 음식은 사람이 살아가는 데 있어서 가장 중요하다. 세계 어디서든 인류가 존재하는 한 음식을 생산하고, 가공하고, 유통하고, 조리하고, 먹는 일은 계속된다. 그리고 이러한 과정에서 농업, 임업, 수산업, 가공업, 유통업, 운송업, 서비스업 등 관련 산업이 움직이고 기업가와 노동자들이 참여한다. 결국 음식 역시 환경, 경제, 사회와 연결된다고

볼 수 있다. 따라서 음식의 선택은 산업구조를 좌우하는 중요한 일이라고 할 수 있다.

세 번째는 에너지 측면에서 바라보면, 자동차, 비행기, 전철 등의 교통수단이나 컴퓨터로 작업을 할 때 에너지가 필요하다. 현대생활을 유지하기 위해서는 상당량의 에너지가 필요하고, 이를 위해서 주로 석탄, 석유, 가스와 같은 화석연료를 직접 사용하거나, 화석연료 또는 우라늄 핵분열을 이용해 생산한 전기를 이용한다. 결국 지금 우리가 살아가는 데 필요한 에너지를 얻기 위해 오랫동안 축적된 지구자원을 소모하고 있는 것이다. 에너지 사용은 점점 늘어나고 있지만 화석연료의 공급에는 한계가 있다. 따라서 에너지를 절약하도록 제도를 마련하고 있으며 협력 등 다양한 노력을 하고 있는 것이다.

지속가능발전과 ISO 26000

'사회적 책임'에 관한 새로운 기준을 제시하고 있는 ISO 26000에서는 지속가능경영과 사회적 책임을 서로 다른 개념으로 보면서도 지속가능발전이 곧 사회의 다양한 기대를 포용하는 하나의 방식으로 보고, 부분적으로는 사회책임의 핵심을 **'지속가능발전에 대한 조직의 기여 극대화'**로 규정하였다. 이 외에도 여러 부분에서 사회적 책임과 지속가능발전의 관계를 강조하고 있다. 사회적 책임에 관한 '표준 중의 표준'을 지향하는 ISO 26000은 광범위한 관점들을 최선의 방식으로 통합한 것으로, 비록 기업을 위해서만 계획된 것이 아니지만 기업의 사회적 책임에 관한 안건을 주로 다루며, 자선활동은 기업의 접근 방식 중 하나에 지나지 않는다는 사실을 표명하고 있다.

1) ISO 26000의 이해와 등장 배경

ISO 26000은 기업, 정부, NGO 등 사회를 구성하는 모든 조직이 지배구조, 인권, 노동, 환경, 소비자, 공정운영, 지역사회 참여와 발전 등 7개 핵심 주제에 대해 준수할 사항을 정리해 놓은 지침서이다. 비록 '제3자에 의한 인증'을 요구하는 것은 아닌 '자발적인 준수'이긴 하지만 이 지침서는 지금까지 우리가 생각해온 사회적 책임이나 사회공헌에 대한 통상적인 생각을 넘어서는 240개의 과제를 제시하고 있다. ISO 26000의 기본 취지는 기업의 사회적 책임(Corporate Social

Responsibility, CSR)만이 아니라 정부나 노동조합, NGO 등 모든 조직에 사회적 책임의무가 적용되어야 함을 인식하고, 모두의 사회적 책임(Social Responsibility, SR)으로 그 범위를 확장한 것이다. 이제 기업만이 종업원의 인권과 환경보호를 생각하여야 하고 또 기업만이 번 돈을 지역사회를 위하여 공헌하거나 기부하는 것이 아니라, 사회를 구성하고 있는 모든 조직들이 그들의 다양한 이해관계자들을 고려하고, 조화와 균형 속에 사회를 위한 공동선을 실현하여야 함을 선언한 것이다.

A. 사회적 책임의 등장

사회적 책임이라는 용어는 지속가능발전이라는 용어에서 유래하였다. 지속가능발전은 산업혁명 이후 급속한 인구 증가와 산업화로 인해 환경문제가 심화되면서 제기된 새로운 패러다임이다. 1987년 브룬트란트가 그의 보고서에서 '미래세대의 역량을 축하지 않으면서 현세대의 욕구를 충족시킬 수 있는 성장'이라는 의미로 처음 제시하였다. 이후 2000년 UN 글로벌 컴팩트에서 사회적 책임이라는 용어를 사용하면서 중요이슈로 등장하게 되었다.

사회적 책임에 대한 정의는 시대와 이를 바라보는 시각에 따라 다소 다르게 정의된다. 1970년대에는 이윤창출을 기업 본연의 사회적 책임으로 인식한 데 반해, 2000년 전후로는 사회와의 직극적인 상호작용을 통한 사회와 기업의 성장을 사회적 책임으로 인식하고 있다. 또한, OECD에서는 '사회와 공생하기 위하여 취하는 기업의 행동'으로 정의한 데 반해 EU에서는 환경 개념을 포함하여 '사회적·환경적 이슈에 관하여 이해관계자와 자발적으로 상호작용하여 기업에 대한 우려를 줄이는 활동'으로 정의하고 있다. 이처럼 시대와 관점에 따라 조금씩 달리 정의되는 '사회적 책임'은 고정된 개념이라기보다 시대적 상황에 따라 진화하고 있는 개념이라고 볼 수 있다.

B. 세계화와 국제화

세계화의 영향은 상대적으로 공공부문의 역할을 약화시키고 민간부문의 힘과 영향력은 증가시켰다. 때문에 국내 정부는 더 이상 다국적 기업을 효과적으로 감시하거나 통제할 수 없게 되었다. 법규와 시장 사이에 존재하는 이러한 통제력 차이를 보완하기 위해, 소비자와 비정부 기구의 활동이 커졌고, 그 결과 기업 책임의 적절한 수준에 대한 관심도 기대도 커졌다. 세계화는 조직의 모든 곳에서 최저임금 지급을 포함하여 동일한 사회적·환경적 표준을 채택하도록 압박하였다. 동시에 세계화는 서로 다른 문화를 가진 사회를 뛰어넘어 세계 소비자의 사고방식과 가치관의 차이를 보여주었다. 사회적 책임 개념은 이 문제에 건설적·체계적으로 대응하기 위해 나온 것이다.

C. ISO 26000과 사회적 책임

WCED(World Commission on Environment and Development)에서 1987년에 발표된 브룬트란트 보고서(Brundtland Report)에서 제시한 **"미래세대의 능력을 손상시키지 않는 범주에서 현세대의 욕구를 충족시켜가는 발전"**이라는 의미를 그대로 수용하고 있는 것이 ISO 26000의 지속가능발전 개념인데, ISO에서는 여기에 높은 삶의 질과 보건 및 번영의 목적 등을 사회정의와 통합하고 지구의 생명지지 능력을 유지하는 것이 곧 지속가능발전이라고 추가하는 정도에 머물렀다. 이와 더불어 이해관계자의 이해 또는 사회의 기대와 같은 사회적 책임의 또 다른 구성요소가 지속가능발전과 지니는 관계를 명확하게 구분하지 않았다. 단지 다양한 이해관계자들의 이해를 존중해주기 위한 사회책임의 원칙 차원에서 이해관계자의 이해가 사회의 기대와 지속가능발전에 미치는 영향관계를 고려할 것과 사회적 책임의 관련성 및 중대성을 지속가능발전과 연계시켜 평가할 것을 권고하고 있다.

ISO 26000이 중점적으로 다루고 있는 분야는 조직 거버넌스, 인권, 노동관행, 환경, 공정운영 관행, 소비자 이슈 그리고 지역사회 참여와 발전이다. 이러한 개별 주제가 기업의 사업 분야와 연관이 있지만, 모든 하위 이슈들이 사업 분야에 속하는 것이 아니라서 어떤 이슈들이 가장 적절하며 중요하거나 주목해야 하는지에 대한 결정은 기업이 스스로 내려야 한다. 비록 ISO 26000에서 제시한 이슈들이 기업과 이해관계자에게 끼치는 중요성에 따라 측정되는 중요성 평가와 명백한 관련이 있는 것은 아니지만, 이것이 활용하기에 매우 유용한 도구임에는 이견의 여지가 없는 편이다. 조직 거버넌스는 다른 영역을 포괄하는 대단히 중요한 핵심영역으로 사실상 사회적 책임이 설립된 토대이며, 형편없는 거버넌스를 갖고 사회적 책임이 있는 기업이라고 주장하기가 어려운 실정이다. 왜냐하면, 비윤리적인 방법으로 이윤을 창출한 뒤 죄책감을 누그러뜨리거나 호도하기 위해서 이익의 일부를 환원하는 것과 같은 행위 등을 ISO 26000에서는 허용하지 않기 때문이다.

새롭게 관심을 얻고 있는 공정 운영에서는 경쟁의 촉진과 보호가 책임 있는 행동과 부패장치 측정의 중추라고 보고 있으며, 지역사회 참여와 발전을 다루는 부분에서는 지역사회의 견해가 기업의 중요한 의사결정에 반영될 수 있도록 지역사회와의 연합을 강조한다. 한편, 특별히 신흥시장의 발전과정에 최선을 다하는 것 또한 기업의 역할이라고 강조하면서 지역주민의 고용창출, 기술개발 그리고 빈곤을 줄이는 데 중요한 역할을 하는 수입과 복지 창출의 중요성을 강조하고 있다.

ISO 26000은 사회적 책임이 조직을 통합하는 데 중요한 역할을 담당한다고 보고 기업의 전반적 기능을 통합해서 사업전략과 의사결정에 사회적 책임이 연계되도록 기업 내 교육과 능력 배양을 요구하고 있다.

한편, ISO 26000에서는 정보의 공개라는 새로운 측면을 강조하고 있는데, 커뮤니케이션은 사회적 책임 수행에 결정적인 역할을 한다고 볼 수 있다. 커뮤니케이션의 역할에는 설명의 책임과 투명성의 증명 그리고 사회적 책임과 관련된 핵심 정보, 기업이 어떻게 책무를 다하고 있는지 증명하는 것과 이해관계자의 참여를 돕고 기업의 지위를 높이는 것 등이 포함되어 있다.

많은 기업들이 ISO 26000 지도 아래 그들의 사회적 책임 활동을 조정하는 과정 중에 있는데, 이는 전 조직에 걸쳐 ISO 26000이 요구하는 사항을 이해하기 위해서 교육을 통해 내부적으로 수용하고 능력을 배양하는 노력을 보여주는 것이다. 기존 CSR(Corporate Social Responsibility) 전략을 ISO 26000의 원칙과 핵심영역에 따라 평가해온 선도적 기업에 의해 확증된 것과 같이 강점과 약점을 부각시킬 수 있는 결과를 얻어낼 수 있었던 유수의 기업들은 이미 ISO 26000에 따라 정책과 보고 방법을 재조정하고 있다.

ISO 26000이 사회적 책임에 관한 가이던스만을 제공하고 아무런 인증을 하지 않을 것이라고 하더라도, 그것은 기업뿐만 아니라 기업에 대해 관심을 가지게 되는 다른 집단들에게 유용한 평가도구가 될 것이다. 특히 NGO 같은 시민단체나 압력단체와 언론사 그리고 사회책임투자자들은 기업성과를 판단하기 위해서 ISO 26000의 활용을 확대할 것이기에, ISO 26000이 제시하는 관점과 가치를 도입하여 운영하는 기업은 평판에 있어서 큰 혜택을 볼 것이며 또한 그들의 위기를 더 효과적으로 관리할 수 있을 것이다.

2) ESG의 시작은 ISO 26000부터

ISO 26000은 세계화에 따른 빈곤과 불평등에 대한 국제사회의 문제해결, 경제성장과 개발에 따른 지구환경 위기 대처 및 지속가능한 생존과 인류번영을 위한 새로운 패러다임의 요구에 따라, 2004년 '국제표준화기구'에서 표준개발이 결정되었고, 2005년 3월 1차 총회부터 2010년 5월 8차 총회까지 5년에 걸쳐 개발된 사회적 책임에 관한 국제표준이다. 또한 ISO 26000은 사회적 책임 표준으로서, 기업·정부·비정부기구 등 사회를 구성하는 모든 조직이 인권과 환경 등 핵심 주제에 대해 **'사회 공동체에 이익이 되도록 노력할 것을 요구하는 행동 지침서'**이다. ISO 26000의 내용들은 궁극적으로 조직의 지속가능한 발전을 지원하기 위한 것이며, 이를 위해 법률위반행위를 사전에 예방하고, 법에서 요구하는 기본적인 의무를 준수할 수 있도록 유도하기 위한 기준들을 제시하고 있다.

A. ISO 26000의 기본구조

그림 5-2 ISO 26000의 기본구조

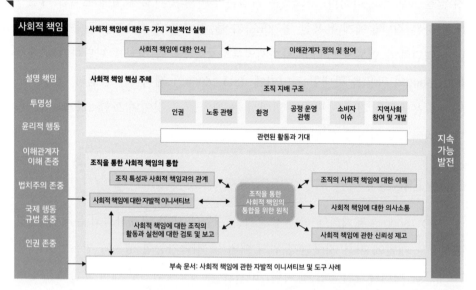

참조: KATS 기술 보고서 제28호, 2011

B. ISO 26000의 7대 핵심주제와 프로세스 진단 8단계

ISO 26000의 핵심주제는 조직 거버넌스, 인권, 노동관행, 환경, 공정운영관행, 소비자이슈, 지역사회 참여와 발전이다. ISO 26000은 조직운영에 있어 인권침해나 고객피해, 부패, 환경파괴, 지역사회 소외라는 문제들을 일으키지 않고 건강하고 건전하게 조직을 운영하기 위한 지침이라고 할 수 있다. 즉, 7가지 핵심주제를 통해 조직운영의 구체적인 활동방식과 고려사항들을 제시하고 있는 것이다.

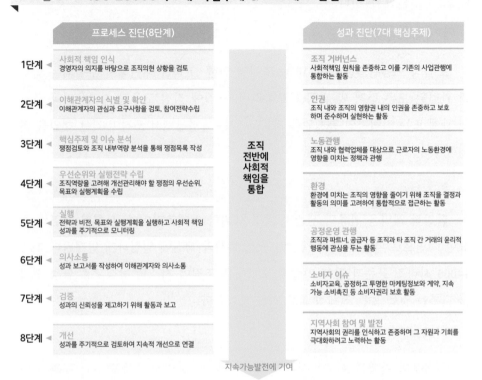

그림 5-3 ISO 26000의 7대 핵심주제 & 프로세스 진단 8단계

프로세스 진단(8단계)	성과 진단(7대 핵심주제)
1단계 사회적 책임 인식 경영자의 의지를 바탕으로 조직의현 상황을 검토	**조직 거버넌스** 사회적책임 원칙을 존중하고 이를 기존의 사업관행에 통합하는 활동
2단계 이해관계자의 식별 및 확인 이해관계자의 관심과 요구사항을 검토, 참여전략수립	**인권** 조직 내와 조직의 영향권 내의 인권을 존중하고 보호하며 준수하며 실현하는 활동
3단계 핵심주제 및 이슈 분석 쟁점검토와 조직 내부역량 분석을 통해 쟁점목록 작성	**노동관행** 조직 내와 협력업체를 대상으로 근로자의 노동환경에 영향을 미치는 정책과 관행
4단계 우선순위와 실행전략 수립 조직역량을 고려해 개선관리해야 할 쟁점의 우선순위, 목표와 실행계획을 수립	**환경** 환경에 미치는 조직의 영향을 줄이기 위해 조직을 결정과 활동의 의미를 고려하여 통합적으로 접근하는 활동
5단계 실행 전략과 비전, 목표와 실행계획을 실행하고 사회적 책임 성과를 주기적으로 모니터링	**공정운영 관행** 조직과 파트너, 공급자 등 조직과 타 조직 간 거래의 윤리적 행동에 관심을 두는 활동
6단계 의사소통 성과 보고서를 작성하여 이해관계자와 의사소통	**소비자 이슈** 소비자교육, 공정하고 투명한 마케팅정보와 계약, 지속가능 소비촉진 등 소비자권리 보호 활동
7단계 검증 성과의 신뢰성을 제고하기 위해 활동과 보고	**지역사회 참여 및 발전** 지역사회의 권리를 인식하고 존중하며 그 자원과 기회를 극대화하려고 노력하는 활동
8단계 개선 성과를 주기적으로 검토하여 지속적 개선으로 연결	

조직 전반에 사회적 책임을 통합

지속가능발전에 기여

참조: 한국표준협회 & 지속가능경영포털, 2020

▶ 조직 거버넌스

조직의 거버넌스란 조직이 목표를 추구하는 데 있어 결정을 내리고 그 결정을 실행하는 시스템이다. 거버넌스 시스템은 조직의 규모와 유형, 조직이 운영되는 환경, 경제, 정치, 문화, 사회 맥락에 따라 다양하게 나타난다.

▶ 인권

인권은 모든 인간이 인간이기에 부여받은 기본권리를 말한다. 인권은 '시민권과 정치적 권리(생명권, 자유권, 법 앞에서 평등과 표현의 자유 등)'와 '경제적, 사회적 및 문화적 권리(일할 권리, 먹을 권리, 의료권리, 교육을 받을 권리, 사회 보장제도에 대한 권리 등)'로 구분할 수 있다.

▶ 노동관행

조직의 노동관행은 조직 내의, 조직에 의한, 조직을 대신해서 수행되는 업무와 관련된 모든 정책 및 관행을 포함하며, 조직에 직접 고용된 피고용인과 조직의 관계 또는 직접적인 통제권을 가지고 있는 작업장에서 조직이 갖는 책임을 의미한다.

▶ 환경

환경적 책임은 인류의 생존과 번영을 위한 전제조건이며, 사회적 책임의 중요한 측면으로 다른 사회적 책임의 핵심 주제와 쟁점에 밀접하게 연계된다. ISO 14000 시리즈 표준과 같은 기술적 도구들은 조직이 시스템 방식으로 환경 쟁점을 다루는 것을 돕는 전체적 툴로 사용 가능하다.

▶ 공정운영 관행

공정운영 관행은 조직이 다른 조직을 다룰 때 윤리적 행동을 하는 것과 관련된다. 여기에는 조직과 조직의 파트너, 공급자, 계약자, 고객, 경쟁자 및 조직이 속한 협회뿐만 아니라 조직과 정부기관 간의 관계 등이 포함된다.

▶ 소비자 이슈

다른 고객뿐만 아니라 소비자에게 제품과 서비스를 제공하는 조직은 소비자와 고객에 대한 책임이 있으며, 소비자 이슈는 사적인 목적으로 제품을 구매하는 사람들(소비자)에게 적용된다.

▶ 지역사회 참여와 발전

'지역사회'는 조직의 현장과 물리적으로 근접하거나 조직의 영향 영역 내에서 지리적으로 위치한 주거지 또는 다른 사회적 정주지(domicile)를 의미한다.

3) ISO 26000이 기업에 미치는 영향과 특징

ISO 26000이 발표된 후 미국, 프랑스, 독일, 영국, 덴마크, 남아공, 일본 등 세계 40여 개국은 앞다투어 각국의 국가표준으로 도입하였다. 한국도 2012년 8월 30일자로 KSA ISO 26000을 고시하여 한국표준정보망(www.kssn.net)을 통해 보급하고 있다. 특히 금융위기 이후 경영의 투명성에 대한 이해관계자의 요구와 기대수준은 날로 높아지고 있으며, 이런 추세에 부응하여 선진국은 사회적 책임과 관련한 법과 규정을 제정하여 국가표준의 실효성을 강화하고 있다.

글로벌 대기업들은 협력사에게 사회적 책임 관련 활동을 보고하도록 하고 감사를 하는 등 공급망관리를 강화하고 있다. 즉, 유럽과 미국 수출기업, 국제 공급망관리에 포함된 기업, 기업의 제품과 서비스가 본원적으로 환경과 사회에 미치는 영향이 큰 기업, 사회적 책임 투자로부터 자금을 지원받는 기업, 치열한 시장에서 지속가능한 경쟁우위를 확보하려는 기업 등은 ISO 26000의 준수가 필수 요소로 작용할 수밖에 없다. ISO 26000의 준수는 금융기관, 신용평가기관들의 기업투자와 평가 시 주요 지표로 사용되거나 소비자단체를 비롯한 NGO 등 이해관계자들의 모니터링 활동의 기준으로도 사용되고 있다. 또한 정부조달기준, 포상기준, 세금감면기준, 우선구매기준, 우대금리 적용기준 등에 다양하게 활용되기도 한다.

ISO 26000의 특징으로는 제3자 인증을 하는 경영시스템 표준은 아니나 검증을 통해 신뢰성을 높여야 하므로 각국의 기술규정, 소비자의 평가기준 및 사실상의 무역장벽으로 활용될 전망이다. 또한 7대 핵심 주제는 모든 조직에 관련된다는 점을 인식하여 조직 자체의 상황, 조건, 자원 및 이해관계자의 이해를 고려하여야 한다. 기업들은 기업과 관련된 이해관계자들이나 소비자들의 윤리적 기준과 사회적 기대에 적합하고 사회 공동의 이익 창출에 유익한 활동을 계획하고 실행해야 한다. 이 과정에서 법률적인 요건을 충족해야 하며, 충실히 지키는 기업이 사회적 책임을 수행하기 위한 기본이 된다.

그러나 기업들은 이러한 법률 요건을 충족하는 것에 그치지 않고 자발적으로

CSR 활동을 계획하고 실행하여야 한다. 기업이 자발적으로 CSR 계획과 활동을 하게 되면 기업의 내·외적 이해관계자들에게 긍정적인 영향을 끼친다. 하지만 이해관계자들의 요구를 받아들이지 않게 되면 기업은 직·간접적으로 타격을 받게 된다. 그렇기에 CSR 계획의 수립과 실행 방안은 전략적으로 개발해 나아가야 한다.

기업들이 사회적 책임을 수행하기 위해 필요한 세 가지 요소가 있는데 **'사람에 대한 관심'**, **'환경에 대한 관심'**과 **'이윤에 대한 관심'**이다. 이 세 가지 요소 중 가장 중요한 부분은 '사람에 대한 관심'이다. 기업에 관련된 이해관계자들이 기업에 어떠한 사회적 책임을 요구하고 있는지를 파악하여 분석하고 이해를 해야 한다. 두 번째로는 '환경에 대한 관심'으로 기업이 사회 환경 속에서 사회 전체 이익에 어떻게 기여할 수 있는지를 의미한다. 마지막으로는 '이윤에 대한 관심'이다. 기업은 기본적으로는 이윤을 추구하는 조직이다. 기업이 어떠한 사회적 책임 활동을 수행할 시에 반드시 기업의 이윤과 관련지어 고려해야 한다.

ESG 지속가능경영
보고서 작성법

ENVIRONMENT

SOCIAL

GOVERNANCE

지속가능경영보고서 개요

ESG 경영성과를 효과적으로 관리하고 홍보할 수 있는 수단 중 하나로 지속가능경영보고서라는 형태의 기업보고서를 들 수 있다. 지속가능경영보고서는 기업이 목적하는 바에 따라 다양한 형태의 이름으로 작성 및 발간되고 있다. 다양한 명칭을 살펴보면 지속가능보고서, 지속가능성보고서, 지속가능경영보고서, 사회책임보고서, 환경경영보고서, 기후변화보고서, 기업시민보고서, CSR보고서, 통합보고서 등이 있다. 최근에는 ESG 경영이 대두되면서, ESG 보고서라는 명칭을 사용해 발간하는 기업도 늘고 있다.

1) 지속가능경영보고서의 정의와 목적

지속가능경영보고서는 지속가능발전을 위한 조직성과를 측정, 공개하고 이해관계자들에게 그에 걸맞은 책임을 약속하는 활동을 의미한다. 즉, 지속가능경영보고서는 기업의 지속가능성과 사회적 책임을 평가하고 투명하게 보고하는 필수적인 도구이다. 이 보고서는 이해관계자들의 요구를 충족시키고 기업의 사회적, 환경적 영향을 평가하며 법적 요구사항을 준수하는 데 중요한 역할을 한다. 또한, 보고서를 통해 기업은 지속가능성 관리를 강화하고 투자자들의 관심을 유치할 수 있다. 따라서 지속가능경영보고서는 기업의 미래성과와 사회적 가치를 증명하는 필수적인 보고서인 것이다.

지속가능경영보고서는 보고 주체의 지속가능경영 성과를 긍정적, 부정적 영향을 모두 포괄하여 균형적이고 합리적인 관점에서 설명해야 한다. 지속가능경영보고서는 일정 보고 기간 동안 조직의 활동, 전략과 경영방식 등을 공개한다. 보고서의 목적은 다음과 같은 용도로 활용될 수 있다.

▶ 이해관계자 참여 강화

지속가능경영보고서는 이해관계자들의 요구와 우려를 반영하고 이들의 참여를 유도한다. 이러한 참여는 기업과 이해관계자 간의 관계를 강화하고, 보다 지속가능한 결정을 내리는 데 도움을 준다.

▶ 비즈니스 기회 발굴

지속가능경영보고서는 기업이 환경적, 사회적 문제에 대응하기 위한 전략과 혁신을 보여준다. 이는 기업에게 새로운 비즈니스 기회를 발굴하고 경쟁력을 강화하는 데 도움을 준다.

▶ 위험관리 강화

지속가능경영보고서는 기업이 직면하는 환경적, 사회적, 거버넌스적 위험을 식별하고 이를 관리하기 위한 대책을 수립하는 데 도움을 준다. 이는 기업이 위험을 예방하고 관리함으로써 지속가능한 성장을 추구할 수 있도록 돕는다.

▶ 이해관계자와의 신뢰 구축

지속가능경영보고서는 기업과 이해관계자 간의 신뢰를 구축하는 데 도움을 준다. 기업이 지속가능성에 대한 정보를 투명하게 공개하고 이해관계자들의 의견을 수렴함으로써 이해관계자들과의 신뢰 관계를 형성하고 유지할 수 있다.

▶ 지속가능한 파트너십 형성

지속가능경영보고서는 기업과 이해관계자들 간의 지속가능한 파트너십을 형성하는 데 도움을 준다. 기업이 사회적 가치 창출을 위한 활동과 협력을 촉진함으로써 사회적으로 보다 가치 있는 파트너십을 구축할 수 있다.

2) 지속가능경영보고서의 특징

▶ 조직의 전략적 방향성을 반영한 미래지향적 보고서

재무보고서는 기업의 경제적 성과를 보여주는 과거지향형 또는 현재형 보고서로 기업의 현재가치 또는 현재가치를 토대로 한 미래가치만 추정할 수 있다.

지속가능경영보고서는 사회적 구성원으로서 보다 포괄적(환경적, 사회적)인 기업의 내·외부적 위험과 기회요인을 반영한 지속가능성 관련 경제, 환경, 사회적 이슈를 기업이 어떻게 다루고 있는지 기업의 정책 및 목표를 제시함으로써 기업의 미래가치를 나타낼 수 있다.

▶ 이해관계자와의 Two Way 커뮤니케이션 채널

이해관계자의 영향력 증대로 인해 이해관계자와의 적극적인 커뮤니케이션을 위한 수단의 필요성이 대두되었다.

기업은 지속가능경영보고서 발행과 지속적인 개선과 검증을 통해 다양한 이해관계자들과 의사소통을 원활히 할 뿐 아니라 경제적, 환경적, 사회적 잠재위험을 감소시킬 수 있다.

▶ 기업의 재무적, 비재무적 지표를 포괄하는 통합형 보고서

사회적, 환경적 위험요인의 증가에 따라 경제적 성과만으로 기업의 지속가능성을 파악하는 데 한계가 있다.

비재무적 성과를 포함하는 기업의 경제적, 환경적, 사회적 성과와 계획을 공시함으로써 이해관계자, 특히 주주, 투자자, 임직원 등 1차적 이해관계자들이 요구하는 기업에 대한 포괄적 정보를 제공할 수 있다.

표 6-1 국제적 기준에 따른 기업체질 개선의 강력한 실행 도구

구분	관련법	보고			평가	투자
		보고기준	평가기준	보고서		
재무적 정보	상법, 증권거래법 등	기업회계 기준	주식회사의 외부감사에 관한 법률, 공인회계 사법	회계 보고서	신용평 가회사	일반 투자
비재무적 정보	세법, 환경관계법, 소비자관계법, 노동관계법, 독점규 제 및 공정거래법, 부패방지법 등	지속가능 경영 보고 기준 (임 의기준)	지속가능경영 보 고기준 (임의기준)	지속 가능 경영 보고서	사회적 성가 평 가회사	사회 책임 투자

참조: 대한상공회의소 & 산업정책연구원 BSR 가이드라인, 2020

3) 지속가능경영보고서 발간의 기대효과

기업이 지속가능경영보고서 발간을 통해 얻을 수 있는 가장 큰 가치는 기존의 재무적 성과보고 외 비재무적 관점의 성과관리 및 평가도 사능하다는 점이다.

첫 번째, 기업의 지속가능한 ESG 경영의 미션 및 비전체계, 실행계획, 성과관리 및 개선체계를 구축하고 지속적인 모니터링을 통해 ESG 경영체계를 공고히 할 수 있다.

두 번째, 기업의 경영활동에 영향을 주는 다양한 이해관계자들이 우리 기업에 원하는 바와 요구사항을 좀 더 명확히 파악해, 그에 대한 적절한 대응과 커뮤니케이션 채널을 구축할 수 있다.

세 번째, 위의 과정을 거치면서 ESG 경영성과의 수준을 높이기 위한 다양한 이슈, 문제, 과제를 좀 더 명확하고 포괄적으로 발굴할 수 있다.

네 번째, 현재 투자기관이나 고객사 등에서 실시하는 ESG 경영과 관련된 평가에 선제적으로 적절히 대응할 수 있으며, 기업의 지속가능성 평가점수를 높이는 결과를 얻을 수 있다.

A. 일반적 측면

- 보고 조직의 활동과 지속가능발전성 간의 상호작용 입증을 통한 조직 및 주주가치 극대화
- 이해관계자 의사소통 채널 확보를 통한 이해관계자 가치 극대화
- 고객 필요에 대한 보다 폭넓은 이해를 바탕으로 제품에 대한 고객충성도 증가
- 고객 필요와 다양한 접근을 통한 보다 혁신적인 제품 및 서비스 개발 아이디어 창출
- 국제적 수준에 따른 조직 지속가능성 평가 및 비교
- 은행 및 투자기관과의 우호적이고 투명한 네트워크 구축에 따른 투자금 유치 가능성 증대
- 조직 내·외부 간 성과비교와 조직 이미지 제고 및 홍보효과 유발
- 직원의 유지와 신규채용 및 운영비용 절감
- 에너지, 자재, 하수 및 폐기물 처리 비용 등 사용저감 활동 노력을 통한 비용절감
- 투자자와 은행에 대한 만족도 향상

B. 경쟁우위적 측면

주요 압력	보고서의 역할
산업 내부의 경쟁	• 차별성을 제공, 기존 경쟁자들 그리고 잠재적 진입자들과 차별성 강화의 수단으로 사용 • 원활한 커뮤니케이션을 통해 직원의 충성심과 조직몰입을 유도하여 산업 내 조직 경쟁력을 제고
잠재적 진입자의 위협	다양한 성과의 투명한 공개를 통해 진입장벽을 구축 가능
고객	고객과의 신뢰 형성과 브랜드 로열티 증진 효과
투자자/주주	명확하고 다양한 정보가 실린 지속경영보고서를 통해 투자자는 기업과 시장에 대한 장기적인 리스크에 대한 우려 경감 가능

공급자	지속가능경영보고서를 통한 대화와 지원활동을 통해 공급업자와의 원만한 관계를 유지시켜 운영 안정성을 확보
대체제	제품(제품의 라벨링 포함)의 사회적/환경적 성과공개를 통하여 대용품이나 하급제품들보다 우수함을 나타낼 수 있음
환경요인들	기업경쟁력에 영향을 줄 수 있는 외부적 요인에 대해 보고하여야 함 (예: 신규기술, 경제/정치적 동향, 인구통계적 트렌드, 환경트렌드 등)

지속가능경영보고서 작성의 접근 방식

지속가능경영보고서 작성의 전반적인 접근 방식은 다양한 단계와 프로세스를 갖고 있다. 이 접근 방식은 기업이 지속가능성을 평가하고 투명하게 보고하는 과정을 원활하게 진행하기 위한 체계적인 방법을 제공한다.

▶ 이해관계자 파악

먼저, 기업의 주요 이해관계자들을 파악한다. 이해관계자는 기업에게 영향을 미치거나 영향을 받을 수 있는 모든 당사자로 고객, 직원, 주주, 공급업체, 지역사회 등이 포함된다. 이해관계자들의 우려와 기대를 이해하고 반영하는 것이 중요하다.

▶ 핵심 주제 및 지표 선정

다음으로, 보고서에서 다룰 핵심 주제와 이를 측정하기 위한 적절한 지표를 선정한다. 이 주제와 지표는 기업의 비즈니스 모델, 산업 특성, 이해관계자 우선순위 등을 고려하여 결정된다. 예를 들어, 환경 영향을 다룰 때 탄소배출량, 에너지 사용량 등을 측정하는 지표를 선택할 수 있다.

▶ 데이터 수집과 분석

선정된 지표에 대한 데이터를 수집하고 분석한다. 내부 데이터뿐만 아니라 외부 데이터나 외부 보고 체계의 지표도 고려한다. 데이터의 정확성과 신뢰성을 보장하기 위해 내부 프로세스와 시스템을 확인하고 외부 감사나 인증도 고려할 수 있다.

▶ 결과 분석과 평가

수집된 데이터를 분석하여 기업의 지속가능성 성과를 평가한다. 이를 통해 성과의 강점과 약점을 식별하고 개선할 수 있는 계획을 수립한다. 평가는 주기적으로 반복되며, 성과의 추이와 개선점을 파악하는 데 도움이 된다.

▶ 이해관계자 의사소통

보고서는 이해관계자들에게 기업의 지속가능성 성과와 노력에 대한 투명성을 제공해야 한다. 보고서는 이해관계자들과의 소통을 위한 도구로 활용되며, 기업의 지속가능성에 대한 이해관계자들의 의견과 요구를 수렴하고 반영해야 한다.

▶ 개선과 발전

보고서를 통해 도출된 결과와 평가를 기반으로 기업은 지속적인 개선과 발전을 추진해야 한다. 보고서는 기업이 지속가능성에 대한 목표를 달성하기 위한 방향성과 전략의 개선에 도움을 줄 수 있다.

전반적인 접근 방식은 기업의 독특한 상황과 목적에 따라 다를 수 있다. 기업은 지속가능성 전문가나 보고서 표준, 가이드라인을 활용하여 보다 효과적인 접근 방식을 개발하고 적용할 수 있다.

지속가능경영보고서 작성 전 준비 단계

1) 이해관계자의 파악과 우선순위 설정

보고서 작성 전에는 이해관계자의 파악과 우선순위 설정이 필요하다. 기업은 주요 이해관계자를 식별하고 그들의 요구와 우선순위를 파악함으로써 이해관계자와의 상호작용을 강화할 수 있다.

기업은 이해관계자들과의 상호작용을 통해 기대와 우려를 이해하고 이를 보고서에 반영함으로써 상호 신뢰 관계를 형성할 수 있다. 이를 위해 기업은 다양한 의견과 우려를 고려하여 보고서의 내용과 방향을 결정하는 것이 중요하다. 이해관계자들의 우선순위를 설정함으로써 보고서의 초점을 맞출 수 있으며, 이는 보고서의 효과성을 높이는 데 도움을 준다.

또한, 이해관계자와의 지속적인 대화와 피드백을 통해 보고서의 품질과 효과를 개선할 수 있다. 기업은 이해관계자와의 소통 채널을 열어두고 이들의 의견과 피드백을 적극 수렴하여 보고서를 보다 완성도 높게 작성할 수 있다. 이를 통해 보고서는 이해관계자들의 요구를 충족시키고, 더 나은 상호 관계를 형성하며, 지속적인 성장과 발전을 위한 기반을 마련할 수 있다.

이해관계자의 파악과 우선순위 설정은 보고서 작성의 출발점이자 중요한 단계이다. 기업은 이를 철저히 수행하여 보고서가 이해관계자의 기대와 요구를 반영하고, 효과적인 의사소통과 신뢰 구축을 이룰 수 있도록 해야 한다.

2) 보고서 범위와 목표의 설정

보고서 작성 전에는 보고서의 범위와 목표를 명확히 설정하는 것이 중요하다. 보고서의 범위는 보고서에서 다룰 주제와 내용의 범위를 의미한다. 기업은 자체적으로 중요한 지속가능성 주제를 선정하고, 이를 보고서에 포함시켜야 한다. 이를 통해 보고서는 기업이 가장 중요하다고 판단하는 지속가능성 주제를 다루며, 이해관계자들에게 의미 있는 정보를 제공할 수 있다.

또한, 보고서의 목표는 보고서로 얻고자 하는 목적과 기업의 지속가능성에 대한 목표를 의미한다. 명확하고 구체적인 보고서의 범위와 목표를 설정함으로써 보고서 작성 과정을 효율적으로 진행할 수 있다. 목표를 설정함으로써 보고서가 달성해야 하는 결과와 기대되는 효과를 명확하게 정의할 수 있으며, 이를 통해 보고서의 일관성과 목표 달성을 지원할 수 있다.

보고서 작성 과정에서는 설정한 범위와 목표를 유지하기 위해 지속적인 평가와 검토가 필요하다. 작성 중에 범위를 벗어나거나 목표와 일치하지 않는 내용이 발견된다면 수정이 필요하다. 이를 통해 보고서는 명확하고 일관된 내용으로 구성되며, 기업의 지속가능성 성과와 목표에 대한 신뢰성을 높일 수 있다.

3) 내부 데이터 수집과 외부 지표의 고려

보고서 작성을 위해서는 기업의 지속가능성 성과를 평가하기 위한 데이터 분석과 적절한 정보 제시가 필요하다. 이를 위해 먼저 기업은 내부 데이터를 수집하고 분석해야 한다. 내부 데이터는 기업의 경영, 환경, 사회적 영향 등에 대한 정보를 제공하며, 이를 통해 기업의 성과와 영향을 정확하게 파악할 수 있다. 기업은 내부 시스템과 프로세스를 점검하여 필요한 데이터를 정확하게 수집하고 저장하는 방법을 마련해야 한다. 이는 데이터의 정확성과 신뢰성을 보장하기 위해 중요한 단계이다. 뿐만 아니라 외부 지표도 고려해야 한다. 외부 지표는 기업의 지속가능성 평가를 위해 사용되는 외부 자료와 표준을 의미한다. GRI(Global

Reporting Initiative) 표준과 같은 외부 지표를 고려하여 보고서 작성에 반영할 수 있다. 기업은 외부 지표를 적절하게 선택하고 이를 활용하여 기업의 지속가능성 성과를 평가하고 비교할 수 있다. 외부 지표는 기업의 성과를 외부의 평가와 비교 가능성을 확보하는 데 도움을 준다.

내부 데이터와 외부 지표를 조합하여 종합적인 지속가능성 성과를 분석하고 보고서에 포함시킬 수 있다. 데이터 분석은 주요 지표를 측정하고 성과를 추적하는 것을 포함한다. 분석 결과는 그래프, 차트, 표 등을 통해 시각적으로 표현되어야 하며, 기업의 강점과 개선이 필요한 부분을 식별하고 이를 바탕으로 보고서에 적절한 정보를 제시할 수 있다. 예시와 사례를 활용하여 이해관계자들에게 기업의 성과와 노력을 보다 명확하게 전달할 수 있다. 데이터 분석과 예시는 보고서의 내용을 보다 구체적으로 묘사하고 설득력을 높이는 데 도움을 준다.

적절한 정보 제시를 위해 데이터 분석 결과와 예시는 보고서의 주요 섹션과 목표에 부합하며, 명확하고 이해하기 쉬운 형태로 제시되어야 한다. 데이터의 정확성과 신뢰성을 보장하기 위해 내부 감사나 외부 인증을 고려할 수도 있다. 데이터 수집과 분석은 지속적으로 이루어져야 하며, 보고서 작성을 지원하는 IT 시스템과 도구를 활용할 수 있다. 또한, 데이터의 효과적인 관리와 활용을 위해 내부 인력을 교육하고 지원하는 것도 중요한 요소이다. 이를 통해 보고서는 정확하고 타당한 정보를 제공하며, 이해관계자들에게 투명하고 신뢰성 있는 기업의 지속가능성 성과를 전달할 수 있다.

지속가능경영보고서 작성 프로세스

ESG 경영성과의 척도인 지속가능경영보고서의 핵심내용과 작성 프로세스에 대해 알아 둘 필요가 있다. 이에 앞서 기업들은 왜 전통적 방식의 재무제표 형태 결산보고서 외 지속가능경영보고서를 발간하는가 하는 가치적 측면을 살펴보아야 한다. 먼저 지속가능경영보고서를 작성하는 프로세스는 다음과 같은 단계로 이루어진다.

제1단계: ESG 경영전략 수립

보고서 작성을 시작하기 전에 기업은 ESG 경영전략을 수립해야 한다. 이는 기업이 환경, 사회, 지배구조 영역에서의 목표와 방향을 설정하는 과정으로, 기업의 가치와 비전을 반영하도록 한다.

제2단계: 데이터 수집과 평가

보고서 작성에 필요한 ESG 관련 데이터를 수집하고, 각 영역에서의 성과와 성과 지표를 평가한다. 이때, 신뢰할 수 있는 정보와 측정 기준을 사용하여 정확한 데이터를 보증해야 한다.

제3단계: 이해관계자 분석

기업의 ESG 실천과 성과에 영향을 미치는 이해관계자들의 요구와 기대를 분석한다. 이를 통해 기업이 이해관계자들의 요구에 적절히 대응하고 소통할 수 있도록 한다.

제4단계: 보고서 구성 계획

보고서의 구성을 계획하고 목차를 작성한다. 각 섹션에서 다룰 내용과 데이터의 배치 순서를 정한다.

제5단계: 보고서 작성

보고서를 작성한다. 기업의 ESG 경영전략, 환경, 사회, 지배구조 영역에서의 성과, 사례, 이해관계자와의 소통 등을 포함하여 작성해야 한다.

제6단계: 보고서 검토

작성된 보고서를 검토하여 오류를 수정하고, 내용의 일관성과 정확성을 확인한다. 이때 외부 감사 또는 전문가들의 평가도 활용할 수 있다.

제7단계: 보고서 발행과 공개

완성된 보고서를 공식적으로 발행하고, 이를 기업의 웹사이트나 기타 공개 경로를 통해 공개한다. 이를 통해 이해관계자들에게 투명성을 제공하고 기업의 ESG 경영실천을 알리게 된다.

제8단계: 피드백과 개선

발행된 보고서에 대한 피드백을 수렴하고, 보고서 작성과 경영실천의 개선에 반영한다. 지속적인 향상을 위해 보고서 작성 프로세스를 반복하여 진행할 수 있다.

지속가능경영보고서 작성은 기업의 ESG 경영실천과 성과를 외부에 투명하게 공개하여 기업의 사회적 책임과 지속가능한 경영에 대한 평가와 신뢰를 높이는 중요한 활동이다. 대한민국도 2025년부터 자산 2조원 이상의 상장기업부터 지속가능경영보고서를 의무적으로 공시해야 한다. 2025년이면 아직 시간이 좀 있는 것 같지만, 지속가능경영보고서는 일반적으로 보고연도 기준 이전 3년간의 데이터를 보고해야 하기 때문에 2025년에 공시하려면 2024년, 2023년, 2022년의 자료가 필요하다. 중소벤처기업 입장에서는 대기업의 영역으로 생각할 수 있으나, 2030년까지는 모든 상장사가 공시의무 적용을 받기 때문에 이들 기업을 고객사로 두었거나 공급망관리 영역에 있는 중소벤처기업은 생각보다 빨리 대비해야 한다.

지속가능경영보고서 작성은 기업이 IR 자료나 회사소개서를 작성하는 것처럼 작성자가 임의대로 하는 것이 아니다. 국제적 표준이라 할 수 있는 작성기준과 검증기준이 있다. 작성기준으로 많이 사용되고 있는 글로벌 기준으로는 GRI(Global Reporting Initiative) 가이드라인이 가장 대표적이며, 대부분의 지속가능경영보고서들이 채택하고 있다. 이외에도 ISO 26000, 유엔글로벌컴팩(UNGC), 지속가능발전목표(SDGs), SASB(지속가능회계기준위원회), TCFD(기후변화 관련 재무정보 공개협의체) 등이 활용되고 있다.

대표적인 GRI 가이드라인의 지속가능경영보고서 작성기준은 크게 '내용정의 보고원칙'과 '품질정의 보고원칙'으로 구분된다. 내용정의 보고원칙은 보고서 작성 시 꼭 들어가야 하는 내용들로 ①중요성 ②이해관계자 포괄성 ③지속가능성 배경 ④완전성 등 4가지로 정의하고 있다. 품질성의 보고원칙은 지속가능경영보고서의 작성 품질 수준을 평가하는 것이라고 생각할 수 있는데 ①균형성 ②비교가능성 ③정확성 ④적시성 ⑤명확성 ⑥신뢰성 등 6가지로 정의하고 있다.

작성기준을 준수해 완성된 지속가능경영보고서를 검증하는 글로벌 표준으로는 AA1000 시리즈와 ISAE3000 검증기준이 있는데, 대한민국의 경우 AA1000이 주로 사용되고 있다. 특히, AA1000 시리즈는 AA1000AP(보고서 검증 원칙), AA1000AS(보고서 검증절차 표준), AA1000SES(이해관계자 참여 표준)로 구성되어 있다. 현재는 2021년 1월에 발표된 AA1000AS v3 버전의 검증원칙을 적용해 검증의견서를 작성한다. 이때 **4대 검증원칙을 적용하는데 ①포괄성 ②중대성 ③대응성 ④영향성 등의 기준으로 검증의견서를 작성한다.**

지속가능경영보고서 작성 프로세스 기준을 토대로 보고서를 작성하는 프로세스는 크게 4단계 정도로 나눌 수 있다.

1단계는, 계획수립 단계로 지속가능경영보고서 작성 목적과 어떤 형태의 보고서로 발간할 것인가를 정하고, 이에 맞는 일정과 예산을 수립해 TF팀을 구성하고 세부일정을 확정하는 것이다.

2단계는, 실질적으로 보고서 내용을 작성하는 단계다. 보고 이슈를 파악하고 이와 연관된 이해관계자를 식별해 중대성 평가를 실사한 후 중요이슈를 도출하는 과정인데 이 과정이 지속가능경영보고서 발간 프로세스에서 가장 중요한 핵심요소가 된다. 이후 진행은 목차 기획과 각 내용에 맞는 데이터 및 자료를 수집해 초안을 작성하게 된다. 여기서 중대성(Materiality) 평가의 개념은 특정 주제를 보고서에 포함할 것인지를 결정하기 위한 기준이 되는 것으로, 공개할 정보의 범위와 내용을 결정할 수 있으며 중대성을 평가하기 위한 기준과 방법은 그 목적에 따라 다양하다.

3단계는, 보고서 초안에 대한 내부 검토와 수정 보완, 제3자 검증을 맡길 외부 검증기관을 선정해 제3자 검증을 실시하고 최종 보완을 통해 제3자 검증의견서를 작성해 마무리하게 된다.

마지막 **4단계는**, 작성된 지속가능경영보고서를 발간 및 홍보하는 단계다. 내용에 대한 디자인·편집을 통해 인쇄 및 책자 형태로 발간한다. 홈페이지에 PDF 자료를 게시해 다양한 이해관계자들에게 공개하고, 이 자료를 활용해 ESG 평가를 받거나 공시할 수 있다.

그림 6-1 지속가능경영보고서 4단계 작성 프로세스

01 STEP 1	02 STEP 2	03 STEP 3	04 STEP 4
계획수립	**보고서 작성**	**검토/검증**	**발간/홍보**
• 담당자 선정	• 보고 이슈 파악	• 내부 검토	• 편집/디자인
• 목적 및 방향 설정	• 이슈 Pool 구성	• 수정 보완	• 발간(인쇄)/PDF
• 보고서 스타일	• 이해관계자 파악	• 검증기관 선정	• 홈페이지 등록
• 일정/예산 수립	• 중대성 평가 실시	• 외부 검증(제3자)	• 외부공개/배포
• 제작 보고	• 중요이슈 도출	• 수정 보완	• ESG 평가 활용
• TFT 구성	• 목차 기획	• 검증 의견서	
• 업체 선정	• 데이터/자료 수집		
• 세부계획 확정	• 초안 작성		

참조: K-biz중소기업중앙회, 2021

지속가능경영보고서 작성방법과 구성요소

1) 구체적인 보고서 작성

보고서 작성을 위해서는 초기 계획을 수립하고 구체적인 작성 절차를 정하는 것이 중요하다. 이를 통해 보고서 작성 과정을 체계적으로 진행할 수 있고, 보고서의 품질과 일관성을 높일 수 있다. '초기 계획 단계'에서는 보고서의 범위, 목표, 이해관계자 요구사항 등을 고려하여 작성 절차를 설계한다. 이를 통해 어떤 내용을 다룰 것인지, 작성 일정은 어떻게 구성할 것인지, 필요한 자료와 리서치를 어떻게 수집할 것인지 등을 고려한다. 초기 계획은 작성 절차를 구체화하는 기반이 되며, 작성 과정에서 일관성을 유지하고 효율성을 높일 수 있도록 도와준다. 보고서 작성은 일반적으로 '문서 구조화, 내용 개발, 데이터 분석, 리뷰 및 수정, 최종 보고서 작성' 등의 단계로 구성된다.

'문서 구조화 단계'에서는 보고서의 구조를 설계하고 주요 섹션 및 하위 항목을 정의한다. '내용 개발 단계'에서는 각 섹션과 항목에 대한 내용을 구체화하고 정보를 수집하여 작성한다. '데이터 분석 단계'에서는 수집한 데이터를 분석하여 통계적 지표나 도표, 차트 등의 시각적 자료로 변환한다. '리뷰 및 수정 단계'에서는 작성된 내용을 검토하고 필요한 수정을 진행하여 보고서의 품질을 향상시킨다. '최종 보고서 작성 단계'에서는 모든 내용을 통합하여 완성된 보고서를 작성한다.

보고서 작성 절차를 따르면서 작성에 필요한 검증 및 검토 단계를 포함해야 한다. 이를 통해 보고서의 내용과 분석 결과의 정확성과 타당성을 검증하고 보장할 수 있다. 이해관계자들의 의견을 수렴하고 피드백을 반영하면서 작성 절차를 진행함으로써 보고서의 완성도를 높일 수 있다.

보고서 작성 절차에는 일정 및 작업 분담의 계획, 필요한 자료 및 리서치의 수행, 데이터 분석과 시각화, 리뷰와 수정, 최종 보고서 작성 등의 과정이 포함된다. 이때 작성 절차는 보고서의 목적과 이해관계자의 요구사항을 고려하여 설계되어야 한다. 절차를 따라가면서 보고서의 완성도를 높이기 위해 이해관계자들의 의견을 수렴하고 피드백을 반영할 수 있다. 또한, 작성 절차에는 필요한 검증 및 검토 단계도 포함되어야 하며, 이를 통해 보고서의 정확성과 타당성을 보장하는 데 도움을 준다. 작성 절차의 수립과 준수를 통해 보고서 작성 과정을 체계적으로 진행하고, 최종적으로 품질 높은 보고서를 완성할 수 있다.

2) 지속가능성 주제별 섹션 설계

보고서는 주요한 지속가능성 주제를 다루는 섹션으로 구성되어야 한다. 이러한 주제는 환경(E), 사회(S), 거버넌스(G)와 관련된 내용을 포함할 수 있다. 환경(E) 섹션에서는 기업의 환경영향평가와 관리를 다루며, 탄소배출량, 에너지 사용량, 자원 관리 등의 내용이 포함될 수 있다. 사회(S) 섹션에서는 기업의 사회적 가치 창출과 사회공헌활동을 다루며, 이해관계자와의 관계 형성, 사회적 영향평가, 사회적 가치 공유 등의 내용이 포함될 수 있다. 거버넌스(G) 섹션에서는 기업의 거버넌스 구조와 책임을 다루며 윤리적 경영, 규정 준수, 내부통제 등의 내용이 포함될 수 있다.

각 섹션은 해당 주제에 대한 목표, 성과, 정책, 이니셔티브 등을 포함하여 상세하게 작성되어야 한다. 예를 들어, 환경(E) 섹션에서는 탄소배출량 감소 목표, 에너지 효율화 성과, 환경 관리 정책, 친환경 자원 활용 이니셔티브 등이 포함될 수 있다. 사회(S) 섹션에서는 사회적 가치창출을 위한 목표, 사회공헌활동의 성과, 이해관계자와의 소통 정책, 지역사회 발전을 위한 이니셔티브 등을 다룰 수 있다. 거버넌스(G) 섹션에서는 기업의 거버넌스 구조, 윤리적 경영원칙, 규정 준수 프로세스, 내부통제 시스템 등을 상세히 설명할 수 있다.

섹션의 설계는 이해관계자의 요구사항과 보고서의 목적을 고려하여 수립되어야 한다. 각 섹션은 주제별로 서로 관련된 내용들을 그룹화하여 논리적이고 읽기 쉬운 구성을 갖추어야 한다. 예를 들어, 환경(E) 섹션에서는 탄소배출과 에너지관리 관련 내용들을 함께 그룹화하여 작성하고, 사회(S) 섹션에서는 사회적 가치창출과 관련된 내용들을 함께 묶어 작성할 수 있다. 또한, 섹션 간의 일관성과 연결성을 유지하고 보고서의 통일된 스타일과 형식을 유지하는 것이 중요하다.

섹션의 설계 과정에서는 GRI(Global Reporting Initiative) 표준 등의 가이드라인을 활용하여 구성요소를 결정할 수 있다. GRI 표준은 보고서 작성에 필요한 지침과 요구사항을 제공하며, 기업의 지속가능성 성과를 측정하고 보고하는 데 도움을 준다. 이러한 가이드라인을 활용하면 보고서의 구성과 내용이 전문적이고 체계적으로 구성될 수 있으며, 이해관계자들에게 명확하고 유익한 정보를 제공할 수 있다.

3) 적절한 정보 제시를 위한 데이터 분석과 예시

보고서 작성에는 신뢰할 수 있는 데이터 분석과 함께 적절한 정보 제시가 필요하다. 이를 위해 보고서 작성자는 내부 및 외부 데이터를 수집하고 철저히 분석하여 기업의 지속가능성 성과를 평가한다. 데이터 분석은 주요 지표를 체계적으로 측정하고 성과를 추적하는 과정을 포함한다. 이러한 분석 결과는 그래프, 차트, 표 등 다양한 시각적 표현 방법을 활용하여 시각화되어야 한다. 이를 통해 이해관계자들은 데이터를 직관적으로 파악하고, 기업의 성과와 동향을 쉽게 이해할 수 있다.

데이터 분석을 통해 보고서 작성자는 기업의 강점과 개선이 필요한 부분을 식별할 수 있다. 분석 결과를 바탕으로 보고서에는 이러한 성과와 개선 방안에 대한 적절한 정보가 제시되어야 한다. 이때, 실제 사례와 예시를 활용하면 이해관계자들에게 기업의 지속가능성 성과와 노력을 더욱 명확하게 전달할 수 있다. 예시는 기업의 성과를 구체적이고 실제적으로 보여줌으로써 보고서의 내용을 보다 구체적으로 묘사하고 설득력을 높이는 데 도움을 준다.

데이터 분석과 예시를 보고서에 적절하게 제시하기 위해서는 보고서의 주요 섹션과 목표에 맞추어 데이터 분석 결과와 예시가 구성되어야 한다. 분석 결과와 예시는 명확하고 이해하기 쉬운 형태로 제시되어야 하며, 보고서의 통일된 스타일과 형식을 유지해야 한다. 이를 통해 보고서는 정확하고 신뢰성 있는 정보를 제공하며, 이해관계자들에게 투명하고 신뢰성 있는 기업의 지속가능성 성과를 전달할 수 있다.

ESG 지속가능경영보고서 개발 순서

"기업들은 어떤 기준에 따라 지속가능경영보고서를 작성해야 할 것인가?"

지속가능경영보고서 작성의 경우 공통된 지표 개발에 대한 논의가 있으나 전 세계적으로 아직까지 통일된 기준이 있는 것은 아니다. 지속가능경영보고서 작성을 위해 기업들이 주로 참고하는 글로벌 가이드라인으로는 GRI Standards, SASB Standards, TCFD 권고안, IR Framework, ISO26000, WEF(World Economic Forum)의 '이해관계자 자본주의 공통지표' 등을 꼽을 수 있다. 한국거래소가 2021년 발표한 'ESG 정보공개 가이던스'에서도 일반적으로 널리 사용되고 있는 글로벌 표준/이니셔티브의 지표를 사용하는 것이 바람직하다고 권고하고 있다.

1) 지속가능경영보고서 작성 관련 주요 가이드라인

⊘ GRI Standards

 글로벌리포팅이니셔티브
(Global Reporting Initiative, GRI)

기업이 경제, 환경, 사회에 미치는 영향을 보고하는 지속가능보고서에 대한 작성 지침

⊘ SASB Standards

 지속가능성 회계기준위원회
(Sustainability Accounting Standards Board, SASB)

Sustainable Industry Classification System(SICS)에 따른 11대 산업군에 따라 별도의 보고지침

⊘ WEF-IBC-MSC(Measuring Stakeholder Capitalism Towards Common Metrics and Consistent Reporting of Sustainable Value Creation)

 세계경제포럼(World Economic Forum, WEF) **산하 국제비즈니스위원회**(International Business Council, IBC)

거버넌스의 원칙, 지구, 사람, 번영의 4개 영역으로 구분하고 ESG 관련 21개 핵심지표, 34개 확장지표를 제시

⊘ TCFD Recommendations

 기후변화 관련 재무정보공개 태스크포스
(Financial Stability Board Task Force on Climate-related
Financial Disclosures, TCFD)

기후변화 관련 지배구조, 전략, 리스크 관리, 위험과 기회를 평가하는
지표와 목표 등

⊘ IR(Integrated Reporting) Framework

INTEGRATED ⟨IR⟩ **국제통합보고위원회**
REPORTING (International Integrated Reporting Council, IIRC)

재무/비재무 정보 통합 공시(IR Framework에 따른 외부 환경, Business
Model, 전략, Resource Allocation 등)

⊘ ISO26000

 국제표준화기구
(International Organization for Standardization, ISO)

기업이 사회적 책임을 이행하고 커뮤니케이션을 제고하는 방법에 대한
지침을 제공. 핵심 주제는 조직 거버넌스, 인권, 노동 관행, 환경, 공정 운영
관행, 소비자 이슈, 지역사회 참여와 발전

참조: 국회예산처, 2021

    지속가능경영보고서 공시와 관련한 글로벌 표준 및 이니셔티브 대응을 살펴
보면, UN SDGs, GRI, ISO26000, UNGC 등 전통적 이니셔티브를 반영한 공시
현황은 유사하였으나 SASB, TCFD 등 ESG 이슈로 최근 크게 주목받기 시작한
사항을 반영한 공시는 크게 증가한 것으로 나타났다.

그림 6-2 글로벌 표준 및 이니셔티브 대응

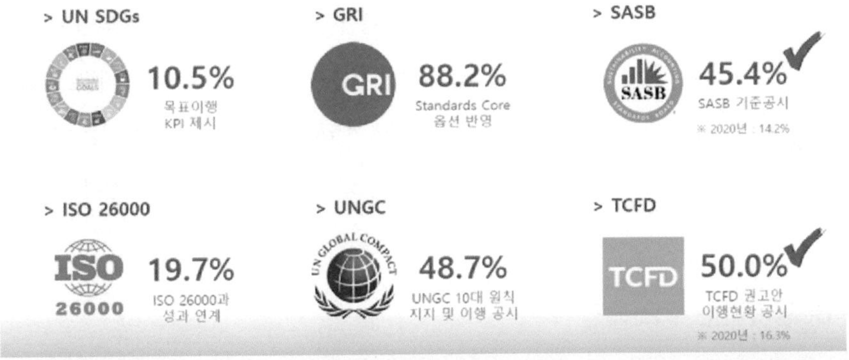

> UN SDGs

10.5%
목표이행
KPI 제시

> GRI

88.2%
Standards Core
옵션 반영

> SASB

45.4% ✓
SASB 기준공시
※ 2020년 : 14.2%

> ISO 26000

19.7%
ISO 26000과
성과 연계

> UNGC

48.7%
UNGC 10대 원칙
지지 및 이행 공시

> TCFD

50.0% ✓
TCFD 권고안
이행현황 공시
※ 2020년 : 16.3%

참조: 한국표준협회, 2020

2) 글로벌 이니셔티브 공시기준, 평가기준, 검증기준, 공급망 실사기준 주요 특징

A. 공시기준 주요 특징

이니셔티브	주요 특징
GRI (글로벌 보고 이니셔티브)	– 지속가능성 보고서 작성을 위한 종합적인 가이드라인 제공
	– 다양한 지속가능성 주제와 지표를 포함하는 범용적인 표준
	– 이해관계자 참여와 중요도를 강조
SASB (지속가능성 회계기준 기구)	– 산업별로 지속가능성 정보 공시 표준 제공
	– 각 산업별로 재무적으로 중요한 사항을 식별
	– 투자자에게 유용한 정보 제공을 목표로 함
TCFD (기후 관련 재무 공시를 위한 작업군)	– 기후 관련 재무적 위험과 기회에 초점을 둠
	– 기후 관련 거버넌스, 전략, 위험 관리에 대한 공개 장려
	– 금융기관과 상장기업을 주요 대상으로 함

ISO 26000 (국제 표준화 기구)	– 사회적 책임과 지속가능한 발전에 대한 지침 제공
	– 인권, 노동 관행, 환경 등 포괄적인 주제 다룸
	– 기업이 지속가능성을 통합하기 위한 원칙과 가이드라인 제시
SDGs (지속가능발전목표)	– 유엔이 제정한 글로벌 지속가능성 과제를 해결하기 위한 목표
	– 총 17개 목표와 169개의 목표로 구성되며, 사회, 경제, 환경 등을 다룸
	– 기업이 전략을 지속가능발전목표와 조화시키도록 장려

B. 평가기준 주요 특징

이니셔티브	주요 특징
MSCI	– 글로벌 투자자들을 위한 지속가능성 평가 및 지수 제공
	– 금융시장에서의 기업의 지속가능성 성과를 평가하고 투자자에게 정보 제공
	– 기업의 환경, 사회, 거버넌스(ESG) 성과를 평가하여 ESG 지수와 평가보고서를 제공
DJSI	– 지속가능성에 대한 글로벌 표준을 반영하여 선정되는 지속가능성 지수
	– 기업의 지속가능성 성과를 평가하여 최우수 기업들을 선택하고 지속가능성 지수를 구축
	– 기업이 환경, 사회, 거버넌스 분야에서 우수한 실적을 보이고 있는지 평가하여 투자자에게 정보 제공
KCGS	– 대한민국 기업의 지속가능성 성과를 평가하고 실적에 대한 평가 결과를 제공
	– 기업의 경영, 환경, 사회적 책임 분야에서의 성과를 평가하여 책임경영 인증 등급을 부여하고 실적 평가결과를 보고서로 제공
서스틴베스트	– 기업의 지속가능성 성과를 평가하고 지속가능성 보고서를 작성하도록 돕는 지속가능성 평가, 컨설팅 및 데이터 제공 업체
	– 기업의 ESG 실적을 평가하여 ESG 등급과 평가보고서를 제공
	– 기업이 ESG 분야에서 우수한 실적을 보이고 있는지 평가하고, 기업의 지속가능성 관리를 개선하고자 하는 기업들에게 컨설팅 및 지원도 제공

C. 검증기준 주요 특징

이니셔티브	주요 특징
Account Ability	- 비영리 기관으로서 기업의 지속가능성 보고서 작성 및 검증에 대한 독립적인 평가와 인증을 제공
	- 기업의 보고서 작성과정, 데이터 수집, 분석, 검증 등을 평가하여 보고서의 신뢰성과 투명성을 검증
	- 기업의 보고서가 지속가능성 원칙과 가이드라인에 부합하고 있는지 평가하며, 이를 통해 기업의 지속가능성 보고서의 품질을 향상시킴
ISAE 3000	- 국제 표준으로서 기업의 비재무 정보에 대한 보증 및 검증 절차에 대한 가이드라인을 제공
	- 기업의 지속가능성 보고서 작성과 관련된 절차 및 검증 활동에 대한 규정을 제시
	- 기업의 지속가능성 보고서에 포함된 정보과 데이터의 신뢰성과 정확성을 확인하고, 외부 감사인이 보고서의 검증 절차를 수행하여 보고서의 신뢰성 확보

D. 공급망 실사기준 주요 특징

이니셔티브	주요 특징
RBA (Responsible Business Alliance)	- 글로벌 공급망에 참여하는 기업들의 사회적 책임과 윤리적 운영을 증진하기 위한 비영리 조직
	- 공급망 실사(Supply Chain Assessment) 기준을 통해 공급망 멤버들의 규범 준수 여부를 평가하고, 불법노동, 환경오염, 인권 침해 등에 대한 위험을 식별하고 관리함
	- RBA 코드(RBA Code of Conduct)를 기반으로 공급망 멤버들에게 윤리적 행동강령을 제시하고, 이를 준수하도록 지원함
	- 협력사 평가 및 검증, 교육 및 자원 제공, 협력사 간 정보 공유 등의 다양한 활동을 통해 공급망의 지속가능성을 강화하고 개선함
	- 공급망 멤버들 간의 협력과 지식 공유를 통해 사회적, 환경적, 윤리적인 문제들에 대한 해결 방법을 모색하고 지속가능한 비즈니스 관행을 촉진함

위 공급망 실사기준 표는 RBA(Responsible Business Alliance)의 주요 특징을 요약하였으며, RBA는 공급망에 참여하는 기업들의 사회적 책임과 윤리적 운영을 강화하기 위한 조직이다. RBA는 공급망 실사를 통해 규범 준수 여부를 평가하고, 코드 of Conduct를 제시하여 윤리적인 행동을 촉진한다. 또한, 협력사 평가와 검증, 교육 및 자원제공 등을 통해 공급망의 지속가능성을 강화하고 개선하는 데 기여한다. RBA는 공급망 멤버들 간의 협력과 지식 공유를 통해 지속가능한 비즈니스 관행을 촉진하며, 사회적, 환경적, 윤리적인 문제들에 대한 해결 방법을 모색한다.

3) 지속가능경영보고서 Step by Step Process

ESG 전문가는 기업의 지속가능경영보고서를 발간하기 위한 기획, 작성, 검증 관련 자문 및 컨설팅을 수행한다. 기업에게 의뢰받은 프로젝트를 수행하기 위해 목표설정, 사업전략 등을 구상한다. 지속가능 프로젝트에 사용될 자금 확보를 위해 행정지원 및 관련 신청서 등을 작성한다. 지속가능경영 관련 법률, 기술적인 사항, 마케팅 등을 연구하거나 검토한다. 새로운 지속가능지표를 확인하거나 개발하며, 지속가능경영 활동을 평가한다. 지속가능경영의 효과를 알리기 위한 보고서나 발표 자료를 개발한다. 지속가능경영 확산 제안 또는 정책을 개정하거나 개정을 지원하며 다음과 같은 단계를 거쳐 ESG 지속가능경영보고서를 작성한다.

▶ Step 1: 사전준비

• 지속가능경영보고서 작성 추진계획 수립
• 보고서 작성 목적, 방향, 대상 범위, 발간 형태, 비용, 전담조직 구성 등 확정

▶ Step 2: Research & 벤치마킹

• 국제기준, 가이드라인, 관련 법규, 국내외 동향 연구
• 국내외 사례 벤치마킹

▶ Step 3: 진단 및 평가

• 경영현황 진단 및 분석

- 이해관계자 분석
- 핵심 이슈 도출
- 중대성 평가

▶ Step 4-1: 초안 작성

- 데이터 수집
- 핵심지표 및 부가지표 설정
- 보고서 초안 작성(국문/영문)
- 추가 정보수집 및 정보의 조직화

▶ Step 4-2: 초안 검토 및 내용 확정

- 초안 분석 및 평가
- 최종보고서 내용 확정

▶ Step 4-3: 국/영문 보고서 디자인 및 편집

- 국문/영문 보고서 작성
- 디자인 및 편집에 보고서 개발의도 및 기업이미지 반영
- 디자인, 편집 평가 및 수정

▶ Step 4-4: 검증 및 발간

- 이해관계자 검토
- 실사
- 전문가 검토 의견서 작성
- 보고서 발행 및 배포
- 보고서 홍보 및 등록

▶ Step 5: 추진과제 수립 및 변화관리

- 세부 실행 및 추진과제 수립
- 변화관리 전략 개발
- 외부 평가 대응체계 구축

GRI(Global Reporting Initiative) 보고서 가이드라인

참조: www.globalreporting.org & www.wikipedia.org

GRI(Global Reporting Initiative)는 기업의 사회적 책임경영과 관련한 여러 측면에서의 가이드라인을 만들어 제시하는 UN의 협력기관이다. GRI가 처음 세워진 것은 1997년이다. GRI가 세워지기 이전인 1989년 22만 톤의 원유를 싣고 있던 미국의 대형 유조선 엑슨 발데스호가 알래스카 프린스윌리엄사운드 해안에서 암초에 부딪히며 좌초하는 사고가 발생했다. 이 사건으로 무려 4만 톤의 원유가 알래스카 해안에 유출되어 극심한 환경오염을 유발했다. 사고 이후 미국의 환경단체인 세리즈(CERES·Coaltion for Environmentally Responsible Economics)는 이 같은 사고의 재발을 막기 위해 1997년 국제연합환경계획(UNEP)과 협약을 맺고 GRI를 세웠다.

기업들은 GRI(Global Reporting Initiative) 보고서라는 이름으로 간행물을 발간해 제출한다. 가이드라인은 경제적 측면, 환경적 측면, 사회적 측면 등 3가지 범주에 걸쳐 분류돼 있다. 그 동안 회계보고서나 환경보고서를 각각 내오던 기업들이 사회적 책임 부문까지 포함하는 GRI 보고서를 채택하면서 참여 기업이 급증하고 있다.

1) GRI와 SASB 어떻게 활용되는가?

글로벌 기업들이 지속가능경영보고서를 발간하고 있지만, 보고서 발간 여부와 보고서에 포함될 내용은 자발적이고 보고 내용에 대한 표준화된 형식이나 내용은 아직 없는 상황이다. 그럼에도 불구하고 많은 기업들이 보고서 작성 시 참고하는 공통 기준들이 있는데 그중 가장 많이 사용되는 것이 Global Reporting Initiative (GRI, 글로벌 보고 이니셔티브)와 Sustainability Accounting Standards Board(SASB, 지속가능성 회계기준 위원회)이다. GRI와 SASB가 지속가능경영보고서에서 어떻게 활용되고 있는지 살펴보겠다.

표 6-2 글로벌 ESG 이니셔티브

분야	명칭	설립연도	특징	역할
기후 변화	SBTI (과학 기반 감축 이니셔티브)	2015년	금융 자산의 2도 시나리오 기반 감축 목표에 따라 출범	파리협정 목표에 부합하는 온실가스 감축 목표를 위한 지침과 방법론 제공
	TCFD (기후 관련 채무 정보 공개 태스크포스)	2015년	G20 재무장관과 중앙은행장 회의가 만든 이니셔티브	재무 공시 자료를 쉽게 적용할 수 있는 정보 공개 프레임워크 개발
	CDP (탄소 정보 공개 프로젝트)	2000년	기후변화 관련 정보 공개 플랫폼	전 세계 9,600여 개 기업의 기후변화 대응 및 환경경영 관련 정보 공개 요구
지속 가능성	GRI (글로벌 보고 이니셔티브)	1997년	지속가능성 보고를 위한 글로벌 프레임워크	전 세계 1만 5,402개 조직이 GRI 가이드라인에 따라 지속가능경영 보고서 발간
	SASB (지속가능회계기준 위원회)	2011년	'미국 증권거래위원회(SEC)'에 제출할 기업의 비재무 평가 지표 개발을 위해 설립	지속가능성 보고에서 재무적 성과와 연계된 ESG 요소를 중심으로 간결한 세부 지침 제공

지속가능성	Un SDGs (지속가능발전 목표)	2015년	지속가능발전의 이념을 실현하기 위한 인류 공동의 17개 목표	유니레버·파타고니아 등 지속가능경영 선두 주자들은 목표설정에서 이 지표를 활용
	GSIA (글로벌지속가능 투자연합)	2014년	유럽, 호주, 캐나다, 영국, 미국, 일본, 네덜란드의 지속가능투자연합 기관들이 설립한 조직	ESG 투자 방법론을 7가지로 제시, '포지티브 스크리닝' 방식이 주류로 자리매김
인권	RBA (책임감 있는 산업 연합)	2004년	글로벌 전자 산업 분야의 이니셔티브	삼성전자, 삼성디스플레이, 애플, 인텔 등 160여 개 회원사 및 공급망에서 지정된 규범 이행

참조: 한국표준협회, 2021

2) GRI 표준과 지속가능경영보고서

보고서에서 GRI와 SASB는 어떻게 적용이 되고 이들에 관한 내용을 어떻게 찾을 수 있을까? GRI와 SASB는 지속가능경영보고서를 구체적으로 어떻게 쓰라고 보고서 작성 형식을 제안한 것은 아니고, 기업들이 보고해야 할 내용들을 지표로 정리해 공유하고 있다. 이 내용을 어떤 방식으로 보고할 것인지는 기업들의 재량인 것이다. 일반적으로 지속가능경영보고서 뒤쪽에 가면 GRI 대조표와 SASB 대조표를 볼 수 있다.

GRI Standards			보고수준	페이지	비고
GRI 102 일반정보 공개					
조직 프로필	102-1	조직 명칭	●	3	
	102-2	활동, 브랜드, 제품, 서비스	●	3	
	102-3	본사 위치	●	3	
	102-4	조직이 사업을 운영하는 국가의 수와 국가명	●	4	
	102-5	조직 소유 형태와 법적 형태	●		사업보고서에 공개
	102-6	제품과 서비스가 제공되는 지리적 위치, 관련 산업, 고객과 수혜자 유형	●	4	
	102-7	조직의 규모(임직원 수, 사업장 수, 순매출, 자기자본과 부채 구분한 총 자본, 제품 서비스 수량 포함)	●	3-4	
	102-8	임직원 및 근로자에 대한 정보	●	78-79	
	102-9	조직의 공급망	●	4,66-71	
	102-10	보고기간 동안 발생한 조직의 규모, 구조, 소유, 공급망 관련 중대한 변화	●		사업보고서에 공개
	102-11	조직의 사전예방 접근법 및 원칙	●	7-9	
	102-12	조직이 가입하였거나 지지하는 외부의 경제, 환경, 사회에 관한 헌장, 원칙, 기타 이니셔티브 목록	●	20,52,71	
	102-13	산업 협회 등 국가별, 국제적 정책기구 맴버십 현황	●	20	
전략	102-14	의사결정권자 성명서	●	2	
	102-15	핵심 영향, 위험, 기회	●	26,73	
윤리성과 청렴성	102-16	가치, 원칙, 표준 행동규범	●		홈페이지에 공개
	102-17	윤리에 대한 자문과 신고 메커니즘	●	7-9	
거버넌스	102-18	거버넌스 구조	●	5-6	
	102-19	권한 위임	●	18	
	102-20	경제, 환경, 사회적 토픽 에 대한 임원급의 책임	●	18	
	102-21	이해관계자와 경제, 환경, 사회적 토픽 협의	●	20	
	102-22	최고 거버넌스 기구와 그 위원회 구성	●	5-6	
	102-23	최고 거버넌스 기구 의장	●	5-6	
	102-24	최고 거버넌스 임명과 선정	●	5-6	
	102-25	이해관계 상충 방지 프로세스 및 이해상충 사항의 공개 여부	●	5-6	
	102-26	목적, 가치, 전략 수립에 관한 최고 거버넌스 기구의 역할(경제적, 환경적, 사회적 영향 관련)	●	5-6,18	
	102-27	최고 거버넌스 기구의 경제적, 환경적, 사회적 토픽에 관해 공동지식 강화 및 개발 절차	●	18	
	102-28	최고 거버넌스 기구의 성과 평가에 대한 절차	○		
	102-29	최고 거버넌스 기구의 경제, 환경, 사회적 영향 파악과 관리	●	18	
	102-30	최고 거버넌스 기구의 리스크 관리 프로세스 효과	●	18	

참조: 삼성전자, Sustainability Report, 2021

이 GRI 대조표는 삼성전자 지속가능경영보고서에 나온 GRI 대조표의 일부이다. "GRI 표준에 나온 지표들은 100번대 일반, 200번대 경제, 300번대 환경, 400번대 사회 관련 부분"들로 나뉘어 있다. 그리고 각 부문에는 여러 주제가 있는데 "일반은 101~103의 3개 주제, 경제는 201~207 7개 주제, 환경은 301~308 8개 주제, 사회는 401~419 19개로 총 37개의 주제"가 있다.

2021년에 발표되어 2023년 1월부터 적용되는 새로운 GRI 지표에서는 다음 〈그림 6-3〉과 같이 일반 정보의 보고 방식이 변경되고 산업별 표준이 추가되었다. 기존의 100번째 지표들이었던 일반 정보가 일반 표준(Universal Standards) 1, 2, 3 항목으로 바뀌고 지표들의 내용이 대폭 수정되었다. 산업별 표준은 현재는 석유 & 가스 Oil & Gas(GRI 11), 석탄 Coal(GRI 12), 농축어업 Agriculture, Aquaculture and Fishing(GRI 13) 세 산업 표준이 발표된 상태이고, 앞으로 40개 산업 표준으로 확장될 예정이다. 주제별 표준은 Topic Standards 기존 2016, 2018년 업데이트된 내용에서 크게 바뀌지 않았다.

그림 6-3 GRI 일반 정보의 보고 방식

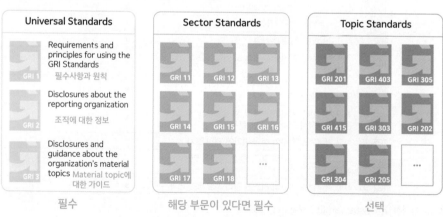

참조: 2023년에 개정된 GRI Standards의 구성, Globalreporting.org, 2023

GRI의 경우 지표가 100개가 넘고, 각각의 지표가 요구하는 구체적인 정보가 많으며, 정량적인 값뿐 아니라 정성적으로 설명이 필요한 경우도 많아서, 보고서들은 각 지표가 요구하는 내용을 하나의 표에 바로 적는 경우는 없고, 일반적으로 대조표를 통해서 보고서의 몇 페이지, 혹은 다른 보고서나 홈페이지 등 관련 내용을 찾을 수 있는 위치를 표기해 둔다. 해당 사항이 없거나 간단하게 표시할 수 있는 지표(법규 위반 여부/횟수 등)의 경우에는 대조표에 바로 수치를 표기하기도 한다.

3) GRI, 보고해야 할 대상 지표

GRI 37개 주제 내의 100여 개가 넘는 지표들이 모두 의무적으로 보고해야 할 대상은 아니라는 점이다. 이 중 의무적으로 보고해야 할 주제들이 있고 그 외에는 각 조직이 중요하다고 여기는 주제를 선택해서 보고하면 된다. GRI는 2022년까지는 핵심적 부합 방법 Core Option과 포괄적 부합 방법 Comprehensive Option보다 의무적으로 보고해야 하는 지표들이 적다.

두 옵션 중 하나를 만족하는 경우 제3자 검증을 받아 이를 보고서에 명시하고 GRI 측에 보고서를 등록할 수도 있다. 그래서 보고서를 보면 대부분이 보고서가 둘 중 어떤 옵션을 선택했는지 앞부분이나 검증 보고서 부분에 명시되어 있다. 국내 기업들은 GRI 표준을 채택한 경우 Core Option을 선택하고 있다. 또한 이러한 옵션들을 따로 선택하지 않고 GRI 표준을 참고하여 조직에 필요하다고 여겨지는 지표들만 골라서 보고하는 것도 충분히 가능하다. 이 경우에는 GRI 표준을 따랐다고 명시할 수는 없다. 기존에는 기업들이 Core Option을 보고하는 것에서 시작하여 점차 Comprehensive Option으로 범위를 넓혀 보고하기를 기대하여 이렇게 구성되었다고 한다. 그러나 2023년 보고 기준부터는 하나로 통합되었고 일반 표준(Universal Standards)의 GRI 2 내용은 전부 필수 보고 대상이 되었다. 따라서 기존에 Core Option을 선택하여 보고했던 기업들의 경우 의무적으로 보고해야 할 주제들과 지표들이 늘어나는 결과를 낳게 되었다.

4) 중대성 평가(Materiality Assessment)

의무적으로 보고해야 하는 지표들 외에 해당 조직이 중요하다고 여기는 주제들인 Material Topics을 고르는 과정을 **'중대성 평가'**라고 하며, GRI 표준을 따라 보고할 경우 이 선정 과정을 투명하게 보고해야 할 필요가 있다.

이때 고려해야 할 원칙은 2022년 보고 기준까지는 아래와 같이 크게 두 가지이다.

　① **조직의 경제적, 환경적, 사회적 영향에 중요한 정도**

　② **이해관계자들의 평가와 의사결정에 미치는 영향**

여기서 '이해관계자'란 조직과 금전적인 이해관계가 있는 투자자나 공급망 관계자만을 뜻하는 것이 아니라 직원, 고객, 지역사회 등 조직과 영향을 주고받는 모든 사람이나 조직들을 의미한다. 즉 넓게 보면 조직과 전체적인 사회와의 관계라고 볼 수 있다. 많은 경우 조직들에서는,

　① **을 비즈니스에 미치는 영향 또는 비즈니스 중요도라고 보며**

　② **를 이해관계자 관심도나 사회적 영향으로 해석하기도 한다.**

이를 바탕으로 기업 내 외부 토의를 거쳐 각 조직들에 중요한 이슈들을 다음과 같은 매트릭스를 이용해 도출하기도 한다. 이러한 매트릭스의 사용은 필수 요구사항은 아니다.

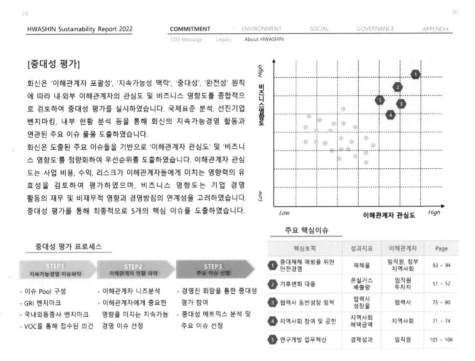

참조: Sustainability Report 2022, HWASHIN www.hwashin.co.kr 홈페이지, 2022

2023년부터 개정되어 적용되는 새 원칙에서는 중대성에 관한 내용이 GRI 3 으로 독립되었다. 위와 같이 두 축의 매트릭스에 대한 내용은 사라지고 중대성 평가에 있어서 이해관계자들의 '의사결정'에 미치는 영향에 대한 내용이 사라진 대신 이해관계자들에게 미치는 영향이 부각되어 인권에 미치는 영향도 강조되었다.

또한 핵심 이슈, 중요한 항목들인 Material Topics를 선정하는 과정을 보고하는 것과 이 선정 과정에 고려된 이해관계자들과 전문가들에 대해 명시하는 것이 의무가 되었다. 그리고 이러한 선정 과정에서 포함되어야 할 내용은 아래와 같다.

1) 조직의 활동과 비즈니스 관계에서 경제와 환경, 사람들, 특히 인권에 미치는 영향들을 어떻게 식별했는지, 이 영향들에는 실질적인 영향과 자재적인 영향, 부정적인 영향과 긍정적인 영향을 모두 포함한다.

2) 조직이 항목들의 중요도에 따라 영향의 우선순위를 어떻게 정했는지를 살핀다.

즉, 비즈니스 영향과 이해관계자 영향을 따로 구분하지 않고, 비즈니스가 이해관계자에게 미치는 영향 자체를 가장 중요하게 보는 점, 그리고 인권을 강조한 점이 새로 개정된 기준의 중요한 차이라고 볼 수 있다.

이를 통해 이후 소개될 GRI와 SASB 표준의 가장 큰 차이, 즉 조직의 재무적 성과에 미치는 영향을 중점적으로 보는 SASB에 비해 GRI는 조직이 관계를 주고 받는 모든 이해관계자에게 미치는 영향, 즉 해당 조직이 사회 전반에 어떤 영향을 미치는지를 보고하는 것을 중요하게 여긴다는 점이 부각된 것이라고 볼 수 있다.

5) GRI & SASB

GRI와 SASB 표준들의 경우 그 목적 자체가 다르기에 둘 중 어느 한 표준만 사용되는 것이 아니라 각 조직들이 필요에 따라 취사선택되고 있으나 대기업의 경우 대부분 이 둘을 모두 채택하여 보고하고 있다. 이 두 표준이 서로 상호보완적이라고 보는 시각이 대다수이다. 이 둘의 가장 특징들을 요약해 보면 아래와 같다.

	GRI	SASB
설립 배경	- 130여 개 미국 유조선 좌초로 인한 환경오염의 발생→기업의 경제, 사회, 환경적 책임에 대한 관심 고조 - 1989년 22만 톤의 원유를 싣고 있던 미국의 대형 유조선이 알래스카의 해안에서 암초에 부딪혀 좌초하는 사건 발생, 4만 톤의 원유가 알래스카 해안에 유출되어 극심한 환경오염 유발 - 사고 이후 기업의 환경적 책임에 대한 관심이 고조되고, 미국의 환경단체인 세리즈는 사고의 재발을 막기 위해 1997년 국제연합환경계획과 협약을 맺고 GRI를 설립함	- 2011년 설립된 비영리단체로 ESG 요소들을 재무적 성과와 연계하여 보고할 수 있는 국제표준 가이드라인 - GRI보다는 늦게 등장했지만, 투자자들에게 비교 가능한 비재무적 정보를 제공함 - 산업별로 중요한 ESG이슈에 대한 기업성과를 비교할 수 있도록 함 - 국제 지속가능성 보고 표준 시장에 빠르게 수용되었고, GRI와 함께 가장 널리 채택되고 있음

특징	1) 보편적 표준 - GRI1, GRI2, GRI3으로 분류되어 지속가능성 보고서를 발간하고자 하는 기관은 이 3단계를 거침 - GRI1: 보편적 표준의 목적, 개념 언급, 사용법 설명 - GRI2: 일반공시, 기업의 경영전략, 정책, 이해관계자 참여 - GRI3: 기관에 영향력 끼칠 수 있는 주제를 선정하는 방법 2) 부문별 표준 지속가능성 보고서의 공시 과정에 있어 각 산업별 지속가능성 측정지표를 제시함 3) 토픽별 표준 사회트렌드에 따라 주요하게 부각되는 이슈. 총 32개	- SASB 기준은 2018년 11개 산업군과 77개 세부 산업별 표준으로 구성되어 있음 - GRI처럼 보편적 분류 기준만을 제시하는 것이 아니라, 산업별로 가장 중요한 이슈들이 해당 산업군 내에서 이슈가 될 가능성이 어느 정도인지를 평가하고, 같은 산업군 내 다른 기업과 비교 가능한 방식으로 데이터를 공개하고 있음 - 2021년 5월 기준으로 928개 기업이 SASB 기준으로 정보를 공개하고 있으며, 2,840여 개 기업이 SASB 기준을 활용해 지속가능경영보고서를 작성하고 있음
목적	- 기업의 활동이 기업분 아니라 외부 이해관계자에 미치는 영향까지 포함	- 재무적 성과에 연계된 ESG 요소를 중심으로 포함 - 투자자의 의사결정에 유용한 정보 제공이 목적

Sustainability Report 지속가능경영보고서

본 사례는 Sustainability Report 2022 & 2023 자료로서 중소벤처기업들이 지속가능경영보고서 작성과 발간 시 모범적인 사례 벤치마킹 모델로 참고하기 위하여 선정하였다(HWASHIN www.hwashin.co.kr 홈페이지 참조). 본 내용은 Sustainability Report의 작성 프로세스 중 참조할 수 있는 중요한 부분만 발췌하여 수록하였다.

화신
Sustainability Report 2022

Great Innovation! Great Future!
화신의 혁신이 자동차의 미래를 만들어갑니다

About this Report

보고서 개요

화신은 작년에 이어 2022년 두 번째 지속가능보고서를 발간하게 되었으며, 이를 통해 이해관계자 여러분께 지난 1년간 화신이 지속가능경영 목표 달성을 위해 추진해 온 활동 및 성과를 투명하게 공개하고자 합니다. 화신은 경영에 있어 다양한 이해관계자들과의 소통을 통한 의견수렴을 하기 위해 지속적으로 노력할 것입니다.

보고 작성 기준

본 보고서는 지속가능보고서 발간을 위한 글로벌 작성 가이드 GRI(Global Reporting Initiative) Standards의 핵심적 방법(Core Option)에 부합하도록 작성되었습니다. 재무정보는 연결기준으로 작성되었으며, 보고 기준 및 정의는 K-IFRS를 따릅니다. 에너지 사용량 및 탄소 배출량은 검증 결과에 따라 작성하였습니다. 주요 변동 사항이 있는 경우 해당 부분 별도 표기하였습니다.

보고 기간 및 범위

본 보고서의 보고 기간은 2021년 1월 1일부터 2021년 12월 31일까지이며, 일부 활동의 경우 2022년 상반기 내용을 포함하고 있습니다. 일부 정보의 비교 가능성을 위해 최근 3개년의 정량적 성과를 담고 있습니다.

보고서 검증

보고서에 담긴 재무적 정보는 독립된 감사 법인의 회계감사를 통하여 검증된 자료이며, 이외 보고서에 담긴 정보는 각 출처에 따라 해당 정보를 수집하여 작성하였습니다.

보고서 관련 문의

화신 E.S.G 사무국
(054)330-5304 / won-do.lee@hwashin.co.kr

Contents

HWASHIN Sustainability Report 2022

COMMITMENT　　ENVIRONMENT　　SOCIAL　　GOVERNANCE　　APPENDIX

CEO Message　　Legacy　　About HWASHIN

비전

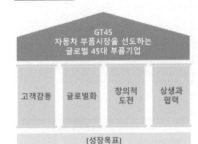

GT45
자동차 부품시장을 선도하는
글로벌 45대 부품기업

| 고객감동 | 글로벌화 | 창의적 도전 | 상생과 협력 |

[성장목표]
연결기준 매출 5.2조
글로벌 부품시장 점유율 7.6% 달성

"시장확대를 통한 글로벌 Tier 1 부품업체로 도약"

시장확대	기술확대	사업 영역 확대
글로벌 Major OEM 고객 수주 확대 신흥시장 적극 공략	신소재, 친환경 기술 적용을 통한 고부가 가치 제품 개발	모듈화, IT 기술접목으로 System Integration 사업추진

핵심가치

고객중심 ✚ 도전정신 ✚ 의사소통 ✚ 원칙중시 ✚ 혁신성

고객 니즈 이해
고객만족
고객 관계 강화

상대방에 대한 이해
업무네트워크 구축
부서간 시너지 창출

열린사고, 문제의식
업무수행 절차
방안 개선

도전적 목표설정
자발적 실행
업무에 대한 책임의식

규정 및 절차 이해
투명한 업무처리
절차준수

 고객중심
- 고객의 필요와 기대에 부응하는 제품을 개발하여 고객의 만족 제고하는 화신인

 도전정신
- 실패를 두려워하지 않고 도전의 욕구로 더 높은 성과목표를 설정하는 화신인

 의사소통
- 구성 개개인간의 사고방식과 의견을 수평적으로 교류하는 화신인

 원칙중시
- 투명하고 공정한 업무 함에 따른 사규와 절차를 중요시하는 화신인

 혁신성
- 새롭고 다양하게 보는 시각으로 혁신을 주도할 수 있는 화신인

ESG경영 거버넌스

화신 ESG경영

화신은 급변하는 대내외 경영환경 속에서 지속가능한 글로벌 기업으로 성장하기 위해 친환경 산업의 혁신을 리딩하여 대한민국 발전에 기여하고자 합니다.
또한, 지구의 환경 보전에 앞장 서고, 협력사와 동반성장을 이루는 사회적 책임을 더욱 강화하며, 화신이 창출하는 사회적 가치 성과를 여러 외부 이해관계자에 전달하며 ESG에 대한 회사 차원의 관심과 추진 의지 등을 지속적으로 밝혀 오고 있습니다.

화신 ESG 운영협의체

화신은 2021년 새롭게 신설된 ESG사무국은 ESG 경영을 전사 모든 경영 활동에 반영하고, 이를 보다 통합적으로 관리하기 위해 체계적으로 운영하고 있습니다.

```
                  대표이사
                     |
                ESG사무국장
               전략기획본부장
        _____|_____
       |                       |
   ESG사무국                  운영간사
경영관리팀 + 유관부서 부문장
   _____|_____
  |           |             |
Environment  Social     Governance
안전환경보건팀  경영관리팀    내부회계감사팀
  총무팀      협력업체지원팀    재경팀
```

투명하고 체계적인 화신 ESG

더 나은 삶과 깨끗한 지구를 위해 화신은 지속가능한 가치 창출 활동을 지지하고 있습니다. 화신은 ESG 경영을 전사 모든 경영 활동에 반영하고, 이를 보다 통합적으로 관리하기 위해 ESG 사무국을 체계적으로 운영하고 있습니다.
또한 화신은 ESG 운영을 선제적으로 시작하여 핵심과제를 선정하여 화신에 적합한 선정된 항목을 라이프 사이클 관리 프로세스를 설계하여 통합적으로 관리하고 있습니다.
이에 화신은 ESG경영을 강화 및 근본을 다지기 위해 국제행동규범에 맞추어ESG사무국주관으로 환경과 사회, 지배구조에 대해 철저히 분석하고 개선해 나가고 있습니다.
화신만의 작지만 강한 ESG경영 전략체계를 통해 기업이 사회 뿐 아니라 더 나아가 세계에 어떤 행복을 끼칠 수 있을까라는 새로운 기업의 역할과 책임감을 가지고 있습니다.
이렇듯 화신은 ESG 중요성에 대한 기업의 역할이 바뀌고 있으며, 구성 개개인의 자긍심을 가지고 새롭게 변화 중 입니다.

환경경영정책
- 국제표준 인증을 받아 환경경영 체계 정착 및 환경경영 추진

인권정책
- 인권에 대한 기본방침 제정하여 운영

협력사 행동규범
- 협력사와 투명경영을 통해 지속가능한 공급망 구축

윤리헌장 및 실천규범
- 윤리헌장 제정하여 신뢰받는 기업이 되도록 사회적 책임 이행

[홈페이지 게시 : https://www.hwashi.co.kr/kr/esg/esg_rule_4.do]

[중대성 평가]

화신은 '이해관계자 포괄성', '지속가능성 맥락', '중대성', '완전성' 원칙에 따라 내·외부 이해관계자의 관심도 및 비즈니스 영향도를 종합적으로 검토하여 중대성 평가를 실시하였습니다. 국제표준 분석, 선진기업 벤치마킹, 내부 현황 분석 등을 통해 화신의 지속가능경영 활동과 연관된 주요 이슈 풀을 도출하였습니다.
화신은 도출된 주요 이슈들을 기반으로 '이해관계자 관심도' 및 '비즈니스 영향도'를 정량화하여 우선순위를 도출하였습니다. 이해관계자 관심도는 사업 비용, 수익, 리스크가 이해관계자들에게 미치는 영향력의 유효성을 검토하여 평가하였으며, 비즈니스 영향도는 기업 경영 활동의 재무 및 비재무적 영향과 경영방침의 연계성을 고려하였습니다. 중대성 평가를 통해 최종적으로 5개의 핵심 이슈를 도출하였습니다.

중대성 평가 프로세스

STEP1 지속가능경영 이슈파악	STEP2 이해관계자 현황 파악	STEP3 주요 이슈 선정
- 이슈 Pool 구성 - GRI 벤치마크 - 국내외동종사 벤치마크 - VOC를 통해 접수된 의견	- 이해관계자 니즈분석 - 이해관계자에게 중요한 영향을 미치는 지속가능 경영 이슈 선정	- 경영진 회람을 통한 중대성 평가 참여 - 중대성 메트릭스 분석 및 주요 이슈 선정

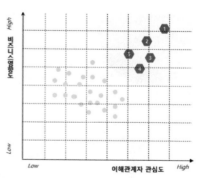

주요 핵심이슈

	핵심토픽	성과지표	이해관계자	Page
1	중대재해 예방을 위한 안전경영	재해율	임직원, 정부 지역사회	83 ~ 94
2	기후변화 대응	온실가스 배출량	임직원 투자자	51 ~ 52
3	협력사 동반성장 정책	협력사 성장율	협력사	75 ~ 80
4	지역사회 참여 및 공헌	지역사회 혜택금액	지역사회	71 ~ 74
5	연구개발 업무혁신	경제성과	임직원	105 ~ 106

Environment

화신은 환경 법규 준수 및 친환경 경영을 통해 다음 세대를 위해 환경을 최우선으로 여기고, 사회적 책임을 다합니다. 화신은 미래에 시선을 두고 환경을 위한 원칙을 철저히 지키면서 지속가능한 미래를 만들어 가겠습니다.

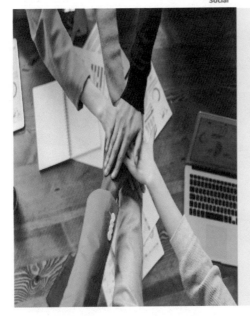

Social

화신은 임직원이 행복하고 건강한 근로환경을 조성하여 고객만족 및 상생, 워라밸을 지향하고 있습니다. 화신은 이러한 원칙을 철저히 지키면서 지속가능한 미래를 만들어가겠습니다.

Governance

화신은 이해관계자에게 신뢰를 받기 위해 투명한 지배구조 확립을 최우선적으로 지향하고 있습니다. 화신은 윤리경영을 선포하고 대내외 환경변화에 의하여 발생할 수 있는 리스크에 대한 체계적인 관리에 집중적으로 힘쓰고 있습니다. 앞으로도 화신의 이사회는 고객, 주주 등 모든 이해관계자를 대상으로 BALANCE 있는 의사결정을 하기 위해 더욱더 노력할 것입니다.

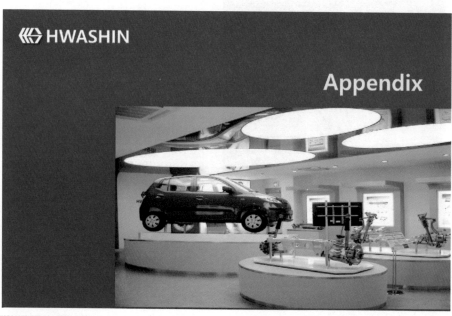

HWASHIN

Appendix

GRI Index

GRI Standards (GRI 100)

Topic	No	Title	Page
조직 프로파일	102-1	조직명칭	9,10
	102-2	활동 및 대표 브랜드 제품 및 서비스	9~22
	102-3	본사의 위치	9
	102-4	사업지역	11,12
	102-5	소유 구조 특성 및 법적형태	
	102-6	시장영역	11,12
	102-7	조직의 규모	9,11,12
	102-8	임직원 및 근로자에 대한 정보	11,12
	102-9	조직의 공급망	13
	102-10	조직 및 공급망의 중대한 변화	
	102-11	사전예방 원칙 및 접근	101~106
	102-12	외부 이니셔티브	
	102-13	협회 멤버십	

Topic	No	Title	Page
전략	102-14	최고의사결정관리자의 성명서	7,8
	102-15	주요 영향, 위기 및 기회	27,28
윤리 및 청렴	102-16	가치, 원칙, 표준 및 행동강령	13,105,
	102-17	윤리 관련 조언 및 고발 메커니즘	106

Topic	No	Title	Page
지배구조	102-18	지배구조	99,100
	102-19	권한 위임	
	102-20	경제적, 환경적 및 사회적 토픽에 대한 임원의 책임	27,28
	102-21	경제적 환경적 및 사회적 토픽에 대한 이해관계자와의 협의	109,110
	102-22	최고의사결정기구 및 하위 위원회의 구성	
	102-23	최고의사결정기구 의장	99,100
	102-24	최고의사결정기구 위원 추천 및 선정	
	102-25	이해관계상충	109
	102-26	목표, 가치 및 전략 수립에 관한 최고의사결정기구의 역할	10
	102-27	최고의사결정기구의 집단지식	
	102-28	최고의사결정기구 성과 평가	
	102-29	경제적 환경적 및 사회적 영향의 파악 및 관리	99,100
	102-30	위험 관리 절차의 효과성	
	102-31	경제, 환경 및 사회적 토픽의 대한 검토	
	102-32	지속가능성 보고에 대한 최고의사결정기구의 역할	10
	102-33	중요 사안에 대한 커뮤니케이션	기업지배 구조보고 서참조
	102-34	중요 사안의 특성 및 수	
	102-35	보상 정책	99,100
	102-36	보수 결정 절차	
	102-37	보수 정책에 대한 이해관계자 참여	
	102-38	연간 총 보상 비율	99,100
	102-39	연간 총 보상 비율의 증가율	

* 자세한 사항은 기업지배구조보고서 참조

GRI Index

GRI Standards (GRI 100)

Topic	No	Title	Page
이해관계자 참여	102-40	이해관계자 집단의 목록	109
	102-41	단체협약	
	102-42	이해관계자 파악 및 선정	109
	102-43	이해관계자 참여 방식	109
	102-44	핵심 주제 및 관심사항	109
	102-45	연결재무제표에 포함된 조직	11,12
보고 관행	102-46	보고 내용 및 주제의 경계 정의	27,28
	102-47	중요한 토픽 목록	27,28
	102-48	정보의 재기술	
	102-49	보고의 변경	
	102-50	보고 기간	3
	102-51	최근 보고 일자	3
	102-52	보고 주기	3
	102-53	보고서 문의처	3,128
	102-54	GRI Standards 부합 방법(핵심적 또는 포괄적)	3
	102-55	GRI 인덱스	121,126
	102-56	외부 검증	
	102-40	이해관계자 집단의 목록	109
경영접근 방식공개	103-1	중요한 토픽 및 그 경계에 대한 설명	27,28,31
	103-2	경영 접근 및 구성요소	32,33,34
	103-3	경영 접근에 대한 평가	83~92

GRI Index

GRI Standards (GRI 200~300)

Topic	No	Title	Page
경제성과	201-1	직접적 경제가치 발생과 분배	110
	201-3	확정급여형 연금제도 채무 충당	115
	201-4	정부 재정지원	-
반부패	205-2	반부패 정책 및 절차에 관한 커뮤니케이션 및 교육	65~70 105~108
	205-3	확인된 부패 사례 및 조치	-
원재료	301-1	원재료의 중량 또는 부피	-
	301-2	재생 원재료 사용	-
	301-3	제품 및 포장 재료의 재생	-
에너지	302-1	조직 내 에너지 소비	117~120
	302-2	조직 밖에서의 에너지 소비	-
용수	303-1	공유 자원으로서의 물과의 상호작용	-
	303-3	취수	117, 118
	303-5	물소비	
폐기물	306-2	유형 및 처리방법별 폐기물	49,50
환경	307-1	환경 규제 위반	-

GRI Standards (GRI 400)

Topic	No	Title	Page
고용	401-1	신규채용 및 이직	115,116
	401-2	비정규직 근로자에게 제공되지 않는 정규직 근로자의 특리후생	83~92
	401-3	육아휴직	86~88 115
산업보건 및 안전	403-6	근로자 건강 증진	
	403-9	업무관련 부상	115,116
	403-10	업무관련 질병	
훈련 및 교육	404-1	직원 1인당 평균 교육 시간	
	404-2	직원 역량 강화 및 전환 지원 프로그램	56
	404-3	정기적 성과 및 경력 개발 검토를 받는 직원의 비율	
다양성 및 기회균등	405-1	경영 조직 및 직원의 다양성	115,116
	405-2	남성 대비 여성의 기본급 및 보상 비율	Dart참조
차별금지	406-1	차별 사건 및 이에 대한 시정조치	
인권평가	412-2	인권 정책 및 절차 관련 직원 교육	115,116
지역사회	413-1	지역사회 참여, 영향 평가 및 발전 프로그램 운영 사업장	83~85
	413-2	지역사회에 중요한 실제적 및 잠재적 부정적 영향이 존재하는 사업장	
공공정책	415-1	정치 기부금	
고객보건 및 안전	416-2	제품 및 서비스의 보건 및 안전 영향 관련 위반 사건	
마케팅 및 라벨링	417-2	제품 및 서비스 정보 및 라벨링 관련 위반	
	417-3	마케팅 커뮤니케이션 관련 위반	
고객개인정보	418-1	고객 개인정보보호 위반 및 데이터 분실 관련 상당한 불만	
사회경제준수	419-1	사회적 및 경제적 분야 법률 및 규정 위반	116

온실가스 검증의견서

이 검증의견서는 ㈜화신의 요청으로 작성되었습니다.

검증 범위

이 검증의견서는 ㈜화신의 요청으로 작성되었습니다.

로이드인증원(LRQA)은 ㈜화신으로부터 2022년도 온실가스 인벤토리(이하 '보고서')에 대한 검증 제공을 요청 받았습니다.

보고서는 직접 온실가스 배출 및 간접 온실가스 배출을 포함합니다.

㈜화신의 지리적 경계는 4개 공장 및 2개 연구소의 운용을 포함합니다. 조직의 주요 활동은 자동차 부품 제조이며, 온실가스 배출은 운영 관리 접근법을 사용하여 통합되었습니다.

경영진의 책임

'온실가스 배출권거래제의 배출량 보고 및 인증에 관한 지침' 적합성, 관련 주장(claim) 및 보고서 작성에 대한 책임과 데이터 및 정보에 대한 효과적인 내부 관리를 유지하는 책임은 ㈜화신의 경영진에 있습니다. 로이드인증원의 책임은 ㈜화신과의 계약에 의해 보고서의 보증 업무에 한정됩니다.

궁극적으로 보고서는 ㈜화신에 의해 승인되었으며, ㈜화신의 책임 하에 엮습니다.

로이드인증원의 접근 방법

로이드인증원의 검증은 ㈜화신 보고서의 온실가스 데이터가 '온실가스 배출권거래제의 배출량 보고 및 인증에 관한 지침'에 부합하는지를 합리적 보증 수준으로 검증하기 위하여 '온실가스 배출권거래제 운영을 위한 검증지침'에 따라 수행 되었습니다.

검증 결론을 도출하기 위하여 검증활동은 샘플링을 통해 이루어졌으며, 특히 다음 활동을 수행하였습니다.

- 설비에 대해 사이트투어를 실시하고 온실가스 배출 데이터 및 기록의 관리와 연관된 프로세스를 검토하였습니다.
- 온실가스 배출 데이터 및 기록의 관리에 책임이 있는 관련 직원과 면담을 하였습니다.
- 2022년도의 온실가스 배출 데이터 및 기록을 원천 데이터 수준에서 검증하였습니다.

보증 수준 및 중요성

계약에 의거하여 검증은 합리적 보증 수준 및 5%의 중요성 기준으로 수행되었으며, 이 검증의견서에서 표현된 검증의견은 이에 따라 도출되었습니다.

로이드인증원의 의견

로이드인증원의 접근 방법에 기초한 검증 결과, 아래표 1에 요약된 직접 온실가스 배출량 및 간접온실가스 배출량이 중요한 측면에서 정확하며, 보고서가 '온실가스 배출권거래제의 배출량 보고 및 인증에 관한 지침'을 준수하였다고 판단합니다.

LRQA

일자 : 2023년 4월 20일
윤한식
신임심사원
로이드인증원(LRQA) 대표이사
대한민국 서울특별시 중구 소월로2길30, 1타워 2층

LRQA 참조번호 : SEO0001277

표1. 화신의 온실가스 인벤토리 2022 요약

온실가스 배출 보고 범위	Tonnes CO2e
직접 온실가스 배출량	4,094
간접 온실가스 배출량	16,018
온실가스 총 배출량	20,112

제3자 검증의견서

이 검증의견서는 지속가능경영보고서의 독자를 위한 것으로서, 화신과의 상호 계약에 따라 작성되었습니다.

검증 기준 및 범위

로이드인증원(LRQA)은 주식회사 화신(이하 화신)으로부터 '화신 Sustainability Report 2022'(이하 '보고서')에 대한 독립적인 검증 제공 요청을 받았습니다. 본 검증은 아래 검증 기준에 따라 AA1000AS v3를 활용하여 Moderate Level 및 전문가적 판단(Professional Judgement)의 중요성 기준으로 수행되었으며, 범위는 Type 1 이었습니다. 검증 범위에는 화신의 국내 사업장 운영 및 활동이 포함되었으며, 특히 다음의 요구사항이 포함되었습니다.
- AA1000 AccountAbility 원칙, 즉 포괄성, 중요성, 대응성 및 영향성 원칙의 준수 평가
화신의 협력회사, 계약자 그리고 그 외의 제 3자에 관한 데이터 및 정보는 검증 범위에서 제외되었습니다. 로이드인증원의 책임은 화신에 대해서만 국한됩니다. 로이드인증원은 매지탁 주석에서 설명된 것과 같이 다만 혹은 타 조직에게 어떤 의무나 책임을 지지 않습니다. 보고서 내의 모든 데이터와 정보의 수집, 취합, 분석 및 제시, 그리고 보고서 발간 시스템에 대한 효과적인 내부통제 유지에 대한 책임은 화신에게 있습니다. 최종적으로 보고는 화신에 의해 승인되었으며, 화신의 책임이 됩니다.

로이드인증원의 의견

로이드인증원의 접근 방법에 기초한 검증 결과, 모든 중요 측면에서, 화신이 하기 사항을 이행하지 않았다고 의심되는 사항은 발견되지 않았습니다.
- 상기 요구사항의 만족
- 독자와 이해관계자에게 중요한 모든 이슈 보고
이 의견은 Moderate Level 의 검증에 바탕을 두며, 중요성 기준으로서 검증심사원의 전문가적 판단에 기초하여 도출되었습니다.
Note : Moderate Level 의 검증에서 증기 수집 범위는 High Level 의 검증보다 작습니다. Moderate Level 의 검증은 사업장에서 원시데이터를 직접 확인하는 것보다는 취합된 데이터에 초점을 둡니다. 결과적으로 Moderate Level 의 검증은 High Level의 검증보다 보증 수준이 언저히 낮습니다.

로이드인증원의 접근 방법

로이드인증원의 검증은 로이드인증원의 검증 절차에 의거하여 수행됩니다. 본 검증을 위해 증거 수집의 일환으로 다음의 활동들이 수행되었습니다.
- 이해관계자들에 제기된 이슈들이 올바르게 파악되었는지를 확인하기 위하여 이해관계자 참여에 대한 화신의 접근법을 평가하였습니다. 우리는 문서 및 관련 기록들을 검토함으로써 이를 수행하였습니다.
- 중요 이슈가 보고서에 적절히 포함되었는지를 확인하기 위하여 중요 이슈를 식별하고 검정하는 화신의 프로세스를 검토하였습니다. 우리는 화신의 보고서와 타사의 보고서를 대조하여 해당 산업계의 특정 이슈들이 서로 비교가 가능하도록 보고되었는지 확인하였습니다. 또한 우리는 화신의 중요 이슈 결정 과정에서 사용된 기준들을 검토 하였습니다. 어느 화신의 비즈니스상 의사 결정이 지속가능한 발전과 관련된 정보를 토대로 이루어지는지에 대한 증가를 목적으로 진행되었습니다.
- 경상북도 영천시에 위치한 화신 본사를 방문하여 화신이 제공한 증가들을 검토하였습니다.

관찰사항

검증 과정에서 파악된 추가적 관찰사항 및 발견사항들은 다음과 같습니다.
- 포괄성 : 화신의 이해관계자 참여 프로세스로부터 제외된 어떤 중요 이해관계자 그룹도 발견되지 않았습니다.
- 중요성 : 화신의 지속가능성 성과와 관련하여 보고서에 포함되지 않은 중요한 이슈는 발견되지 않았습니다. 화신은 어떤 이슈가 중요관리를 결정하기 위해 폭넓은 기준을 수립하였으며, 이러한 기준들이 회사의 경영측면에만 편향되지 않았습니다.
- 대응성 : 화신은 Scope 1 및 Scope 2 온실가스 배출 저감을 위한 참가적인 목표를 수립하였습니다. 향후에는 기후변화 관련 목표 외 다른 중요 토픽에 대한 장기적 목표에 대해서도 보고할 것을 권고합니다.
- 영향성 : 화신은 대기오염물질 관리 및 폐기물 처리 활동을 통해 환경 영향을 감소시키기 위해 지속적으로 노력하고 있습니다.

로이드인증원의 자격 및 독립성

로이드인증원은 ISO 14065(온실가스-온실가스 타당성 평가 및 검증기관 인정 또는 인증에 관한 요구사항) 및 ISO/IEC 17021(적합성평가-경영시스템 심사 및 인증을 제공하는 기관에 대한 요구사항)의 요구사항을 만족하는 포괄적인 경영시스템을 이행 및 유지하고 있으며, 품질관리기준서 1(SQC1 : International Standard on Quality Control 1 의 요구사항과 국제윤리기준위원회(IESBA : International Ethics Standards Board for Accountants) 의 공인회계사 윤리 강령을 준수합니다.
로이드인증원은 사력, 훈련 및 경험에 근거하여 적절하며 사례가 부여된 검증심사원을 선정하도록 보장하고 있습니다. 적용된 접근방법이 엄격히 지켜지고 투명하도록 보장하기 위해 모든 검증 및 인증 평가의 결과는 내부적으로 검증진에 의해 검토되고 있습니다. 로이드인증원은 화신의 온실가스 배출원에 대한 검증기관입니다. 로이드인증원은 화신에 대해 검증 서비스만을 제공하므로 독립성 및 공평성에 위배되지 않습니다.

LRQA 계약번호 : SEO00001273   2023년 5월 16일

AA1000
Licensed Report
000-T1/V3-SFUE5

검증팀장
김태경
로이드인증원(LRQA)를 대표하여
대한민국 서울특별시 중구 소월로2길30, T타워 2층

에필로그
epilogue

지속가능경영을 위한 ESG!

ESG는 Environmental(환경), Social(사회), Governance(지배구조)의 약어로, 기업의 사회적 책임과 지속가능한 경영에 대한 접근 방식을 의미한다. ESG 지속가능경영은 기업이 환경, 사회, 지배구조의 측면에서 다음과 같은 주요 가치와 원칙을 실천하고 추구하는 것이다.

▶ 환경(Environmental): 기업은 탄소배출을 줄이고 온실가스를 감축하는 노력을 해야 하며, 자원을 절약하고 재활용하여 환경적인 부담을 줄이는 것이 중요하다. 생물 다양성을 유지하고 보호하는 노력도 필요하다.

▶ 사회(Social): 기업은 노동자의 권리를 존중하고 적절한 노동 조건을 제공해야 하며, 지역사회에 기여하고 사회문제에 대한 해결책을 제시하는 것이 중요하다. 또한 이해관계자들과 적극적으로 소통하고 협력해야 한다.

▶ 지배구조(Governance): 기업의 경영과정은 투명하고 공정해야 하며, 이사회는 기업의 이익과 이해관계자들의 이익을 균형 있게 고려해야 한다. 또한 이해관계자들의 이익을 존중하고, 기업의 이익과 사회적 이익을 조화시켜야 한다.

ESG 지속가능경영은 기업이 환경, 사회, 지배구조에 대한 책임을 갖고, 지속가능한 비즈니스 모델을 추구함으로써 긍정적인 사회적 영향을 창출하고, 장기적인 성장과 지속가능성을 보장하는 데 기여한다. 이는 기업의 이미지 강화와 투자자들로부터의 긍정적인 반응을 가져오는 등 다양한 장점을 제공한다. 또한 기업들이 사회적 책임과 지속가능한 경영을 실천하면서 지구환경과 사회적 문제에 대한 해결에도 기여할 수 있다. 기업이 사회적 책임과 지속가능한 경영을 추구하는 이유는 다양하다. 이를테면, 다음과 같은 이유들이 ESG 경영을 중요하게 만들고 있다.

▶ 사회적 책임과 윤리: 기업은 사회의 일원으로서 사회적 책임을 갖고 있다. ESG 경영은 기업이 사회와 환경에 대한 책임을 인식하고, 이를 실천함으로써 사회적 가치를 제고하고 지역사회와의 협력을 강화한다.

▶ 금융시장의 요구: 금융시장에서는 ESG 요인이 기업의 평가와 투자 결정에 영향을 미치는 것으로 인식되고 있다. ESG 실천이 좋은 평가를 받는 기업은 투자자들로부터 긍정적인 반응을 얻을 가능성이 높은 것이다.

▶ 리스크 관리: 기업은 ESG 영역에서 발생할 수 있는 다양한 리스크에 대비해야 한다. 환경문제, 사회적 갈등, 지배구조 문제 등이 기업의 운영과 가치에 영향을 미칠 수 있다. ESG 경영은 이러한 리스크를 관리하고 예방하는 데 도움을 준다.

▶ 브랜드 이미지 강화: ESG 경영은 기업의 브랜드 이미지를 강화하는 데 도움을 준다. 사회적으로 책임을 인식하는 기업의 이미지를 갖게 되면, 고객들과 이해관계자들의 신뢰를 얻을 수 있다.

▶ 혁신과 경쟁력 강화: ESG 경영은 환경과 사회의 문제에 대한 혁신적인 솔루션을 찾고, 지속가능한 비즈니스 모델을 개발하는 데 도움을 준다. 이를 통해 기업은 새로운 비즈니스 기회를 창출하고 경쟁력을 강화할 수 있다.

▶ 장기적인 성장과 지속가능성: ESG 경영은 기업의 수명을 오랫동안 유지하는 데 필수적인 요소이다. 지속가능한 경영은 기업의 장기적인 성장과

지속가능성을 보장하는 중요한 역할을 한다.

요약하면, ESG 경영은 사회적 책임을 다하기 위해 필요하며, 금융시장의 요구와 리스크 관리, 브랜드 이미지 강화, 혁신과 경쟁력 강화, 장기적인 성장과 지속가능성을 강화하는 데 기여한다. 이러한 이유들로 많은 기업들이 ESG 경영을 기업의 생존전략으로 채택하고 지속가능한 비즈니스를 추구하고 있다.

1976년 노벨 경제학상 수상자이자 미국 시카고 경제학파 거장인 밀턴 프리드먼(Milton Friedman)은 1970년 뉴욕타임지의 '교리·원칙' 등의 뜻을 가진 단어 독트린(doctrine)에 자신의 이름을 붙여 다음과 같이 선언했다. "기업의 사회적 책임은 이익을 올리는 것이다." 기업의 역할을 정의하는 가장 강력한 문구였던 이 프리드먼 독트린(The Friedman doctrine)은 최근 새로운 시대적 개념의 자리를 내어주고 있다. 글로벌 경영 업계 모두가 지속가능한 경영을 위해 이윤이 아닌 이것을 실천할 것을 요구받고 있다. 바로 ESG이다.

ESG는 기업의 비재무적 성과를 판단하는 기준으로 최근 전 세계 경영 분야에서 가장 많이 회자되는 개념이다. ESG는 지난 2004년 유엔 글로벌 콤팩트 보고서에서 공식 용어로 처음 등장했다. 코피 아난(Kofi Annan) 당시 유엔 사무총장은 ESG를 고려한 글로벌 투자 운동을 주도해 훗날 기업의 지속가능 운동의 씨앗을 뿌렸다는 평가를 받았다.

사실 기업의 비재무적 가치에 주목해야 한다는 주장은 기업 차원에선 CSR(Corporate Social Responsibility), 투자자 측면에선 SRI(Socially Responsible Investment)란 개념으로 오래전부터 사용되어 왔다. 심지어 18세기 인물인 감리교 창시자 존 웨슬리(John Wesley) 목사는 1760년 '돈의 사용'이란 설교에서 다음과 같은 말로 기업의 사회적 책임을 강조하기도 했다. "우리는 생명을 희생해 돈을 벌어서는 안 되며, 우리의 건강을 희생해 돈을 벌어서도 안 된다."

기업의 비재무적 가치를 현대적 의미의 투자 지표로 처음 활용한 것은 투자회사 팍스 월드(Pax World)이다. 이 회사는 1971년 베트남 전쟁 관련 기업에 투자하지 않겠다는 원칙 아래, 최초의 윤리적 투자펀드 팍스 월드 펀드(Pax

World Fund)를 출시했다. 다만 기업의 비재무적 가치는 여태껏 윤리적 선언적 차원에 주로 머물러 온 게 사실이다. 밀턴 프리드먼의 주장처럼 오랜 기간 기업의 목적은 이윤 그 자체에 있다고 여겨져 왔기 때문이다.

이에 반해 지금의 ESG 개념은 기업의 지속가능한 성과를 위한 필수 지표로 인식되고 있다는 점에서 과거와는 근본적인 차이가 있다. 회계 수치만을 중시하던 과거에서 벗어나 ESG를 기업의 주요 평가지표 및 비즈니스 전략으로 사용하는 움직임이 기업들 사이에서 보편화되고 있다. 실제 미국 주식시장에서 ESG 부문 상위 20%에 해당하는 주식은 변동성 장세에서 다른 기업에 비해 5% 포인트 이상 높은 성과를 보였다. 프리드먼 독트린의 종말을 구하는 대신 지난해 세계경제포럼이 새롭게 선언한 것처럼 기업은 이해관계자 모두의 이익을 동시에 추구하는 체제를 갖춰야 하며, 이를 위해 기업의 비재무적 가치인 ESG 측정이 필요한 시대가 도래한 것이다.

즉, ESG는 기업의 사회적 책임과 지속가능한 경영에 대한 접근 방식으로서, 지난 몇 년 동안 많은 기업과 투자자들, 이해관계자들에게 큰 관심을 받고 있다. 이는 지속가능한 비즈니스와 사회적 가치 창출에 대한 중요성이 강조되고 있기 때문이다. 이러한 변화들은 ESG 시대가 도래했음을 보여주고 있으며, 기업들이 사회적 책임과 지속가능한 경영을 실천하여 사회적으로 더욱 존경받고 지속가능한 비즈니스 모델을 추구하는 시대가 된 것이다.

참고 문헌 및 자료

Astrachan. J. S. "Family firm and community culture", Family Business
    CDP. (n.d.). RE100: A Global Initiative Led by the Climate Group
    in Partnership with CDP.

Boosting ESG Performance: Challenges and Opportunities | BCG ESG
    supply chain: PwC, 2020

Butenko Anna and Larouche Pierre, "Regulation for Innovativeness or
    Regulation of Innovation?", Law Innovation and Technology 7, 2015.

Corporate sustainability due diligence - European Commission. EU 공급
    망실사 지침주요내용과 시사점 - KDB.
    https://rd.kdb.co.kr/fileView?groupId=ACF18603-BBD7

Corporate Sustainability Due Diligence Directive: A Potential Game-
    Changer for...- WWF, 2021

Craik Neil, Jefferies Cameron S.G., Seck Sara L, and Stephens Tim,
    Global Environmental Change and Innovation in international
    Law, Cambridge Univ. Press, 2018.

ESG 이해관계자 중심 경영, 한국경영학회, (주)박영사, 2023

ESG 한 권에 담았다 ESG, 한국공인회계사회, 2022

ESG의 부상, 기업은 무엇을 준비해야 하는가 -Samjong INSIGHT, 삼정KPMG, 2020

EU 공급망 실사로 車부품·반도체 등 영향…위험기업 110개…, 2021

EU 공급망 실사법 공식화…2024년 발효 ESG 리뷰, 2023

EU 공급망 실사지침(안)의 주요내용과 한국 중소기업의 ESG 전략: 키워드 네트워크
    분석을 중심으로, 글로벌 공급망 인사이트 62호, 2023

EU 공급망실사 지침 주요내용과 시사점-KDB. https://rd.kdb.co.kr/fileView?groupId

EU ESG 규제 중 가장 큰 부담 꼽힌 '공급망실사법(CSDD)', AtoZ로…

EU공급망실사법, 정부·민간 공동대응 나선다, E-나라지표, '국가 온실가스 배출현황', 2020

GS 칼텍스, I am your Energy, 2020

How ESG education can unlock the supply chain's potential | World Economic Forum (weforum.org), 2020

https://www.wwf.eu/?8835941/Corporate-Sustainability-Due-Diligence-Directive-A-Potential-Game-Changer-for-Business-and-the-Planet. 2020

https://www.yna.co.kr/view/AKR20220330165500003

IBK경제브리프, IBK경제연구소, 2023

International Energy Agency (IEA). (2021). Renewables 2021: Analysis and Forecast to 2026, 2021

International Renewable Energy Agency (IRENA). (2021). Corporate Sourcing of Renewables: Market and Industry Trends, 2021

K-biz중소기업중앙회, 2021

KDB산업은행 미래전략연구소, 2022

LG Business Insight, '중소 가족경영 기업의 승계성공 포인트', 2009

PwC의 'Sustainability Reporting tips', 2021

SKI Performance Report 공급망관리, 2021

TCFD [Implementing the Recommendations of the Task Force on Climate-related Financial Disclosures]·2021

TCFD [Task Force on Climate-related Financial Disclosures 2021 Status Report], 2021

TCFD 웹사이트 (www.fsb-tcfd.org), 2023

TCFD(Task Force on Climate-related Financial Disclosures), 2021

TPI Insight, "ESG 경영이란, 꼭 해야 할까?", 경영지식, 2021

United Nations Framework Convention on Climate Change (UNFCCC), The Paris Agreement, 2021

World Business Council for Sustainable Development (WBCSD). (2021). Renewable Energy in Corporate Power Purchase Agreements: Scaling up Global Commitments and Action, 2021

ZUM 학습백과, "기후 변화의 원인", http://study.zum.com/book/13226

강근명, 중소기업의 ESG경영 보고서 작성 안내서, 열린인공지능, 2023

강진수·정대현, 고객충성도 제고를 위한 정보공유와 CSV 활동, 경영과 정보연구, 2021

공급망 실사 대응을 위한 기업 지원방안, 기획재정부, 2020

관계부처 합동, "2030 국가 온실가스 감축목표(NDC) 상향안", 2021

국내 수출기업 EU 공급망 실사법 대응 처참한 수준...절반 이상, 국민연금 기금운용위원회, 보건복지부, 2021

국제사회·기후변화·대응 역사⋯1975년 탄소중립 첫 논의, 김일규, 2020

권오형·최재용, AI 챗GPT 시대 ESG 지속가능경영보고서 작성 실무, 광문각출판미디어, 2023

권순국, 지구온난화가 환경과 농림업에 미치는 영향, 한국관개배수, 1권1호, 2020

금융위원회, ESG 평가기관 가이던스 제정, 2023

기획① 2050 탄소중립 실현 어떻게 가능한가, 박진희, 2021

기후변화 대응능력, ESG 경영 핵심지표! TCFD를 주목하자! 한화투자증권, 2020

기후위기 대응을 위한 미래 청사진, 2050 탄소중립 비전 확정, 관계부처합동, 2020

김경석, "CCS 실증 및 CCUS 상용화를 위한 법적 기반과 개선점", 기업과 혁신연구

김남준, 첫 발 뗀 '탄소 중립'⋯최소 1000조 이상 청구비용은 숙제, 2021

김두수, 김민철, "저탄소·지속가능한 교통부문 법·정책적 체계구축을 위한 국가협력전략(CPS)에 관한 연구 -네팔과의 국가협력전략(CPS)을 중심으로", 법학농촌 제48집, 2020

김성은, '탄소중립' 대장정 나선 韓기업들 "R&D·세제 지원 절실" 호소, 2021

김용진, 국민연금이 함께하는 ESG의 새로운 길, 국민연금공단(NPS) 기획, kmac, 2021

김재필, ESG 혁명이 온다, 한스미디어, 2023

김태한·정현상, 100대 기업 ESG 담당자가 가장 자주 하는 질문, 세이코리아, 2022

남성현, 위기의 지구, 물러설 곳 없는 인간, 21세기북스, 2020.

대한민국 정책브리핑(www.korea.kr), 2022

데이비드 월러스 웰즈, 2050 거주불능지구, 추수밭, 2020.

도넬라 H. 메도즈 저, 김희주 역, ESG와 세상을 읽는 시스템 법칙, 세종서적, 2022

돈이 되는 ESG 경영혁신, KOTRA·딜로이트 안진회계법인, 바른북스, 2023

동반위-대한상의 심포지엄…EU 공급망 실사 대응방안 모색, 2022

마크 라이너스, 6도의 멸종, 세종서적, 2014

문성후, 경영진이 꼭 알아야 할 ESG 에센스, KSAM(한국표준협회미디어), 2022

미룰 수 없는 '탄소중립', 산업계 지각변동 오나, 차종환, 2021.10.19

박경록, 4차산업혁명시대 스마트 팩토리 운영전략과 이해, 한올출판사, 2020

박경록, Core 핵심리더십 개발, 한올출판사, 2021

박경록·오세헌, 승계전략과 핵심인재 육성, 한올출판사, 2022

박선주·오채운·신경남, "파리협정 제6조 국제탄소시장의 감축유형 규정에 대한 우리나라 협상 입장 수립 연구: 탄소포집·활용·저장(CCUS) 기술 기반 감축사업 측면에서", 2006

박태준·전풍일·과학기술부·한국과학기술정보연구원, 에너지 소비에 따른 지구온 난화 문제와 각국의 대응전략, 미래창조과학부, 2005

보도자료, 2050 탄소중립위원회 제2차 회의, 국무조정실, 2021

비즈 트렌드, ESG 뜻은? 지속가능경영을 위한 ESG 경영, 효성FMS 뉴스룸, 2021

삼성전자 지속가능경영 보고서(자료원: 삼성전자 홈페이지), 2021

서병권·포철삼·이태균, 중소기업을 위한 ESG경영가이드, 한국문화산업협회, 2023

선진국 '탄소세' 도입하면 세계 무역 흐름 바뀔 수도, 이윤정, 2021

소셜벤처 & 중소기업 공급망 관점 ESG 경영 워크북, 더페이퍼, 2023

손정아, 한국에서 '탄소세' 도입 가능할까? 외국 사례 살펴보니… 2020

시라이 준 저, 고수경 역, 경영전략 관점에서 본 SDGs와 ESG, 북코리아, 2023

신지영, 지금 당장 ESG 전 직원이 함께하는 ESG 실무, 천그루숲, 2022

신지현, 한 권으로 끝내는 ESG 수업 한 권으로 끝내는 ESG 수업, 중앙북스, 2022

안전보건경영시스템(KOSHA-MS) 인증업무 처리규칙(제871호), 2019

안재현, 일본 탄소배출량 감축 목표 및 에너지 구조 변화 목표 발표, 2021

에너지 사용에도 세금이 있다?…탄소세와 탄소국경세, 산업통상부, 2021

유가영, "기후변화 취약성 평가 및 적응", 물리학과 첨단기술 제18권 제6호, 2009

유엔글로벌콤팩트 한국협회, "[동향]글로벌 ESG 공시 제도화 동향", Business
　　　Integrity Society 프로젝트, 2020

유영준, ESG 경영 실무 핸드북, 미래인증교육컨설팅, 2022

유재희, 탄소세 논의, 선결과제 산적…기후대응기금 재원 '관심', 2021

이경민, 이슈분석, 빨라지는 글로벌 '탄소중립' 시계, 2020

이동현·정운재, "ESG 핸드북 베이직", 사회적가치연구원, 2021

이민선, ESG, 무슨 기준으로 평가하고 어떻게 검증하나, 그린포스트코리아, 2021

이상원 외, 2050 탄소중립과 제조업이 나아갈 길, 산업경제, 2021

이세규, 중소기업이 꼭 알아야 할 K-ESG, 생각나눔, 2023

이재혁·양지원, 지속가능성 국내외 연구현황 및 향후 발전방향, 전략경영연구, 제
　　　22권 제1호: 49-75, 2019

이즈미 요시츠구 저, 전충훈·나제현·심재신 역, ESG 실행전략 만들기, 소이랩,
　　　2023

이진성·김민경·전상평, ESG 경영의 이해와 실제, 원더북스, 2022

이효정 외, ESG의 부상, 기업은 무엇을 준비해야 하는가, 삼정KPMG, 2021

전슬기, 탄소세 도입 성장률 0.08~0.32%p 하락…정부 재투자 중요, 2021

정윤교, 글로벌 기관 투자자 91% "기업 ESG 투자에 중대 영향", 연합 인포맥스, 2020

정책뉴스, '2050 탄소중립'…담대한 도전에 나서야 하는 이유, 정책브리핑, 2020

정책뉴스, 2050탄소중립 시나리오…온실가스 순배출 최대 '0' 제시, 탄소중립위원회,
　　　2021

정책뉴스, 거스를 수 없는 '2050 탄소중립'…내년 주요 추진 사업, 정책브리핑, 2020

정책뉴스, 국제사회에 약속하는 기후목표 '2050 탄소중립' 비전 확정, 환경부, 2020

정책뉴스, 정부 탄소중립 목표 최종안…2030년 40% 감축·2050년 순배출량0, 국
　　　무조정실, 2021

조경업 외, 탄소세 도입이 지역경제에 미치는 영향에 대한 실증 분석, 2013

조승환, 2050년까지 탄소제로 실현 위해 재생에너지 70.8%·원전 6.1%···전기
차·수소차 보급률 97%, 조승한, 2021

조희원, [단독] 국내산 대신 중국 미역 '반반'?···유명 식품업체도 납품, MBC, 2021

주호재, 공급망관리(SCM) 성공 전략, 성안당, 2022

중국의 탄소중립 정책 동향 및 시사점, 한국무역협회, 2021

지구온난화, 토양 및 플라스틱도 온실가스 배출, 세계일보, 2018

지속가능성장을 위한 ESG 경영전략, (사)사회적책임경영품질원·ESG경영연구회, 2020

진성한·양덕모·이종희, 중견·중소기업과 스타트업의 ESG 완전정복, 학지사, 2023

최유나, [글로벌연기금의 ESG투자](2)노르웨이 정부 연기금(GPFG), 2020

카드뉴스, "탄소중립, 세계가 함께 나아가야 할 방향입니다", 환경부, 2020

카드뉴스, 2050 탄소중립 추진전략, 기획재정부, 2020

탄소세에 '탄소국경세'까지···차·철강·석화·항공 피해 눈덩이, 헤럴드경제, 2021

탄소중립 세계 14번째 법제화···탄소중립기본법 국회 통과, 환경부, 2021

한국기후변화학회지 제11권 제5호, 2020업 조건, 저탄소 배출·사회적 책임 다해
야 회사도 롱런, 2020

한우람, 탄소중립정책 급발진···기업들 '패닉', 2021

허진석, 탄소 배출 대처가 생사 가를 수도···수출경쟁력 지키기 절실, 수요논점, 2021

해외 기업의 ESG 대응 성공사례-Global Market Report, KOTRA, 2020

환경부 국립환경과학원, "한국 기후변화 평가보고서 2010", 2011

환경부 보도자료, 2050 탄소중립을 향한 경제·사회 전환 법제화: 탄소중립기본법
국회 통과, 2021

환경부, 교토의정서 이후 신기후체계: 파리협정 길라잡이, 2016

저자 소개

경영학 박사 박경록(mitc@konkuk.ac.kr)

건국대학교 신산업융합학과 대학원(석박사과정) 겸임교수, 경희대학교 글로벌 미래교육원 경영학과 교수, 휴넷(hunet) & (GB)글로벌이노에듀 평생교육원 경영학사 과정 리더십 책임교수이다.

고용노동부 한국산업인력관리공단 HRD기관 및 일병행학습 & nipa 정보통신산업진흥원 ICT분야 정책지원사업 & 창업진흥원 창업지원사업 & 한국방송통신전파진흥원 사업운영 평가심사위원으로 활동하고 있다.

중소벤처기업진흥공단(ESG경영과 지속가능경영보고서, 기획력, 중장기사업전략) & (재)건설산업교육원(ESG경영과 윤리경영, 리더십, 변화관리. 협상스킬), 국가공무원인재개발원, 삼성인력개발원, 서울대행정연수원, 전국시도교육청(학교장/교사), 기업체 연수원, 동남아 등 해외 강의 활동을 하고 있다.

ESG 경영컨설턴트로 ESG 지속가능경영보고서 컨설팅, 중대재해처벌법 대응 ISO45001 국제심사원, 한국벤처캐피탈협회 M&A 전문가, 중기부&창업진흥원 창업기획자(액셀러레이터), 중소벤처기업진흥공단 및 신용보증·기술보증기금 등에서 가업승계 컨설팅을 수행하고 있다.

성균관대에서 경영컨설팅, 서강대에서 인사조직(MBA), 건국대에서 벤처기술경영을 전공한 경영학박사로서 한국생산기술연구원 & 충주MBC '출발새아침' 방송 진행을 거쳐 중소벤처기업부 등록 경영기술지도사(기술혁신관리/제1373호), 중소벤처경영지원센터 & ㈜모스트HR그룹 CEO이다.

주요 저서로는 『승계전략과 핵심인재육성』, 『4차산업혁명시대 스마트팩토리 운영전략』, 『Core 핵심리더십 개발』, 『HRM & HRD를 위한 인적자원관리』, 『조직행동과 심리학 이해』, 『NCS 대인관계론』, 『리더십으로 무장하라』, 『FunFun으로 혁신』 등 20여 권이 있다.

국제통상학 박사 서수진(esgexport@naver.com)

ESG수출경영연구원㈜ 대표, 중소벤처기업부 등록 경영지도사로서 ESG 공급망평가관리사, ESG 보고서검증원, 조달계약사 자격을 보유하고 있으며, 수출기업의 지속가능경영전략수립 & 지속가능경영보고서 작성, 국제인증취득, 공급망실사 및 탄소국경조정제도(CBAM) 대응방안 등 수출기업을 지원하는 ESG 수출컨설팅을 수행하고 있다.

해외영업과 마케팅 및 구매 분야에서 20여 년의 경험을 바탕으로 한국무역협회, 한국능률협회컨설팅 등 다수의 수출유관기관에서 빅데이터활용 해외시장조사, ChatGPT활용 마케팅 전략수립, B2B 링크드인 수출마케팅, 국제영문계약실무 등 강의 활동을 하고 있다.

중소벤처기업부 및 산하공공기관의 평가심사활동과 건강진단컨설팅, 현장클리닉지원사업, FTA수출컨설팅, 수출바우처사업, APEC혁신컨설팅, UNGM 조달등록 및 UN ECLAC의 CORPYME2021 프로젝트 등을 수행하고 있다.

2017년도에는 중소벤처기업부 장관 표창을 수상한 바 있으며, 저서로는 『강원도 대리, 드디어 수출하다』 등이 있다.

ESG & ISO 경영컨설턴트 박영주(planneryoungju@kakao.com)

피앤에스컨설팅(P&S Consulting) 대표 & KTCR 한국기술융합연구소㈜ 전문위원과 ESG 진단지도사/ESG 경영전문가/ESG 공급망평가관리사이다.

최근 의무화되고 있는 공급망실사 등 기업의 사회적 책임(ESG/CSR) 압력이 가중되고 있고, 글로벌 기업들이 협력사에 에코바디스(EcoVadis) 평가점수를 요구하고 있다. 이에 맞춤형 Ecovadis(에코바디스) 평가대응 컨설팅, ESG 경영 및 수준진단평가, ESG 지속가능경영보고서 작성 컨설팅을 수행하고 있다.

또한 국제표준 ISO9001/14001/45001/37001 선임심사원 & ISO13485 심사원으로 해외 규격인증 SYSTEM 컨설팅 및 심사, ISO 국제표준 해외 규격인증 품질/환경/안전보건/의료기기 SYSTEM 인증 심사 활동을 하고 있다.

특히 중소벤처기업들의 ESG 경영실천 어려움을 해소하기 위해 'ESG와 ISO 국제표준 인증'과의 상관성을 분석하여 맞춤형 ESG 경영컨설팅 등을 활발히 수행하고 있다. 그리고 SYSTEM 인증 규격별 매뉴얼/절차서/지침서 작성 & 직무기술서 작성 및 직무분장표 작성 코칭 및 교육, R&D 정부지원사업과 바우처사업(수출바우처/제조혁신바우처/데이터바우처) 참여 기반 구축 컨설팅도 활발히 수행하고 있다.

ISO 국제표준 & ESG 활용전략
ESG 경영실천 지속가능경영보고서

초판발행   2024년 1월 2일

지은이   박경록 · 서수진 · 박영주
펴낸이   안종만 · 안상준

편 집   김다혜
기획/마케팅   손준호
표지디자인   권아린
제 작   고철민 · 조영환

펴낸곳   ㈜ **박영사**
                서울특별시 금천구 가산디지털2로 53, 210호(가산동, 한라시그마밸리)
                등록 1959. 3. 11. 제300-1959-1호(倫)

전 화   02)733-6771
f a x   02)736-4818
e-mail   pys@pybook.co.kr
homepage   www.pybook.co.kr
ISBN   979-11-303-1875-2 93320

정 가   23,000원